国家安全战略思考

主编◇刘 慧 / 副主编◇张小兰 杨承军

时事出版社

前 言

2011年4月，胡锦涛主席在博鳌亚洲论坛上指出：“在世界多极化、经济全球化深入发展的形势下，如何处理好发展和稳定的关系，依然是摆在亚洲人民面前的重大课题。”2011年以来，国际安全战略形势更加复杂动荡：中东及北非局势日趋紧张，巴以冲突全面升级，突尼斯、埃及、叙利亚等国政局不稳，利比亚战局前景未卜；日本爆发了地震和海啸，并出现重大核泄漏事故，引发我们更加深入地思考国际核安全问题；国际社会经济结构性矛盾更加尖锐，围绕能源争夺的斗争愈演愈烈，金融危机带来的后续影响依然存在，经济发展中的现实问题更加多元化；我国周边，东北亚战略形势前景变数增大，南海争端呈现国际化趋势，“台独”势力分裂国家的活动依然猖獗。我国的“战略机遇期”面临着来自多方面、多方向的严峻挑战。综上所述，全球化时代的发展在给人类社会带来巨大进步与机遇的同时，也不断催生、加剧着多种非传统安全威胁的出现，从而极大地影响并改变着国际安全环境和传统的国家安全观念、意识和对策举措。

2011年4月下旬，国际关系学院国际战略与安全研究中心在北京组织承办了第十一届“国际战略与安全论坛”，主题为“当前国际热点与国际安全问题”。本届论坛也是为了庆祝国际战略与安全研究中心成立十周年暨《国家安全学刊》发刊28期而举办和召开的。论坛由国际关系学院刘慧书记致开幕辞，陶坚院长主持，郭惠民副院长致闭幕辞，不少德高望重的老领导和著名专家学者与会。组织此次论坛的目的，是为了深入学习理解和全面贯彻胡锦涛主席的重要指示，更加深刻地认识国际及周边安全战略形势的动态发展及走向，更加自觉有效地维护国家利益、国家安全和社会稳定，更加有力地抓住并充分利用战略机遇期，探索积极的应对之策。

这次论坛筹备从 2010 年 9 月启动，相关机构的领导和知名专家，结合本职工作及长期研究的积累，深入研究探讨了相关问题。论坛筹备组先后收到了来自中央党史研究室、国务院参事室、中国社会科学院、中国现代国际关系研究院、当代中国研究所、丹麦奥尔堡大学、国际关系学院以及国防大学、军事科学院、第二炮兵、空军指挥学院等多个领域、多个单位的 42 篇高水平、高质量的学术论文。我们选择了其中的 12 篇进行了大会交流，并进行了现场学术互动。论坛取得了丰富成果，通过广泛深入的交流，大家提出了许多适应我国国情的发展战略和政策建议，从战略的层面和高度，提出了我国当前及今后一个时期应采取的对策措施等，具有很强的理论性、时效性、针对性和咨询价值，对于正确分析国际局势与安全发展的趋势，准确认识与把握我国所处的战略环境，树立科学的国家安全观，具有重要意义。

编 者

目　录

政治安全篇

经济安全篇

军事安全篇

政治安全篇

对国际几个热点问题的看法

朱成虎*

我讲三个问题。

一、关于朝鲜半岛问题

我不是研究朝鲜半岛问题的专家，但对朝鲜半岛问题我一直很关注，也有一些自己的看法。

第一点，朝核问题是一个不太容易解决的问题。要从根本上解决朝核问题并非易事，除非全人类都放弃核武器了，否则这个问题不大可能解决。之所以得出这样的结论，是因为除了中国以外没有任何一方真正想解决朝核问题。韩国如果持续炒作朝鲜的核问题，那么以后韩国就有理由发展本国的核武器；有了朝鲜核问题，美国就可以随时折腾朝鲜，离间中朝关系，并长期绑架韩国和日本，可以巩固自身在亚太地区的战略地位；日本许多政要和相当数量的国民从骨子里是想发展核武器的，朝鲜的核武器只

* 朱成虎，国防大学战略教研部主任，少将，军事战略学博士研究生导师。著名军事战略专家，在国内多种学术论坛上发表独到见解，在军内外主流刊物发表军事学术论文近百篇。

要存在，日本就有了发展核武器的理由，日本为什么要贮存那么多核材料，真的是想全部用来发电吗？恐怕日本真正的目的还是想等到需要的时候，可以迅速走上核武化的道路；朝核问题与俄罗斯关系不是很大；只有中国想要真正解决朝核问题，因为我们在这个问题上看得更深、更远，但在现实中，我们可能是在为了实现一个乌托邦式的目标而在做徒劳的努力和奋斗。

第二点，朝核三次危机是不是都是由朝鲜人制造的？学术界有人认为三次朝核危机都是朝鲜人制造的。但我看，从某种程度上讲，三次核危机的形成都与美国人有关。首先，如果一开始美国不在朝鲜半岛部署核武器，也不至于出现朝鲜要发展核武器的计划和后来研制核武器的情况。其次，1994 年，如果朝鲜半岛能源开发组织的其他成员国能够按时、按量、按质地给朝鲜提供应经应允的援助及轻反应堆，朝鲜也不至于出现后来单方撕毁相关协议的举动。再次，如果美国不冻结朝鲜在国外银行的存款，朝鲜也不至于那么怒不可遏、一意孤行。所以，我们应该客观地来看待这个问题。

第三点，朝鲜半岛的战略局势今后会朝着什么样的方向发展。我认为，朝鲜半岛南北的统一，最好在中国统一之前实现。因为中国是一边愿意统一，一边的部分人不愿意统一，而朝鲜半岛是南北双方主流民意都愿意统一。在朝鲜问题发展到一定程度、一定阶段，美国将削弱它在该地区的影响和军事存在，或者说美国已经没有能力阻止朝鲜半岛的统一，朝鲜半岛就可能在我们之前实现统一。朝鲜半岛在自愿基础上的和平统一应该得到国际社会的支持，而不应该在外界的压力或干预下实现统一。美国总是在给朝鲜施加压力，我想，美国人这样做，将来朝鲜还会让美国在这里继续留下去吗？如果有一天美国把朝鲜政权逼垮台了，那最终的结果很可能就是朝鲜半岛实现统一，而美国人就要从朝鲜半岛离开，包括在日本也待不下去。如此一来，东北亚战略格局就会发生大的改变。

第四点，美国的巧实力外交搅局东北亚局势。最近，东北亚朝韩“天安舰”事件、中日钓鱼岛撞船事件、日俄北方四岛归属之争和南海问题等，都有美国干预和插手的背景，是美国通过所谓的巧实力来搅乱东北亚局势。一个“天安舰”事件，美国实现了一举多得：一是折腾了朝鲜；二是离间了中韩关系；三是绑架了日本和韩国；四是巩固了美国在日韩两国的驻军地位；五是推迟了美韩两军作战指挥权的交接。因为钓鱼岛撞船事件，中日关系再次陷入僵局，在钓鱼岛主权问题上，中国显然不可能做出妥协或者让步，但是日本倚仗美国的支持，才敢在钓鱼岛问题上大做文章。对于北方四岛，美国说它是日本的领土，日本人就真以为北方四岛是日本的领土了？日本有这个实力吗？他们有本事收回来吗？北方四岛主权归属问题在第二次世界大战结束后的雅尔塔协议中已经做了明确规定，但是鉴于美俄关系的现状，美国明确表态不会将《日美安保条约》适用于北方四岛，即对此不会深度介入，日本对此无可奈何，所以我们说日本在被美国人当枪使。东南亚问题，也是美国提了一句无中生有的话，说中国认为南海是其核心利益，弄得中国和东南亚国家关系紧张、渐行渐远。这就是美国的巧实力，就是所谓的谋略，一句话就能把朝鲜半岛局势折腾得天翻地覆、不得安宁。

第五点，解决南海问题异常棘手。在南海问题上，目前的被动局面我认为是我们造成的，不是别人造成的，而且今天也已经错过了武力解决南海问题的最佳时机，一味地权衡和掂量，只会导致未来武力手段解决南海问题时会付出更大的代价。我们应加强在南海地区特别是有争议地区的现实存在，特别是经济存在和军事存在。针对南海问题，现在有两种说法：一种是主权被侵犯，领土被占领，资源被掠夺，开放被阻挠；还有一种说法是收不回、谈不拢、打不掉。这是摆在我国领导人和政府面前一个非常棘手的问题，南海问题绝对不仅仅是个主权问题，它还关系到我们国家的安全问题。

二、关于中亚及阿富汗战争问题

在中亚及阿富汗战争问题上，我认为美国犯了两个大的战略性错误。

第一个，战争扩大化。美国把塔利班和“基地”组织等同起来，把整个塔利班推向了对立面，所以这场战争从一开始就注定了是美国人不可能赢得的战争。而今天奥巴马政府仍然在犯着战争扩大化的错误，他已经把战争从阿富汗、伊拉克扩大到了巴基斯坦。巴基斯坦现在实际上有一半是被塔利班控制的，这个塔利班不是阿富汗的塔利班，而是巴基斯坦的塔利班。

第二个，美国在巴基斯坦实行“换马”，用现在的总统替换过去的穆沙拉夫。美国认为穆沙拉夫给阿富汗的塔利班提供庇护，其实，不完全是这样，到过阿巴边境地区的人都知道，那个地方人烟稀少、非常荒凉，生存都很困难，所以这里很难设防，而且巴基斯坦人和阿富汗人在历史上有着千丝万缕的联系，这种部落之间的联系是隔不断的，真正设防的就是几个通道、几个山头。在这样的环境条件下美国有什么根据说穆沙拉夫给塔利班提供庇护了呢？穆沙拉夫是军人出身，就被认为是军政权、不民主的，就要把他去掉，换上了现在的总统卡尔扎里，这是一个威望较小的领导人，是靠着部族的影响力上来的。还有人说，美国要真想让巴基斯坦和你一起反恐，你就得把你部署在阿巴边界的部队后撤一点，让巴基斯坦没有后顾之忧。当然，美国不会这样做。巴基斯坦军队现在有一个问题，有后顾之忧，特别是他们的高级军官。原来在我们国防大学学习的一个巴方特种兵司令，做了一系列有利于巴中友好的事情。被我国通缉的头号恐怖分子就是他带领特种部队消灭的，还有两名劫持中方援建工作人员的恐怖分子，也是他带领特种部队打死一个，抓获另一个。这么一个人在位的时候威风八面，可是按照巴基斯坦政府的规定，他们退役或退休后，政府给人一块地让人盖房子去，只要可行的地方你都可以选，但是他退休后不久就被打死在自家的后院中。这给巴基斯坦高官提出了一个警告，他就是前车之鉴。对我国来讲，在巴基斯坦问题上有两个问题跟美国是有共同点的：一个是要防止巴基斯坦塔利班化，另一个是要防止巴基斯坦走向极端穆斯林化，否则，对我国西部地区的安全乃至整个国家的安全都是不利的。当然，今天美国人待在阿富汗比撤出阿富汗对我们国家的安全更有利，这样它就不会支持我们境内的恐怖势力，美国一旦从该地区撤出后，就有可能回过头来支持我国通缉的恐怖势力和分裂势力，就会导致我们打击恐怖势力威胁的担子更重，这样可能带来恐怖主义的威胁增多，恐怖主义活动的频率增加。我认为，美国待在阿富汗比撤走更好，当然美国也不可能轻易撤走。2011 年 11 月底，美国要进行象征性的撤退，因为要大选了，奥巴马既然做了承诺，就必须兑现，即使是象征性的。他还在寻找理由，战争还在继续，恐怖主义猖獗，而且这里有很多资源，决不能将它们拱手让人，所以他能够说服美国的老百姓赞成美军在这个地方继续待下去，这个地区的局势将来仍然会是复杂多变的。

三、关于中美关系问题

对中美关系，考虑到中长期的发展趋势，我并不乐观。美国和中国作对，就是因为美国认为中国是一个大国，中国是一个社会主义大国，中国是一个高速发展的社会主义大国。美国人做了一系列对不起中国人的事。比如说，没有美国有台湾问题吗？没有美国有西藏问题吗？没有美国有新疆问题吗？没有美国的鼓动我国在国际上有这么多的人权问题吗？我国的很多安全问题都是美国人给我们造成的，这是事实，是抹不掉的。中美关系怎么发展并不完全取决于中国，重要的是取决于美国，美国是矛盾的主要方面。另外，中美之间不排除摊牌的可能性，但是摊牌并不意味着一定爆发战争，而是中美之间在一定的时间里迫使对方接受自己的意愿。当然，中美之间摊牌的点有很多，比如说对台军售问题、人民币汇率问题、贸易问题、朝核问题或伊朗问题，包括中东问题等。摊牌并不意味着就一定爆发战争，因为大国之间谁都不愿意直接交战。我认为，中国发展得越快，中美之间摊牌可能就会越早，因为美国的核心利益就是它的霸主地位，这是不容置疑也不容侵犯的。放眼全球，现在只有中国能够挑战美国的霸主地位，尽管我们没有企图也没有资格挑战，但是美国人就是这么认为的，美国认为我国做的一切都说明了我们有企图、有能力挑战它的霸权。所以对未来的中美关系发展我们应持谨慎的态度，短期内谨慎的乐观，中长期内不乐观。这也是中国发展的过程中必须摆脱的一个困局，当然也是每个大国在崛起过程中无法回避的一个话题。

中国的崛起与世界资本主义体系的战略与安全关系

李　彤*

2010 年我们带了一个丹麦代表团来这里，参加了中欧论坛学术会议，回去之后我和丹麦最高研究机构——丹麦哥本哈根国际关系研究所的一位女士共同写了这篇文章，叫 Riding The Tiger，即骑虎难下，也就是世界资本主义和中国双方现在是一个骑虎难下的状态。中国的很多成语在国际关系学上是被经常使用的。中国的许多语言是带有哲理性的，带有阴阳包容性的。

首先要介绍一下，中国的崛起是具有世界性和历史意义的。现在大家、特别是西方智库普遍认为，中国改革开放的 30 年在人类历史进程中是独一无二的。30 年来，13 亿人口 10% 的平均增长率在人类历史上是从未出现过的。这对西方资本主义自由经济既是威胁，又是机遇。正在这个时候，资本主义自由体系本身也出现了问题。一位很有名的美国学者写了一篇文章——《中国的崛起和西方的问题》。他提到，中国的向外发展究竟是想推翻这个体系还是延续这个体系，这是一个谜团。世界体系的延伸

* 李彤，丹麦奥尔堡大学发展与国际关系研究中心主任。

主要是通过国际公约构建而成的。从 17 世纪 30 年代一直到欧洲国家达成协议之后，世界体系形成了。也就是说，主权和国家成为了大家一致认同的分析单元。然后英国和西班牙的出现，达成了新的协议。紧接着是拿破仑战争、第一次世界大战和第二次世界大战。在这些体系形成的过程中，资本主义的体系形成了世界体系，也就是欧洲历史。中国在亚洲，是在这个体系之外的，而现在是要融入这个体系，整个形成是一个公约形成过程。冷战之后这个体系被美国人所主导，他们认为冷战之后已经不需要共产主义国家也不需要联盟国家的支持了，共产主义垮台了，中国已经融入到资本主义体系之中了。资本主义体系第一次从 connation 到 conviction，conviction 就是“坚信”价值体系。也就是说从原来的公约体系到现在的价值体系，实现了巨大的转变。现在，这个体系除了面临众多的挑战之外，其本身也面临着很多问题，包括功能问题、战略问题、合法性问题和权威问题等。功能问题是指多边，因为整个体系都是靠多边，公约就是由多边形成的。而中国喜欢双边。但是国际化到了这么一个程度，我们还能否继续支持双边，这对我们是一个很大的挑战。但是美国打伊拉克，这场战争首先破坏了联合国公约。所以这个体系的多边也碰到了问题。矛盾的范围在扩大，反恐、不平等已经超出了这个体系所能解决的范围。由于西方国家认为冷战之后已经不需要西方的价值观来主宰，否则它的价值观就会出现问题。原来的七国集团，后来的八国集团，现在又改为二十国集团，说明原来的大国，许多发达国家的体系也开始动摇了。现在的麻烦就在这里，体系是由公约形成的，而我们中国崛起之后对西方国家打击最大的就是它们的价值观。中国的崛起对圆心国和圆外国是有利的，其实在经济上最不利的就是中间的半圆外国。半圆外国包括中等发达的印度、巴西、阿根廷等这些国家。对于圆心国来说，它们是很高兴的，这对资本主义发达国家是有好处的，而且是有极大的好处。但是中国的崛起对它们影响最大的就是，将严重冲击按照西方的价值观所规定的世界游戏规则，尤其是中国对非洲的援助，现在欧洲讨论得非常厉害。中国对非洲的援助整个打破了欧盟几十年甚至是上百年以来对非洲统治的理念，西方面对中国的挑战，提出了中国威胁论，就是说他们构建的体系和确定的规则已经被中国挑战了。现在国际上主要分两派，美国的一部分人（反对派）提出要遏制中国，还有接受派。反对派是现实主义的，就是不论你怎么接受，一个强盛的国家，从英国到美国，从原来的德国到后来的日本都是有一个上升期，它作为超级大国的利益摆在那里了。不管怎么接受，中国肯定要维护自身的利益，所以利益肯定要朝着主导方向走，对西方的主导将会产生深刻的影响。反对派主要关注几个方面，包括军事方面。中国的军事战术，就好像毛泽东的《论持久战》，对很多国家产生了相当大的影响，我斗不过超级大国，我就要向大国学习，我要点你的穴位。这就是中国给其他国家带来的很深远的理论意义。中国的网络战，中国要发展航空母舰，都被认为是中国在军事上搞威胁。但是接受派认为，中国与东南亚的关系在改变，中国与韩国、日本的关系在改变。中国的23个领土纠纷已经解决了17个，另外中国签署了和平公约，和平解决争端的公约。所以接受派认为中国还是在朝着体系内好的方向发展。但是反对派认为中国在经济上也是一个威胁，他们认为中国当局在操纵货币，中国搞贸易壁垒，就是认为中国出口多，进口少，在贸易方面还是有一定的限制，中国的经济发展不平衡，等等，都是中国的经济威胁。但是接受派说，你说中国经济威胁，但是中国持有大量的美国国债，如果不是中国买你的国债，那么美国的经济将不堪设想。所以中国这次减持美国国债，在美国国内引起了很广泛的讨论。缓和的国际危机，包括冰岛、希腊，还有后来的西班牙，都是受到中国的影响，所以中国人现在在欧洲的地位很高，就是因为中国有很多的资金进去，缓和了这些国家的金融危机。欧盟现在讨论的很多，说欧盟的脸面尽失，甚至德国说现在要把希腊开除出欧元区。就是说一个国家遭受危机的时候，你欧盟都拿不出一个方案来，这个组织的合法性就受到了挑战。中国的产品价廉但是物美，受到各个国家的欢迎。现在我们都不回国内买东西，国内的东西比国外还贵，因为我们很多价廉物美的东西都拿到欧美去卖了。中国也是世界的发动机，中国崛起的这 30 年，逐渐融入到了世界体系。比方说增长 10%，现在是第二大经济体、第二大贸易国以及最大的储蓄国。中国和资本主义主要是利益相同，但绝对不是价值问题。包括中国和美国建交也不是价值问题，而是有着相当程度的共同利益，我们共同的敌人曾经是苏联。有人认为，冷战之后是西方国家改变了中国，它已经从 interest 变成了 value。中国现在是 IMF（国际货币基金组织）第三大投票国，欧盟下降了两票，中国上升了两票，因为中国投入的资金多了。而且中国对非洲三个国家的援助，大于世界银行对整个非洲国家的援助。我最近看了很多相关报道，说世界银行希望中国通过世界银行给钱。就是说你不要单独干，你单独干会使得我们这个组织的合法性受到很大打击。

为什么说骑虎难下？改革开放是经济利益大于政治思想的一个存在。小平同志改革开放时说，暂时停止关于政治思想意识的争论，咱们开始搞发展，这和资本主义在利益上是有相同之处的。从那时起，我们开始搞发展，搞合资，但是我们也骑上了资本主义、自由主义这只老虎。我在国外搞研究的过程中，感觉中国改革开放 30 年中其实是妥协的。虽然有时候坚持自己的观点，坚持自己的价值，但总的来说是向资本主义妥协的。因为你是要融入它的体系，融入它的市场。我们是出口型经济，出口型经济的特点就是我们要为其他国家生产，所以你必须转变，你就骑上了资本主义这只老虎。市场是有价值的，资本主义是在欧洲起源的。中国这么发达，按照生产技术来讲，资本主义应该是在中国起源，为什么是在欧洲呢？中国要改革开放，要进入资本主义经济，既要保持社会主义制度，也要保持民族的认同感。由于中国整个发达的文明在鸦片战争后，被西方国家侵犯，逐渐衰败了，我们是受害者。在中国及世界的许多文献上，都说中国其实是受害者。很多学者一旦谈到西方或者是日本，就要说到鸦片战争，就要说到侵华战争，历史不能被遗忘。但是我们国家近代史被侵犯的视角在我们的思维中是占有很大比例的，所以这又是一个怎么样调节、怎么样磨合的过程。资本主义是有价值的，这就是马克思为什么会成为千年人物。在西方国家评选的千年人物中第一名是马克思，第二名是爱因斯坦，这两个都是犹太人。很多反对马克思的人也认为马克思很厉害，他们只是反对马克思的结论，但是并不反对马克思的分析。这在西方国家，无论你是赞成马克思，还是反对马克思，都是被公认的。马克思对资本主义的描述包括弊病的分析都是很到位的。虽然我们一直都在解决这些问题，但是马克思当初对一些问题包括贫富差距的描述都是很到位的。一旦中国骑上了这只老虎，国际体系也就骑上了这只老虎。因为中国是国际体系的一个很重要的发动机，所以说国际体系也骑上了这只老虎。中国现在的利益要得益于国际体系，但是也要考虑到核心国家、强势国家的利益，这是中国一直在平衡的，中国干任何事都要考虑美国的利益。中国现在的经济结构、文化、传统等很多东西都在调整，学术上称为中国化过程。中国在走向世界体系的时候必须要走中国化过程。我们知道，五项基本原则一直是我们的国策，但是在最近几年，我们可以看出来五项基本原则很难再坚持下去，在双边情况下还可以坚持，在多边情况下就很难坚持。当中国开始派舰队去亚丁湾保驾护航的时候，国际上就已经公认中国不再遵守五项基本原则了，派军队出国已经超出了中国传统的价值体系。现在中国在冰岛建立了海外最大的使馆，冰岛是一个很小的火山国家，但是我们却要在那里建造最大的使馆。为什么？目标很明确，就是那里地处北极。现在很多学者预测北极地区洋面可通航的时间越来越长，如果现在北极的航道只允许三列通航，不久将允许五列通航，将节约四千多公里的航程。现在我们是北极理事会的观察员国，但是中国政府正在跟北极国家商量要成为它的正式成员国，北欧国家说先不谈这个问题，因为中国一加入将非常麻烦。中国的民族主义起源于近代，在鸦片战争之后才出现了民族主义，中国的古典文学中没有民族主义这个词，这是个比较新的概念。我们要发展民族主义，经济上要发展自由主义，我们的一些项目要引进来，但是也要有民族主义的特点。骑虎难下意味着我们国家国内和国外的挑战同时存在。其实，当中国的国家领导人是非常困难的，很多西方国家认为中国不民主，但当西方国家的元首来中国访问后，他们就不敢提民主了，因为他们理解，中国这么大的国家要想管理好是非常困难的，当中国的领导人是非常具有挑战性的，他们只有来到中国才知道我们面临的国内与国际的挑战是多么严峻。

中国融入世界体系的过程是一个中国化的过程。中国是一个文明体系，在鸦片战争中被连推带打地推入到了这个体系中。之后，由于中国的文化底蕴、历史悠久、共产党的领导，我们国家不可能被西化、被殖民化。马克思主义进来之后，变成了中国式的马克思主义。阶级在我们古代的概念中是没有的，毛泽东非常伟大地想到要把农民阶级转化为工人阶级，我们农民阶级很多，工人阶级很少。毛泽东就想着把农民转化为工人，这个过程是非常艰难的。按照马克思主义原理，我们的农民是小农，是没有任何革命性的，他看不起农民，要想革命只有靠工人。但是我们国家只有农民，这就是中国特色社会主义，要走出一条特别的道路，但是我们也犯了一些错误，比如大跃进、文化大革命。要走一条社会主义市场经济道路出来，就是要把资本主义中国化。现在中国和世界体系争论的地方就是，你现在是不是要把我的政策体系也中国化，包括能源问题、安全问题，等等。我的结论就是，中国如果要和世界体系达成双赢，就要把它的公约体系给拉回来，靠我们把它们慢慢地西式化。如果按照价值体系，我们国家可能还将处于一个被动的状态，我们必须要团结起来，把世界体系带回到一个公约体系中。

当前中东局势对我国的影响

王灵桂[*]

2010年12月，在突尼斯爆发的“城管事件”引发了大规模的暴乱，发生了“茉莉花革命”。由于这次事件的爆发，先后在非洲以及中东的很多国家都发生了类似的事件和现象，并对执政当局带来了极大的冲击，我们称之为“骨牌效应”。迄今为止，只有阿联酋和卡塔尔等少数国家没有爆发暴乱，其余国家均有暴乱出现。

针对这些现象，下面我谈三个方面的观点。

一、中东局势对国际社会形态带来了深刻影响

这些影响的范围十分广泛，也十分深远和深刻。

一是对其执政当局的影响，最明显的就是执政者的政权保不

* 王灵桂，当代中国研究所副所长，高级记者，法学博士。撰写出版了《一脉相传阿拉伯人》、《一脉相传犹太人》、《中东怪杰》、《天使与魔鬼共舞：一个中国记者的黑非洲札记》等。撰写了《国际关系史》专著中的第十一卷第七章；翻译埃及作家伊哈桑·阿卜杜·古督斯的《黑色的眼镜》和《处女与白发》；在国内多家报刊先后发表文章150余篇。

住了。针对这种现象，一些国家先后出台了很多新的政策，为的是安抚民心，竭力让人民相信政府。比如前几天在叙利亚，实行了43年的非常政策被取消。约旦外长也表示，阿拉伯国家需要一场彻底的革命，帮助人民摆脱贫穷和困难。二战以来，中东爆发过三场大的革命。第一场是埃及纳赛尔领导的反帝反封建的民主主义革命，第二场是20世纪70年代末伊朗爆发的原教旨主义色彩浓厚的海湾地区革命，第三场是突尼斯的“茉莉花革命”。综合分析这些革命活动的背景、发生、发展及结果，均具有突发性、连锁性、迅猛性和群众性等特征。从相关国家的风潮来看，这些革命活动大都缺乏统一的领导和严密的组织，伊斯兰宗教色彩不浓，也很少有国外势力的支持，可以统称为“本土草根革命”，具有一定的民主色彩，反映出阿拉伯人民对本国社会制度长期僵化、经济长期落后的不满，所以这次革命将会引发中东地区在二战后范围最广、力度最大、影响力最强的一次革命，也标志着中东将会逐步进入新的历史时期。所带来的后果主要是，阿拉伯地区的原有政治体制受到了严重冲击。

二是对中东战略格局的影响。多年来，在中东地区逐步形成了五大势力，主要是阿拉伯国家、伊朗、以色列、土耳其，还有伊斯兰世界等。这五大势力经过多年的较量，形成了一种相对的平衡。但是这次革命浪潮引发的冲击和挑战，打破了这些地缘政治原有的五大势力组合，特别是阿拉伯国家的老大——埃及，其政权陷入了风雨飘摇之中，使得阿拉伯世界的整体力量被极度削弱。埃及多年来一直是反伊朗阵营的老大，埃及发生政变之后，伊朗的军舰第一次从苏伊士运河到达地中海，这在穆巴拉克执政时期是不可想象的。所以说新一任的埃及政府会改善与伊朗的关系，伊朗也因此而得利，伊朗对此声称，埃及革命使阿拉伯国家迎来了新局势，因此他们是支持埃及发生政变的。在阿拉伯国家里，埃及和约旦是与以色列签署条约的仅有的两个国家。埃及政变之后，约旦也受到了极大的冲击，使以色列失去了最重要的两个盟友，因此反以色列的力量也得到了进一步增强。土耳其的对外政策也将因此而改变，他们奉行东向亚太地区、南向中东地区的对外输出政策。中东打压伊斯兰势力的力量进一步削弱，为伊斯兰力量的发展提供了新的空间，“基地”组织力量也会得到新的发展。

三是对美国中东政策的影响，其在该地区的影响力进一步弱化。奥巴马政府上台后，在中东，确定将优先实现三个目标，分别是解决伊朗核问题、从伊拉克撤军、实现巴以和平，将中东问题放在次要地位，把对外政策重点向亚太地区转移，逐步降低对中东的关注度。但是由于中东局势一直动荡不定，美国的对外政策调整很难实现。几年来，土耳其在政策上试图远离西方。在中东剧变爆发后，多个国家也试图远离西方。如何处置中东政策，成为对美国反恐和改变伊斯兰世界力量关系的一个重要考验。特别是美国政策首鼠两端，一直都不坚定，所以会使得伊斯兰社会中亲美的人对美国失望，美国会失去盟友。这虽然在短期内看不出来，但是长期一定会显现，所以也可以说这是美国在二战后处理中东问题上做得比较差的一次，因为很多做法让人寒心。

四是对欧盟和俄罗斯战略调整的影响。主要是能源的正常供应渠道受到了战争因素的冲击和影响，使其预定达成的油气管道等多个协议无法落实，在一定程度上打乱了欧盟和俄罗斯经济发展的规划。

五是对全球经济复苏的影响。中东地区盛产石油，其石油、天然气产量占全球产量的50%以上，这里连年战火，对全球能源发展、能源需求、能源供应带来了巨大冲击，直接影响着世界金融危机后的经济复苏进程。

二、中东局势多年战乱的根本原因

我认为，中东地区之所以多年以来一直被战争的阴霾所笼罩，除了历史遗留下来的宗教因素、资源争夺及意识形态分歧之外，当前致使该地区矛盾一再激化的现实内在因素主要表现在三个方面，即失业问题、经济问题、还有因特网的推波助澜。一些小的事端往往可以带来“干柴烈火”效应，如发生在突尼斯的失业大学生自焚事件，就很快成为酿成地区动乱的导火索。

三、中东局势带给我们的启示与思考

复杂多变的中东局势，带给我们的启示和思考很多，主要有三个方面。

一是要重视社会稳定与安全。社会稳定和社会安全是一个国家安全的重要组成部分，发生在中东地区的“人民草根革命”，在一定程度上反映了人心民意。对我们的启示是，我们一定要重视社会的稳定与安全，处理好各种与此相关的社会敏感问题。

二是要妥善处理社会矛盾。处置多种突发事件，我们应做出未雨绸缪的全局评估并采取柔性的处理办法。突尼斯爆发的“茉莉花革命”，就是由于政府对无证商贩的粗暴处理行为引发的，这不仅关系到社会安定问题，更是底层人民的切身利益问题，因此对该类事件的处理不可以采取简单粗暴的处理方式。

三是要重视新闻媒体作用。互联网新媒体有量大、快速的特点，这是一把双刃剑，用好了可以造福人民。比如，突尼斯全国有 1043 万人口，全国的媒体有 200 多家，在小贩被打的同时就有很多媒体在现场，非常有穿透力。我们应深刻汲取这次事件的惨痛教训，对于国家的互联网等多种新闻媒体怎么管、怎么用都要进行一定的研究和规范，更重要的是注重发挥媒体的监督作用，使其真正成为维护人民利益的喉舌，成为监督执政者的工具，成为巩固我党执政地位的手段。

军队参与处置公共危机事件研究

张杰刚*

公共危机是指社会运行过程中，由于自然灾害、社会运行机制失灵而突然引发的，严重威胁社会系统的基本结构、价值规范和共同利益，在极短的时间内必须做出果断决策的破坏性事件。由于危机事件波及面广、破坏性大，往往威胁国家的政局稳定、公民的人身安全，引发社会恐慌，造成严重后果。我军作为捍卫国家主权独立、保护人民生命财产安全的坚强柱石，应密切关注影响国家安全和社会稳定的潜在因素，深入研究公共危机事件发生、发展的特点规律，科学制订应对策略，确保遇有危机事件，能在军委总部统一指挥下，迅速出动，果断平息事件。

一、公共危机事件频发的动因、特征及影响

随着经济全球化进程的快速发展，影响国家安全与公共安全的不稳定因素日益增多，自然灾害、事故灾难、公共卫生事件、

* 张杰刚，武警特警学院训练部副部长。

社会安全突发事件发生的频率高、危害的程度大。我国正处于社会转型时期，经济发展不均衡，社会矛盾积聚，各类危害公共安全的突发事件屡有发生，这些都对构建社会主义和谐社会带来了严峻挑战。

（一）公共危机事件频发的主要动因

由于经济、政治和社会等方面的改革是一个漫长的过程，也就是说我国社会正处于转型期，这也往往是“经济容易失调、社会容易失序、心理容易失衡、社会伦理需要调整重建”的关键时期。加之政治体制改革相对滞后，社会保障系统还不够完善，多元利益表达机制和渠道不畅，制度化社会减压系统不健全，社会矛盾的复杂性、尖锐性增大，围绕公平与正义、发展与平衡、两极分化、权力腐败、人权状况等公共问题的矛盾凸显，致使国内各种公共危机事件呈不断上升之势。同时，国际形势日益复杂多变，像恐怖主义这样的非传统安全因素，也对我国产生了危害。

（二）公共危机事件的主要类型及特征

纵观近年来国际国内重大公共危机事件，从其基本动因的角度分析，可以分为两大类。一是由自然灾害及人为因素引起的突发危机事件，如水旱灾害、地震、飓风、疫情、化学品泄漏、通讯网络事故、交通事故、工程事故、生物技术灾难、食物中毒等。二是由社会中的某种对抗因素引发社会冲突而导致社会失衡和混乱，如战争、暴力对抗、恐怖主义事件等。我国学者将公共危机事件分为如下五种类型：自然灾难型、利益失衡型、权力异化型、冲突型、国际关系型。自然灾难型是指环境破坏、疾病传播、各种自然突发事件，表现形式有环境污染、自然灾害、突发性重大公共卫生和交通事故。利益失衡型是由经济发展的不均衡、社会保障制度的缺陷引发的事件，表现形式有罢工、集体上访、静坐、示威游行，等等。权力异化型是由政府权能体系中的失效，如腐败、司法权的不完善引发的事件，表现形式有集体上访、示威游行、暴力抗法。冲突型是指由于意识形态领域出现异化形成的冲突，如宗教、民族，表现形式有大规模群体冲突、妨碍公务、刑事犯罪等。国际关系型是由国家在国际格局中发展的相关事件引发的，表现形式有国家间的紧张局势、经济制裁甚至局部战争。

综合分析这些重大公共危机事件，具有五个特征：一是突发性。危机的发生往往是在毫无征兆的情况下不期而至，令人措手不及。二是威胁性。危机的出现威胁到政府目标的实现，甚至危及人民生命财产安全。三是紧迫性。当危机出现时，政府对危机做出反应和处理的时间十分有限，任何延迟都会带来更大损失。四是公开性。信息传播渠道的多元化、速度的高速化，使危机高度透明，决策者微小的失误都会造成轩然大波。五是不确定性。公共危机事件往往有其随机的动态演化过程，其潜伏、爆发、发展、结束的规律与趋势很难准确把握。

（三）公共危机事件的重大影响

重大公共危机事件所造成的影响巨大、不容忽视：一是影响社会稳定。任何公共危机事件的出现，都会在社会上广泛传播，如果有人蓄意制造混乱，更易造成以偏概全、以假乱真、甚至无中生有的情况。二是影响经济秩序。不管是何种重大公共危机事件，都将直接干扰国家正常的经济运行，事件本身也会造成重大经济损失。三是影响党的形象。在多年和平环境中，党与人民群众的关系不时受到多元社会理念、市场经济因素的冲击和挑战，在一定程度上考验着党的执政地位和自身形象。四是影响人民生命财产安全。多种形式的公共危机事件，多数都对国家财产、社会公益设施、特别是人民的生命财产安全等带来巨大损害，有的甚至是难以恢复和再生的损失。

由于上述特征和影响的存在，使得公共危机管理决策具有极大的政治敏感性和时间敏感性，加大了公共危机管理及决策的难度。

二、军队参与处置公共危机事件的主要优势

应对公共危机需要采取特殊措施、运用特殊手段。军队具有高度集中、统一指挥和反应迅速等基本特征，决定了其在国家危机处理过程中的中流砥柱作用。

（一）反应迅速

军队具有严密的战备值班制度及快速反应机制，能够对重大意外突发的各种公共危机事件做出快速反应。在多次应急抢险救灾行动和平息暴（骚）乱事件中，一再显示出我军反应迅速的特殊行动效能。

（二）手段多样

我军经过三十多年的现代化建设、特别是通过信息化转型建设的有力促进，军队的侦察预警手段、突击作战手段、协同联合手段、战场再生手段以及各项保障手段等都有了质的飞跃，对于意外突发的各种公共危机事件能够进行强有力的高效处置。

（三）技能全面

我军实力雄厚，能力主要体现在发现公共危机事件征兆的能力、进行迅速作战编组的能力、进行远距快速投送的能力、进行密切协调配合的能力、对事态实施紧急处置并使之尽快恢复常态的能力等。

（四）保障完备

我军保障体系完备，既有一定基数的战备贮存，又有很强的应急保障、伴随保障能力，还有现场抢救、抢修及战场恢复能力，这些能力确保了我军进行公共危机事件处置有着很强的顽强性和持久性。

三、军队参与处置公共危机的主要对策

军队参与抢险救灾历来受到世界各国的高度重视。很多国家的军队都将处理自然灾害引起的突发性公共危机，作为其主要职能之一。我军是人民的子弟兵，官兵来自人民、服务人民，在历次重大自然灾害和突发公共危机中发挥了主力军作用。当前，面对我国各种重大、恶性危机事件的发生频率增高的态势，军队应进一步做好参与处置公共危机的各项准备。

（一）确立参与处置公共危机事件的基本原则

军队参与公共危机事件处置，应确立并遵循四个行动原则。

一是时间性原则。对于各种公共危机事件的处置通常不能犹豫、不能议而不决，必须尽快决策，尽快决定参加力量的规模数

量，采取紧急手段，及时控制危机事态的发展，以保持社会及国家秩序的高度稳定。

二是效率性原则。公共危机事件通常发展速度很快，而且影响大、事态重，还有可能引发一系列连锁反应。要求军队各级在受领任务后必须快速反应，高效动员军事力量及多种资源投入行动。

三是协同性原则。参与平息公共危机事件通常需要投入多种力量参加，除了主战部队外，还将涉及通信、军交、工程、医疗、消防、维修等多种保障力量，因此，建立统一协调的行动机制和指挥机构非常重要。

四是科学性原则。军队参加处置各种公共危机事件必须讲究科学，不可蛮干。因核泄漏、环境污染事故以及由多种自然灾害造成的危机事件，更需要注重科学性和技术性，并尽可能地听取相关专家意见。

（二）熟悉公共危机管理程序和主要工作

军队参与处置公共危机事件，必须熟悉运用程序和行动流程，以更好地发挥突击作用。一是对于公共危机事件发生前的管理。要尽最大可能避免出现危机或降低危机强度，搞好动态预测，树立现代危机观念，提前构建良好的激励机制及惩戒机制，做好处置公共危机应对的多种方案和预案，搞好危机应对的常识培训与适应性强化训练。二是对于公共危机事件发生中的管理。目前，我国发生各类公共危机突发事件时，多以部门为单位逐级上报，缺乏快捷、有效的信息传输方式和横向沟通渠道，不利于在公共危机发生时快速高效应对。遂行任务部队应在第一时间尽快判明公共危机的性质和事态状况，提出控制方案和行动措施。三是对于公共危机事件发生后的管理。要严密组织公共危机出现后的处置，主要是恢复重建和受灾后的人员安排，尽快组织调查研究，最大限度地减少负面影响，保持社会稳定；按照中央的统一部署，积极与国家其他处置力量进行合作与配合。

（三）提高参与处置公共危机事件的素质能力

针对当前我军在该领域存在的薄弱环节，我们应尽快在以下方面加强。一是在科学决策上，平时应在力量部署、行动预案、建立与相关方面的联络机制等方面做好充分准备，一旦发生事件，能够对参战力量、行动部署、投送方式等尽快形成决策。二是在应急反应上，要深入研究公共危机事件发生的特点规律，掌握易发生公共危机的重点方向、重点领域及可能形式，公共危机事件发生后能够在第一时间做出智慧和正确的反应。三是在快速投送上，注重加强投送手段的更新，在现有地面、空中、水上输送手段的基础上，通过研制革新和技术改造，加强其快速、大量、抗干扰和安全投送的能力。四是在高效行动上，出现危机征兆后，通过指挥机构进入临战体制、部队进入临战状态的做法，积极配合其他力量，发挥好在平息事件中的突击作用和主力军作用。五是在完善再生上，强化抢救、抢修力量配置，通过战地应急调整，使一线部队齐装满员，始终保持完备的行动能力。

（四）借助媒体营造平息公共危机的良好氛围

在参加处置各种公共危机事件中，应学会并适时运用广播、电视、报刊和互联网等多种新闻媒体配合，以增强平息公共危机事件的进度和效果。一是在行动前组织召开相关新闻发布会。说明公共危机事件发生、发展的事实真相，阐述军队参与平息事件的重要性和必要性。二是对于平息公共危机事件进程情况及时发布。说明在平息事件中的主要做法、行动依据及基本效果，主要是安定民心，促进恢复社会稳定。三是对于平息公共危机事件结果情况进行新闻发布。说明事件处置情况，宣布对敌对势力和破坏分子打击的主要情况和效果，以及所带来的政治、经济和社会效益等。四是适时接受主流新闻媒体的正面采访。军队要有权威的发言人和统一的对外宣传口径。军队要主动参与、控制并主导舆论宣传工作，配合军事行动更好、更快地达成预期平息效果。

四、军队参与处置公共危机事件应做好的几项工作

我军参与处置各种公共危机事件的经历少、经验缺乏，在不少领域存在薄弱环节。当前，应重点在增强责任意识、建立健全管理预警机制、加强战法演练等方面做好参加处置公共危机事件的准备。

（一）增强参与处置公共危机事件的责任意识

深刻认识新形势下军队的使命任务，把参加处置公共危机事件作为执行多样化军事任务的重要形式，看成是军队宗旨、性质的重要体现；深刻认识公共危机事件发生、发展的特点规律，以更加高效的军事手段进行应对；深刻认识迅速平息各种公共危机事件对于维护国家安全、保持社会稳定的重要作用和时代意义；深刻认识军队参加处置多种公共危机事件的重要性、必要性和紧迫性。

（二）构建参与处置公共危机事件的预警体系

预防是解决危机最好的方法，结合军队正常的战备值班机

制，根据以往我国发生公共危机事件的多数情况和特点规律，应尽快建立危机预警系统，包括电子预警系统和指标性危机预警系统；尽快建立完善危机值班制度，这将与现行的战备值班体系既有重合的部分，也有单独运作的构成；尽快建立多种应急处置方案，形成能够应对不同性质、不同规模、不同强度、不同范围的应急处置预案。

（三）加强参与处置公共危机事件的训练演习

要提高军队在执行处置公共危机事件中的能力，平时应组织相应的训练和演习。演习必须有很强的针对性和指向性，紧密结合可能发生的公共危机事件实际设置训练情况。

从世界范围看，政府对于公共应急管理机制比较成熟的有三种模式：一是美国模式。特征是“行政首长领导，中央协调，地方负责，军队参与”。二是俄罗斯模式。特征是“以国家首脑为核心，联席会议为平台，相关部门及军队为主力”。三是日本模式。特征是“行政首脑指挥，综合机构协调联络，中央会议制定对策，地方政府具体组织包括军队实施”。我国也亟需形成这样的机制，政府要通过完善首长负责制，建立健全危机管理体系，相关部门负责公共危机管理，行政首长对所辖范围出现的公共危机事件负有责任，并在平时沟通与军队的联系，军队在地方政府的统一协调下展开行动。

训练演习应突出重点：一是误解性公共危机处理。由于各种原因，政府决策被误解和怀疑，使政府陷入公共危机之中。在这种情况下，相关机构要高度重视，及时采取措施，消除影响。主管领导可在媒体露面，将危机的真实情况尽快、主动、准确地公布于众，军队应训练如何配合政府决策，全力维护政府的权威性行动。二是事故性公共危机事件处理。政府的失误、失职，或管理、服务中出现问题而引发危机事件。对这类公共危机事件的处理，政府通常应诚恳致歉，并采取果断措施防止事态扩大，以期获得谅解和宽容，并做好善后工作。军队应训练如何做好社会稳定工作，防止少数坏人制造新的人为事端。三是人为破坏性公共危机事件处理。一些恐怖活动，一些打砸抢烧破坏活动，如我国新疆发生的暴乱事件就属于这种性质。处理这类危机时，必须先堵塞安全漏洞，追捕疑犯，尽快彻底摧毁敌对势力。军队应训练如何充分发挥专政柱石的作用，严厉打击敌对势力和破坏分子，尽快稳定社会秩序。

强化国家安全战略研究机制迫在眉睫

张小兰*

当前的世界安全战略形势，主流仍然是和平与发展。国际战略格局仍然呈现急剧动荡、重新分化组合的形态，并朝着多元化的方向发展，西方超级大国谋求单极化的企图和行动步伐也在不断加快。随着我国综合国力的迅速增强，国内外敌对势力对我国的忧虑加深，从多个领域和层面加速对我国进行遏制和打压，使我们面临的安全战略形势日趋严峻。在这样的历史背景下，开展国家安全战略研究，显得十分重要和紧迫。

一、强化国家安全战略研究机制非常必要和紧迫

不断完善强化国家安全战略问题研究的机制，有利于从不同

* 张小兰，国际关系学院国际战略与安全研究中心秘书长，政治经济学博士，战略学博士后，主要研究方向为宏观经济和国家安全战略等。2005 年 12 月进入国家信息中心博士后科研工作站，期间完成的《中国国家安全战略长效机制研究》被评为优秀博士后研究报告。

的角度和层面为政府机构决策、维护国家安全提供重要参考和有效咨询，也有利于国家安全战略研究更加科学化、系统化和条理化。当前，国际及周边环境、国内安全隐患严重存在，使得加强国家安全战略研究机制建设显得非常必要和紧迫。

（一）我国面临的国际安全形势不容乐观

西方霸权主义不愿意看到一个社会制度、意识形态与其完全不同的中国崛起和壮大，千方百计对我国进行遏制和挤压，把我国作为主要“防范”对象。当前，我国所面临的主要安全威胁主要体现在十个方面：西方敌对势力采用多种形式和手段，加大对我国“西化”、“分化”和“弱化”的力度；世界金融危机虽然已经过去，但其后续效应仍然对我国的经济安全存在着持续影响；大国利益和联盟的加速分化与组合，也在一定程度上影响着我国的国家安全；美国不断强化在我国周边的军事包围圈，加强了对其盟国的联络与控制；大国和周边国家加紧军事能力建设，使我国面临的军事威胁增大；我国的科技安全特别是信息安全面临重大威胁，使国家保密问题难度加大；西方腐朽文化对我国实施全面侵蚀，对国内特别是青年一代的负面影响不容忽视；民族分裂势力危害社会安定和政治安全，极大地冲击着国家安全的维护与管理；走私、贩毒、恐怖活动等跨国犯罪问题呈上升趋势，为国内在该领域的犯罪分子提供了支持；生存环境和生态平衡的污染与恶化，使社会不满的呼声与情绪日涨。

以上国际安全战略形势的日趋严峻，在很大程度上源自美国的全球战略企图及其相应的一系列相关行动。

（二）我国周边安全前景变数增大

我国具有特殊的地缘国情特点：我国有 960 万平方公里的陆

地面积，有300万平方公里的海洋国土；与我国陆地接壤的邻国有14个，隔海相望的近邻有十几个；我国与多国存在着主权和领土争议与分歧。

我国南海、东海主权争端日趋尖锐化，且呈现出国际化趋势；日本走向军事大国的步伐加快，在海洋国土上与我国的争端立场更加强硬；东北亚受到朝核问题的影响，军备竞赛形势严峻；东南亚一些国家积极与西方大国相勾结，竭力发展本国军力；印度针对我国的军备发展急剧膨胀，与我国关系前景难以预料；“台独”势力的活动仍然非常猖獗，两岸关系前景未知因素很多。这些国家或地区复杂局势的背后，都有西方大国的插手，使我国周边所面临的安全战略形势更加严峻。

（三）国内存在安全隐患

国内矛盾问题主要体现在：在国外敌对势力的支持与怂恿下，“东突”、“藏独”等民族分裂组织竭力激化民族矛盾，制造各种恐怖活动，先后在乌鲁木齐、拉萨制造打砸抢烧暴乱事件，还有后来发生的喀什动乱等，都属于这种情况。还有，国内有的地区由于背离党提出的“三个有利于”要求而带来的无序发展，使社会贫富差距增大；思想观念以及人生追求价值观的扭曲，导致了社会风气和道德观念下降；生存环境恶化，致使污染严重，影响了生态平衡等。这些都在一定程度上影响到了国家安全。

（四）多种意外突发安全事件频出

主要是各种随时可能发生的自然灾害，如先后发生的汶川地震、玉树地震和舟曲泥石流等，多次发生的重大意外事故，如甬温铁路动车追尾重大事故、多起民用电梯重大事故、多起煤矿安全事故等，这些都从不同角度、不同程度影响着国家的安全和社会的稳定。

二、积极借鉴国外维护国家安全的相关做法

发达国家普遍高度重视对国家安全战略的研究，并先后建立了相关研究机构和相应的智囊及咨询机构，形成了稳定高效的研究机制，值得我们分析借鉴。

美国思想库智囊机构就有2000多家，其中比较活跃、能够影响到国家安全决策的约有300余家。前任国务卿赖斯就来自其中之一的胡佛研究所，基辛格、约瑟夫·奈都曾在哈佛大学国际事务中心任过职，布热津斯基曾任哥伦比亚大学国际动态研究所所长。美国智库可以分为体制内、体制外两种。体制内的智库处事低调并与官方观点一致。兰德公司是最有影响力的综合性战略智库，而和平研究所则被看作美国政府的“政研室”。国防部下属的还有防务分析研究所、亚太安全研究中心等军事智库。具有政党背景的“企业研究所”则是保守派的研究机构。体制外智库的自由度较大，立场比较客观。具有大学背景的智库主要有：斯坦福大学胡佛研究所、哈佛大学费正清东亚研究中心、哥伦比亚大学东亚研究所等。还有布鲁金斯研究会、卡内基国际和平基金会、传统基金会。而美国外交关系委员会是无明显党派倾向的智库之一。

英国有伦敦国际战略研究所、皇家国际事务研究所等。俄罗斯安全与研究机构既有官方的，也有民间的，甚至还有外国资助的，最有实力的是社会科学院、社会科学研究所和马列主义研究所。印度智库发展有60多年的历史，成立于1965年的印度国防与分析研究所独立于政府之外，主要从事国家安全、外交政策和

战略研究。后来印度又成立了经济发展研究所、国际经济关系研究院以及信息系统研究所等，很快成为主要智库。

以上这些国家的做法，我们应积极借鉴，特别是他们建立专家咨询机构、形成稳定研究机制的做法，应紧密结合我国实际，充分借助和利用国内相关领域所蕴藏的智慧与专业知识，形成和确立切实有效维护国家安全战略的决策方案，建立起具有中国特色的国家安全研究机制。

三、我国亟需强化国家安全战略研究机制

当前，在我国安全战略研究的机制构成上，主要有中科院、社科院、一些高校的战略研究机构等；军队的有国防大学、军事科学院、军种机关研究机构或部门等。应该说，通过这些机构及众多专家学者的努力，为国家安全的战略决策发挥了一定的作用，也形成了分散的国家安全战略研究机制。

但是我们也应看到，由于多种原因，现有的决策咨询机制还不能完全满足国家安全战略决策的咨询需求，当前还存在着七个方面的突出问题，主要是：条块分割，各自为政，还没有形成有效的协调统一和联合研究攻关的综合能力；部分党和政府的决策研究机构功能错位，学术性和民间咨询机构的作用发挥不够；部分决策咨询机构的人员构成和知识结构不合理，咨询能力和效能不强；决策咨询机构的独立性和社会化程度不够；形成的研究成果围绕国家安全的指导性、针对性、操作性不强；自身研究条件较差，研究设备和手段落后；研究成果定性分析多，定量分析少，缺乏提出咨询报告结论的说服力和科学性。

这种情况亟需改变，有必要建立并形成以国家安全战略研究

中心为主的研究机制，以统筹协调各方力量，加强相关问题的研究。

四、建立国家安全战略研究中心的科学指导

我们必须认真研究国家安全面临的新情况、新问题、新特点和新规律，确立科学的指导，从长计议，建立可持续的、能够确保国家长治久安的国家安全战略研究机制。当前亟需建立的就是国家安全战略研究中心的机构，并逐步完善以此为中心的研究机制。

国家安全战略研究中心的定位。国家安全战略研究中心是国家层面的安全战略研究机构，接受国家安全委员会的领导与指导，对其专家咨询委员会负责，努力打造具有中国特色的国家安全战略高级智库。

国家安全战略研究中心的职能。研究中心利用专家学者人才队伍及其研究成果优势，主要履行五种职能：一是形成并提出国家安全的政策思想。每年至少两次向国家安全委员会或国务院有关部门提供国际、国内安全战略动态分析及决策建议的专题咨询报告，为维护国家安全献计献策。二是提供国家安全政策方案。研究专注于国内外安全问题，及时掌握准确的国际战略安全动向，国内的社情、民意及社会的主流舆论信息，并进行定性和定量的分析研究，提出有理有据的安全政策预案。三是积极配合国家的政治外交斗争，组织专家对西方敌对势力、反华团体和传媒进行揭露和批驳，从民间学术团体和专家的角度说政府不便讲的话。四是储备和提供人才。为政府储备国家安全人才，通过长期的研究积累，使之成为熟悉世界安全形势的专家，具备丰富的国

内外安全战略知识。五是开展国家安全知识教育，创办《中国国家安全》期刊；运用研究中心的专家和人才优势，定期举办国家安全讲座和形势报告会，促进全民的国防安全意识不断提高。

国家安全战略研究中心的运作模式。国家安全战略研究中心的运作模式主要有四种：一是定期向国家安全委员会提供专题咨询报告。二是出版发行相关书籍刊物。这是提高国民安全意识的重要方式，其形式有期刊、专著、研究报告、快报和年度报告等。三是组织召开国家安全学术论坛、各种类别和规模的专题研讨会、纪念会等，邀请有关专家、现任和前任军政官员、新闻记者、工商界人士等参加，围绕加强国家安全形成主导性的意见和建议，综合整理后上报国家安全委员会和有关部门。四是与媒体建立密切联系。通过媒体发布该研究中心的观点、意见、评论和研究成果，或通过媒体采访、接受电视访谈等形式，宣传国家安全的重要理念、方针、政策和法律法规等。

我国应坚持“不结盟”的和平外交路线

杨　莹*

在我国对外关系问题上，中国一直奉行“不结盟”的和平外交路线，这对于树立我国良好的大国形象发挥了积极的作用。当前，我国面临的世界和周边军事环境日趋复杂：与西方大国在多领域的斗争更加尖锐；国际反华势力的活动依然猖獗且形式更加多样化；我国需要进行国际合作的领域和事务不断增多、难度增大；在周边，伊朗核问题、朝核问题、朝韩纠纷、东海及南海的领土争端等，都有可能引发新的军事冲突。在这种形势下，国内有的学者提出，我国应放弃“不结盟”的路线，与一些国家结成经济、军事联盟，以增强整体的应对能力。对这一论点，笔者不敢苟同。

* 杨莹，北京信息科技大学光电信息与通信工程学院学科秘书，工程师，先后在国家安全论坛、高等教育管理学术研讨会及国际与周边战略形势论坛发表学术论文16篇。

一、国际战略形势和我国周边军事环境不容乐观

当前，美国仍然保持“一超独霸”的国际地位，顽固地扮演着“世界警察”的角色。冷战结束后，美国加速了战略东扩的步伐进程，不断在我国周围投棋布子，竭力拉拢一些周边国家加入其反华仇华阵营。美国把我国视为最大的潜在对手，竭力制造“中国威胁论”，并针对我国调整了军事战略和导弹防御系统的部署。美国从多个领域对我国进行战略牵制，在我国所有方向的军事斗争中，背后都有美国干预和插手的因素存在。美国是最有意愿、也是最有能力与我国进行对抗的国家。

我国周边。在东北亚，“天安舰”事件、“延平岛”炮击事件等导致朝韩双方矛盾升级和激化，加速了发展军力的进程，使得引发大规模军事冲突的可能性增大。日本是一个经济和军事大国，但其资源贫乏，在我国东海海域及钓鱼岛等归属问题上一直提出无理要求。日本储存着可以生产数千个核弹头的核材料，一旦需要可以在极短时间内成为世界第三核大国。在西亚，联合国安理会已经多次做出了制裁伊朗的决议，美国对伊朗进行打击的军事准备紧锣密鼓，一旦开战，美国战略东扩的战火就将燃烧到我国的家门口。在南亚，印度把我国看成最大的军事威胁，看成是其走向亚洲大国经济和军事地位的最大障碍。当前，印度积极发展“三位一体”的核力量，已发射试验成功了射程为5000公里的“烈火－II型”远程导弹，还与美国频繁进行联合军演，与俄罗斯的军事技术合作协议签署到了2021年，合作项目超过了200个。在南海，我国的海洋资源被多国开采和掠夺，并引发

了越来越严重的主权之争。更为严重的是，这种形势还日益体现国际化趋势，许多西方国家都以多种形式参与了对我国南海资源的掠夺，我国一旦采用军事手段维护国家的合法权益，必将引起更大范围的冲突。对此，我们必须高度警觉，必须尽快采取有力措施加以应对。

面对严峻的军事斗争形势，我国“不结盟”的和平外交路线承受着巨大的压力和现实斗争的严峻挑战。

二、国家结盟、军事结盟的利弊分析

出于维护自身国家及政治集团利益的需要，许多国家先后走上了国家结盟，特别是军事结盟之路。

1949 年 4 月 4 日成立的“北大西洋公约组织”和紧随其后成立的“华沙条约组织”，在相当长的时期内成为世界两个最大而且对立的国家集团和军事联盟。后来，在非洲、欧洲、亚太地区等也先后出现了不同性质、不同规模和不同形式的联盟集团。这些联盟在许多时候、许多情况下的确做到了有福同享、有难同当，在一些领域也密切了相互间的国家关系。由此可见，在当前国际社会呈现大动荡、大分化和大改组的形势下，一定的结盟形式可以有效抵御风险。

1996 年 4 月，中国、俄罗斯、哈萨克斯坦、吉尔吉斯斯坦和塔吉克斯坦五国元首在上海举行了首次会晤，正式建立了“上海五国会晤机制”。2001 年 6 月中旬，上述五国元首在上海举行了第六次会晤，乌兹别克斯坦以完全平等的身份加入了上海五国，在六国元首举行首次会谈中签署了《上海合作组织成立宣言》。至此，“上海合作组织”正式成立。这是我国为了强化地区安全和促进地区性的经济发展而主导的重要地区性结盟行动，对于共同发展经济、抵御经济风险、打击恐怖主义、分裂主义和极端主义发挥了积极有效的作用，同时也极大地促进了相关国家的友好往来和经济合作。

结盟，从根本上讲是为了同舟共济、共同发展，增强共同抵御重大经济、军事、外交、金融及自然灾害等意外突发事件的能力。但在国际现实中，这种联盟的相互牵制和相互制约现象也存在：在政治上，把所有的参盟国捆绑在同一辆战车上，由于每个国家的核心利益、综合国力、军事实力及利害关系不同，在很多情况下，一些国家对联盟作出的决策因不符合本国利益而处于进退两难境地；在军费上，各成员国必须维护和支持联盟的行动，如美国在未经联合国授权的情况下发动伊拉克战争后，一些盟国只有很不情愿地为其承担巨额军费，也有些国家存在力不从心的情况；在军力上，按照军事联盟的规则，一些国家不能随心所欲地发展本国军事力量，特别是发展空白的领域，而必须被迫接受大国的军事保护，一旦这种联盟出现裂痕甚至解体，将致使许多国家的军事力量支离破碎；在行动上，军事联盟通常是在统一的指挥下步调一致地行动，即使不符合本国的利益、本国并不情愿介入，也不得不无条件地服从，北约武装力量的司令官多年来一直都是由美国人担任，许多成员国对此虽然不满，但也无可奈何，因为本国军队已成为该军事联盟的成员而必须接受这种统一的领导和指挥。

由此可见，建立世界和地区性的军事同盟，有利有弊，但从总体上和战略的层面权衡，结论是弊大于利。

三、我国应坚持“不结盟”的外交路线，但必须强化国际合作

我国从建国起就明确宣布奉行和平外交政策，提出在六条方针的指导下建立独立自主的外交关系，明确了“不结盟”方针。

1955 年，我国政府又提出和平共处五项原则，再次重申“不结盟”的外交政策。这是毛主席站在全球战略高度、紧密结合我国实际、经过深思熟虑做出的英明决策。在当前国际形势下，我们仍然有必要继续维护这一既定原则。换个角度，像我们这样的大国，又能依靠谁来维护我们国家的安全呢？又能指望哪个国家能够在“中华民族到了最危险的时候”，为我们承担巨大的民族牺牲呢？

人类历史发展到今天，国际战略格局发生了巨大变化。对于我国确立的“不结盟”路线，除了应遵循既定的方针路线之外，还应根据国际形势的变化赋予其崭新的理论内涵，并在形式和内容上不断强化与友好国家、特别是友好邻国的全面合作。

当前，要有效维护我国的核心利益及国家安全，在继续奉行“不结盟”路线的前提下，应积极做好以下五个领域的工作和建设：一是建立和完善与有关大国、重要邻国的高层军事热线，沟通国家高层的随机联系渠道，及时就国际和地区性重大政治、经济、外交、特别是军事问题交换意见，及时化解矛盾或消除误会，以维持良好稳定的国家关系和国际社会秩序的安全与稳定；二是建立军事联合反恐机制，与有关国家建立反恐机制，及时通报各种相关信息，必要时采取联合行动，共同打击各种国际恐怖势力策划的破坏活动，共同打击危害社会安定的黑恶势力，维护

国际和周边社会秩序的稳定；三是密切军事能源领域的合作，通过互补有无、取长补短、平等互利的方式，使双方或多方在军事能源、军事高技术成果方面得到交流和互助，这样做也有利于尽快弥补我国在一些战略能源领域开发与利用的薄弱环节；四是加强军事信息交流，通过及时交流与国家安全紧密相关的情报信息，实现资源共享，特别是在情报侦察、战略预警、战场动态、行动保障等领域，同步提高联盟力量之间的军事能力；五是建立军事高技术、新工艺和新材料的沟通和互换机制，在不对本国根本利益构成直接威胁或潜在危害的前提下，有选择地向友好国家提供我们的先进科技成果，同时更要重视随时吸纳别国和外军相关的科研成果，并逐步完善军事科技领域的密切沟通机制，促进我国军事能力的全面提升和跨越式发展。

在当今错综复杂的国际形势下，我国应继续奉行“不结盟”的和平外交政策，继续保持独立自主决策和行动的最大能动性，这个战略层面的路线应坚定不移地维持下去。但同时我们也必须清醒地认识国际军事斗争形势的严峻性和多变性，不断强化与友好国家的全面合作，以达到互利共赢、巩固和增强国家安全及国家军事能力的战略目标，在策略的层面应更加广泛、更加积极主动地强化合作，强化独立自主应对复杂国际事务的能力。

国外信息安全建设及对我国的启示

陈皖军*

当今的人类社会，已开始逐步迈入信息时代，人类的发展与社会的进步已完全离不开信息技术，同时信息安全也已经成为影响国家安全的重要因素。“维基解密”网站在互联网上大量公布了美国政府及军方的机密文件和信息资料，极大地影响了美国当局在国际社会的可信度，也对世界网络信息安全产生了巨大的震撼，标志着以国家为背景、军方为主体的信息领域斗争已成为一种新型的国家斗争样式，其中既有政府或军方背景的网络力量攻击，也有以个体甚至个人为主体的计算机黑客。他们以国家机构、军队高层、经济金融等领域为主要攻击目标，以无政府主义的形式、非营利目的的行动方式，直接威胁着人类社会的信息安全和网络安全。对此，世界各国都高度关注信息网络领域的安全问题，通过采取多种方法和手段，不断强化国家的信息网络系统建设，以确保国家政治、军事、外交和经济领域的安全。

* 陈皖军，《火箭兵报》杂志社副编审。先后出版《浮萍》等多部专著，参与编审和撰写的报告文学集《砺剑铸魂》被列为国家党建文献，有多部作品在全国、全军获奖并被收入各种文集，其中《杨梅熟了》被收入全国百家百人优秀散文集。

一、国外信息安全建设的基本情况及分析

针对日益增多的信息攻击威胁，在国际社会、特别是在发达国家，都采取了多种应对举措，不断加强信息安全措施，以积极防范政府网站上的黑客攻击、军事上的网络中心战、企业经济信息的恶意窃取与泄漏，特别是美国、俄罗斯和日本的一些做法值得我们研究和借鉴。

（一）美国维护信息安全的主要做法和特点

美国是世界上信息技术发展最快、网络运用最广泛的国家，同时也成为受到信息安全威胁最严重的国家。美国当局认为，来自网络空间的威胁已成为美国面临最严重的经济和军事威胁之一，必须将保护网络基础设施作为维护国家安全的第一要务，进一步强化信息安全对策。

注重不断完善和健全信息安全管理体制。当前，在美国信息安全组织机构中，先后建立了审计署、行政管理和预算局、国家标准与技术研究院、国土安全部、国防部、商务部、财政部等诸多部门的多个委员会和办公室。为进一步加强对信息网络系统的统一领导，2009 年 12 月 22 日，美国总统奥巴马任命霍华德·施密特担任信息安全协调官，负责国家网络系统安全，研究完善新的信息安全战略，以保证在面对未来网络突发事件的情况下，能够做到有组织地统一应对；2009 年 6 月 23 日，美国又成立了由国家安全局局长领导的网络司令部，统一领导美军的网络空间战活动，统一组织数字战争，有效防护针对美军计算机网络发动的安全威胁；2010 年 1 月 26 日，美国防部签署了《5100.20 号

命令》，对国家安全局的职能进行了新的拓展，将国家安全局局长指定为国家信息系统安全的管理人，并明确其为国防部长、参联会主席、各作战司令部司令官、各军种部长和国家情报总监的首席信息保障顾问。

注重信息网络领域的管理立法。美国早在 1987 年就颁布了《计算机安全法》，随后逐步完善，先后制定了一系列关于信息安全的法规、条例、操作规程和技术标准。其中，仅以国防部指令方式下达的法规文件就有：《信息安全保密程序》、《信息安全保密程序规章》、《自动信息系统安全保密要求》、《计算机安全保密技术脆弱性报告程序》、《网站管理备忘录》、《网站管理指南》等，对涉及信息安全的具体事宜，做出了明确规范。2009 年，为了进一步规范信息安全的管理，美国又提出了《网络安全法案》的立法规划，经提交国会审议后获得通过。

注重先进信息安全技术和设备的开发研制。美国利用自身强大的经济基础和科研实力，不遗余力地研究新型信息安全技术和设备。经过多年的努力，当前他们已经在高速网络密码机、无线密码产品以及模块化密码设备等方面取得了一系列成果。2010 年，美国国家安全局推出了 USB Detect 3.0 网络防御软件，能够跟踪内部网络上 USB 存储设备的使用情况，做到了及时封堵安全漏洞。2010 年，Aoptix 公司成功进行了自由空间量子加密技术试验。海军研究办公室也计划投资 1600 万美元开发网络防御新技术，确保海军网络能识别和缓解可能发生的实时威胁，确保信息网络系统的正常运转。

（二）俄罗斯维护信息安全的主要做法和特点

进入 21 世纪以后，俄罗斯的政治、经济、军事形势开始好转，国家和军队的信息化建设步伐逐步加快，信息产业规模每年以30%以上的速度递增。对此，俄政府认为，社会的稳定、公民权利和自由的保障、法制秩序以及国家财富的维护，在现阶段很大程度上都取决于信息安全保障和信息防护等问题的有效解决。普京总理指出："信息资源和信息基础设施已经成为争夺世界领先地位的舞台，未来的政治和经济将取决于信息资源，解决这方面的问题，对国家的前途、国家利益和国家安全至关重要。"因此，俄罗斯对国家信息安全十分重视，已经将其纳入到国家安全战略之中。

不断强化信息安全管理体制。目前，俄罗斯还没有建立起统一的负责国家信息安全的领导机构，而是将信息安全的主要工作分别分配给俄罗斯联邦安全理事会、俄罗斯科技委员会、俄罗斯联邦安全局（FSB）、俄罗斯联邦保卫局、联邦技术和出口控制局以及信息技术和通信部等部门负责。其中，俄罗斯安全委员会总体负责国家信息安全保密，科技委员会负责信息安全标准、评估和检验，通信与信息部负责产业计划和规划，联邦政府通信与信息局负责密码和通信安全，涉及重大问题的政策和措施则由联邦总统直接发布命令颁布执行，使各项信息安全事宜都做到了有人管、有人抓。

不断完善信息安全法规体系。20世纪90年代以来，俄罗斯颁布了大量与信息安全建设有关的法律和法规：1991年至1995年6月，俄罗斯颁布的498个法律法规中，有75个是关于信息领域的法案，另外421个也涉及到了信息安全相关的问题。其中，1993年颁布的《联邦政府通讯与信息组织法》，明确了由联邦政府通信与信息局负责保障国家通讯的安全；1995年颁布的《信息、信息化和信息网络保护法》，强调了国家在建立信息资源和信息网络化中的责任，首次把信息安全正式纳入到国家安全范围；2000年9月颁布的《国家信息安全学说》，明确了国家信息安全建设的目的、任务、原则和主要内容，对国家信息网络安全面临的问题，以及信息、网络战武器装备的现状、发展前景和防御方法等都进行了详尽的论述，阐明了俄罗斯在信息网络安全问题上的主要立场、观点和基本方针，提出了在该领域维护国家利益的手段和相关措施，成为俄罗斯制定信息安全法规体系的纲领性文件。

不断提高信息安全技术水平。与西方发达国家相比，俄罗斯信息安全技术和产品整体比较落后，核心技术对外依赖性强，一些关键性的信息安全设备如数据库防火墙、VPN 技术产品等，还只能在政府、军队等重要部门得到应用。但是，俄罗斯科研部门和民间积聚着一大批高水平的信息人才，为俄罗斯发展本国信息安全产业奠定了雄厚的基础。如俄罗斯的卡巴斯基和 Dr. web 两家公司生产的防病毒软件不仅在市场占有率方面走在了世界前列，也给俄政府在信息安全上提供了有力支持，其中 Dr. web 是俄罗斯国防部指定的信息安全合作公司。前不久，俄罗斯已投资 1.5 亿卢布，积极研制基于 Linux 的操作系统，以提高计算机系统的安全性和稳定性、减少对西方微软 Windows 系统的依赖。

（三）日本维护信息安全的主要做法和特点

日本一直将信息安全视为本国综合安全保障体系的核心，对信息安全问题给予了高度重视，为了维护日本网络信息安全，提出了“保障型”信息安全战略的构想。2009 年 6 月，在日本信息安全政策会议上，提出了“安全日本 2009”的方案，明确了日本在信息安全领域的基本方针、重点政策、实施体制与改革内容等。2010 年 5 月 11 日，日本又发布了“保护国民信息安全战略”，该战略重点规划了网络防御体系建设、信息安全制度、信息安全基础设施、信息安全技术、信息安全技术人才以及国际合作等六个方面的建设构想，提出力争在2020年使日本成为世界信息安全最放心的国家。

强化信息安全组织机构。2005年4月，日本在原有网络信息安全促进室、网络信息安全促进调查会、网络信息安全基本问题委员会等机构的基础上，设立了网络信息安全中心（NISC），隶属于总理府办公厅，主要负责计算机信息安全的统一领导和组织协调。同年5月，在总理府IT战略本部中又设立了网络信息安全政策委员会。此外，政府各部门也根据自身情况，设立了相应的信息安全机构，如日本防卫省于2011年成立了“电脑空间防卫队”，主要负责搜集最新的电脑病毒信息，研究避免病毒感染的对策，加强对防卫省和自卫队情报系统的监管。

强化信息安全管理。近年来，日本先后采取了一系列管理措施，推进信息安全管理工作。2009年3月17日，日本总务省发布了“数字日本创新项目（ICT鸠山计划）大纲”，该计划主要包含9项内容，涉及信息安全内容的第九条明确指出，要“为实现网络的可靠和安全而努力”，要切实防止个人信息的泄漏，制定和加大实施信息违法处理和有害信息剔除等对策，广泛展开“放心网络”的构建。

强化信息安全技术研发，日本利用自身雄厚的经济和科技实力，不断提高信息安全设施的技术水平，经过多年的努力，日本电报电话公司和三菱公司联合开发出一种新型细粒度加密方案，采用最先进的逻辑运算作为加解密机制，即使在云计算环境下，也能使网络用户对机密信息进行加密。2010年10月14日，日本信息与通信研究所宣布，已经开发成功世界上最快的量子密钥分配网络，密钥生成速率约为100千比特/秒，能够对文本、音频或视频数据进行加密和解密，可以有效保护网络信息安全。

二、国外信息网络安全建设的发展趋势

目前，国外信息安全建设步伐不断加快，信息安全管理措施日趋完善，信息安全技术研究成果广泛应用，信息安全防御能力稳步提高，呈现出主动化、专业化、全面化、全球化的发展趋势。

（一）构建主动化的信息安全防护机制

尽管信息安全目前最主要的任务仍然是网络防护，但是，鉴于被动防御难以有效遏制各种信息攻击的威胁，世界各国均加紧研究主动攻击、主动防御的技术手段，努力构建主动化的信息安全防护机制。其主要做法：一是网络主动攻击。针对潜在和现实的网络威胁，使用病毒和木马等作为网络武器实施攻击，毁坏对方计算机或计算机网络上的信息。尤其是各国军方的网络防御部队，均担负着信息攻击的职能。美军战略司令部司令官凯文·希尔顿将军公开承认，战略司令部已经组建了一支“特种部队”，不仅承担网络防御的任务，还能够对其他国家的电脑网络和电子系统进行秘密攻击。2010 年 1 月 11 日，韩国国防部成立了网络空间司令部，他们也负有网络空间攻击的作战任务。二是信息威胁主动防御。研制网络防御智能软件，对网络保密情况进行密切监视，探测未经授权的计算机活动，确定其攻击破坏能力，提供网络防护预警支持。如美国防部研发的“网络狼”软件可实时收集、记录来自传感器、软件和计算机的入侵数据，自动处理、审查、提取、浓缩入侵图样，提高系统的保密管理效率；美空军信息战实验室开发的“网络诱骗”系统，能够检测、追踪和确

认潜在的网络入侵者，并自动建立虚假网络，诱惑敌人攻击并浏览其中的虚假情报，同时将入侵者的行踪通知网络管理员。

（二）组建专业化的信息安全防护力量

由于信息安全威胁在时间、地点和攻击方式上的经常性与不确定性，需要建立专业化的网络安全防护机构或分队，专门负责处理大规模网络“入侵”事件。因此，国外一些国家，特别是西方发达国家都采取了许多行之有效的应对措施：一是积极组建网络应急部队。自 1996 年美国空军建立首支网络战部队以来，一些国家的政府或军方也相继成立了各自的网络应急部队，应对通过互联网进行信息攻击的突发事件。其中，美国网络部队实力最为雄厚，国防部网络司令部所属信息战专家达 5000 余名，网络战部队总人数超过了 88700 余人。二是广泛招揽信息人才。为了适应信息安全的高科技特点，在积极培养高技术人才的基础上，广泛招揽民间计算机人才，甚至招募黑客为己所用，以开发信息安全新技术，增强应对复杂网络空间攻击威胁的能力，为政府信息安全决策提供建议和帮助。如美国国防大学正式成立了信息战与战略学校，专门培养高素质的网络信息安全人才，以适应不断增大的维护信息安全难度之需要。俄罗斯有 90 所大学开设信息安全专业，与 22 个信息安全地区教学中心、12 个部委信息安全管理机构和科研机构组成了一个完善的信息安全人才培养体系。澳大利亚国防部于 2010 年 1 月 15 日成立了国家网络空间安全运营中心，聘请 130 多名信息安全专家和分析人员。三是定期开展网络攻防演习。通过演习提高网络防御力量的信息防卫能力，验证新的信息防御技术手段和战术，检验信息系统的安全性。如美国国家安全局多次组织海军学院、空军学院、陆军学院以及海岸警卫队学院等有关高等院校进行计算机网络防御演习，根据黑客攻击的不同情况，有针对性地检验网络安全漏洞检测、响应和恢复的效果，对参演人员的能力和素质进行综合评价。

（三）加强全方位信息安全管理

在信息安全防护领域，来自外部的攻击固然令人担忧，但内部管理漏洞是更重大的隐患。根据统计资料表明，80%以上的信息安全事故是由管理问题导致的，仅“维基解密”事件就泄漏了美国官方7.6万份阿富汗战争秘密文件、39.2万份伊拉克战争文件，以及25万份美国外交部文件。对此，美国防部副部长林恩·威廉三世表示，“在谈及政府网络安全的时候，我们大多关注来自外部的威胁，但“维基解密”事件让我们看到了来自内部的威胁也同样令人担忧”。对此，国外军方和政府机构均开始逐步加强了对信息安全的全方位管理。一是人员管理。人是网络资源的提供者和使用者，又是网络资源的建设者和管理者，在网络安全上始终处于主导地位，加强人员管理，将有助于减少由于安全意识淡漠、责任心不强、蓄意破坏等因素导致的信息安全问题。美国防部强调，要切实采取行之有效的措施，加强对整个信息流程人员的安全教育和管理，使信息链条上的各级、各类人员，尤其是涉及到关键性信息秘密的人员，更要充分认识信息安全的重要性，提高信息防范意识。二是设备管理。在采取物理隔离、防火墙、入侵探测系统、加密通信系统等措施的基础上，采取了严格的管理制度，加强对重点信息设备的管理。个人计算机、无线电台及红外无线设备进入存储和发送涉密信息的场所，必须得到上级或有关部门的书面授权。移动存储设备必须进行加密，如美国空军网络作战司令部就发布命令，严禁空军人员在与国防部“保密IP路由网”（SIPR net）连接的所有系统、服务器和机器上使用各类移动介质，否则将面临军法处理。三是运行管理。在逐步完善信息安全管理体制的基础上，加强信息安全运行机制的构建。实行内外网隔离运行机制，美军信息网络由外向里分别为国际互联网、保密互联网、全球联合情报通信系统、绝密信息网等4层，各层之间设有防火墙、入侵探测系统和加密通信系统。建立风险评估机制，定期自行组织高级黑客对军方或政府机构等网络进行攻击，验证网络的保密性、完整性和可用性，发现安全缺陷和漏洞即采取相应应对措施。此外，对一些用于信息和网络安全的软件开发，进行必要的反间谍威胁评估，对于网络操作员、管理员，定时进行信任等级评估，以确保信息网络软件的质量和安全性。

（四）注重全球化信息安全合作

信息安全问题已经成为世界性的挑战，加强网络安全国际间合作，有效应对未来多元化信息安全威胁，已在国际社会形成了共识。2009年10月，美国联邦调查局和英国打击严重有组织犯罪署针对僵尸网络、恶意软件制作者等，制定了打击和破坏网络犯罪的行动程序。2009年11月初，在西班牙马德里举行的数据保护和隐私专员国际会议上，美国和欧盟达成了一系列共同准则，对于统一美国和欧盟在执法和安全目的进行信息交换时对个人数据保护起到了积极的作用。2009年，俄罗斯加强了在信息安全国际合作方面的机制建设，建立了“独联体集体安全条约组织信息安全技术中心”，以方便独联体集体安全条约组织成员国之间交流信息安全运作经验。与亚美尼亚签署了“保卫亚美尼亚IT安全”备忘录，促进了亚美尼亚国家权力组织和教育机构信息系统基础设施的反病毒保护效能。

三、对我国信息安全建设的启示与思考

目前，我国尚没有出现类似“维基解密”的恶性信息安全事件，但我国的信息安全形势仍然不容乐观，西方敌对势力对我国的网上窃密活动一刻也没有停止，“法轮功”以及各种分裂势力的网上渗透活动日趋猖獗，国内外网络黑客、色情组织等违法犯罪活动屡有发生，网络串联、网络煽动等社会不稳定因素依然存在。这就要求我们必须高度重视信息安全领域的斗争，针对新形势下信息安全的新情况新特点，着眼当前信息安全领域面临的突出问题和严峻挑战，积极构建信息安全体系，加强信息安全力量及手段建设，不断提升我国的信息安全保障能力。

（一）完善信息安全领导管理体系，强化信息安全的组织领导

目前，我国已经在保密局、工信部以及军队、武警、国家安全部门等多个领域和单位建立了信息安全管理机构，初步形成了比较完善的信息安全管理机制体制。但是，由于多种原因，各部门、各机构之间存在着条块分割、职能交叉等问题，难以在信息安全领域形成统一的组织领导，我们应尽快改变这种局面：一是要建立跨部门的权威协调机构。在国家层面建立一个战略机构，专门负责国家和军队信息安全政策制定，监控网络安全威胁的范围和等级，统筹协调所有网络安全政策和行动的机构，统一协调重大信息安全事件的应急处理。二是在政府、军队、公安、司法、金融等重要部门，建立专门的信息安全管理机构，制定本部门信息安全建设规划，实施信息安全监察，开展信息安全教育和

管理，落实信息安全防范措施，处置信息安全应急事件。三是明确军、地各方信息安全机构的职能。明确各级各部门工作的职责和权限，建立相互间的协调、会商以及情报交流机制，形成军地统一、上下衔接、政府与企事业单位相互结合，相互补充的信息安全管理体系。

（二）强化信息安全力量体系，提高信息安全的防护能力

信息安全对于人才建设有着特殊的要求，建立一支政治坚定、思想过硬、作风扎实、技术精湛、管理水平较高的信息安全防护队伍，是做好我们国家和军队信息安全工作的关键所在。当前，我国信息安全人才队伍建设虽然取得了一定的成就，但是在人才数量、质量、结构以及分布上都还不能够满足需求，难以适应日益严峻的信息安全威胁对于高素质人才的需求。在这种形势下，我们应以高度的责任感和紧迫感，努力抓好网络信息安全人才队伍的建设：一是加强信息安全人才建设规划。在国家和军队人才发展战略规划中，将培养信息安全防护人才，作为人才培养的重要内容，制定切实可行的总体建设规划，明确人才培养目标、人才培养途径、人才素质要求等内容，指导信息安全人才建设的长期可持续发展。二是尽快组建并加强专业防护力量。在现有防护力量的基础上，可以首先考虑将军队、国家安全和公安部门网络防护力量进行整合、加强，然后逐步拓展到政府、金融以及其他重要企事业单位，最终形成以军方为主体，以政府部门为骨干，以其他防护力量为补充的、军地一体化的信息防护力量体系，满足我国应对各种信息安全威胁的需求。三是加大信息安全人才培养力度。充分发挥科研院所的作用，完善以院校为主渠道的人才培养机制；注重在职培训和岗位提高，对在职信息安全专业人员进行周期性培训，不断提高其信息安全防卫技能；不拘一

格招揽人才，采取多种形式发现和招募高水平的人才；加大物质奖励力度，提高对网络分析师、开发员和工程师等顶尖人才的吸引力度。

（三）完善信息安全技术体系，推进信息安全防护手段建设

近年来，我国信息技术发展迅速，但由于技术水平等条件的制约，信息化建设缺乏自主的核心技术，计算机网络的主要软件、硬件对外依赖性大，对信息安全带来了重大的风险和隐患。对此，我们应加强自主研发，完善信息安全技术体系，从根本上提高我国的信息安全水平：一是突破核心技术的瓶颈制约。注重信息安全技术的原始创新，学习借鉴国际先进技术，开发具有我国自主知识产权的操作系统、网络系统和数据库管理系统等基础性产品。二是研发信息安全应用技术。集中国内科研力量，重点研制加密破译、智能防御、防火墙、计算机病毒预防等技术，提高网络应对信息威胁的能力。三是提高信息安全设备的技术水平。针对信息安全存在的主要问题，加快研制生产高速密码机、模块化密码设备、网络漏洞扫描设备等安全技术手段，努力构建坚固的信息安全防御体系。

（四）完善信息安全法规制度体系，严格信息安全日常管理

我国已经制定了一系列法规制度，对规范信息管理、确保信息安全起到了重要作用。但是，仍然存在着体系不健全、针对性不强、落实不严等问题。对此，我们应从构建和完善信息网络安全法规制度抓起。一是科学规划法规体系。在现有法规制度的基础上，对相关法律法规进行梳理整合，逐步形成以《中华人民共和国保守国家秘密法》为指导，以《刑法》等为支撑，以《中国人民解放军保密条例》、《军队计算机联接国际互联网管理规定》、《军人上互联网的规定》以及《严密防范网络泄密十条禁令》等规定为补充，形成国家法律与部门法规、有关条令条例、制度措施等相互支撑的法规制度体系，确保对信息领域全系统、全过程、全员额的有效管理和规范。二是推进立法进程。按照立法规划，根据法规体系存在的问题，按照急事急办的原则，抓紧研究拟制有关信息安全的法律制度，建立强制认证、国家干预和调控、数据恢复与备份、网络信息检查、安全评估等多种信息安全制度，填补立法空白。三是提高立法质量。增强法规制度的科学性、针对性和可操作性，加强对信息网络相关人员、设备、使用的监管和奖惩。

深刻认识网络安全形势 努力提高我国网络安全水平

袁 文*

作为重要的信息传递和媒体手段，世界网络技术在近年中有了突飞猛进的发展，对于国家的政治、经济、国防、文化教育等领域的进步和发展，发挥着越来越重要的作用，人类社会对网络技术的依赖程度也越来越深。但由于网络自身存在着广泛的开放性和众多技术的脆弱性，使得网络管理和可控性难度增大，以网络攻击手段为样式的破坏活动、煽动活动以及黑客攻击行动时有发生，直接威胁着国家安全及各相关领域正常的运作秩序。

2011 年 3 月 20 日，以美国为首的西方五国对利比亚发动了军事打击行动，同时也实施了强大的网络攻击和干扰，使利军的作战指挥和军事网络系统基本陷于瘫痪。战争实践再次表明，网络空间的斗争已经成为国与国之间斗争的重要领域，网络空间的攻防能力，已经成为衡量一个国家综合国力的重要象征，在一定

---

* 袁文，某电子网络研究室主任，高级工程师。先后在相关学术刊物发表论文 7 篇，其中《浅析信息系统安全策略体系的构建》等论文获省部级优秀论文一等奖，有的被评为优秀学术成果。曾获军队科技进步二等奖 1 项，军队科技进步三等奖 9 项。参加了《军事通信保密概论》等文献资料的编写。

程度上也直接影响着国家之间政治、经济、军事斗争的进程与结局。我国是最大的发展中国家，随着综合国力的不断提升，我国的网络技术也得到了迅速的发展，在当前严峻复杂的国际网络领域斗争的形势下，更迫切地要求我们必须深入研究探索网络领域斗争的特点规律，牢牢把握网络斗争的主动权。

一、西方大国高度重视网络安全建设

（一）西方国家高度重视网络空间斗争

奥巴马上任两年多来，始终高度重视本国网络技术的发展，注重高层次网络人才培养，先后制定和发布了《国家网络战军事战略》、《网络空间司令部战略构想》等，美军各军种也先后颁发了《网络作战战略计划》，确立了核、太空、网络空间“三位一体”的国家安全战略，将网络空间列为与陆、海、空、太空并列的第 5 大作战空间，从而为遂行网络攻击提供了法律遵循和行动依据。他们还在 2009 年 8 月成立了专门执行网络攻击任务的部队，并在 2010 年 1 月宣布已经具备了网络攻击能力。2011 年 5 月，美国出台了《网络空间国际战略》，声称美将采取外交、军事、经济等多种措施，对网络空间的敌对行动作出反应。在运用上，他们还组织相关网络专家积极探讨“跨境先发制人”的可行性与操作性强的实施策略与方法，力图更加有效地阻止、击败敌对势力的网络入侵和网络攻击行为。

（二）西方国家高度重视网络攻击手段建设

西方国家综合运用最前沿的信息技术，投入巨资积极发展网络攻击手段建设。在美军中，网络战装备已有 70 多种服役，且部署分散，使对其进行跟踪或干扰的难度增大。他们高度重视发展网络干扰技术，使对手准确捕捉目标更加困难。他们采用了缩小网络用频装备的发射功率，采用强方向性天线等，实现了快联快通和快速变换手法的目标，可有效躲避对手的网络侦察、设伏、跟踪及攻击。他们积极探索运用通信、雷达等用频装备开通新型网络的技术途径，辅以启用新型网络装备，使其信号特征与平时相比有了很大区别，进一步增大了对手的识别和跟踪难度。他们还努力缩短网络信息的暴露时间，使对手对其进行侦察、分析、决策及对抗的难度增大。他们的具体做法：一是研发网络病毒攻击手段。网络病毒具有隐蔽性能好、繁殖能力强、传染速度快、潜伏时期长等特点，可广泛用于截获和窃取敌国的多领域重要信息和数据。美国研发的逻辑炸弹、蠕虫病毒、网络窃听器等对网络的正常运行攻击性极强。俄罗斯也已研制成功多种用于破坏或降低敌国信息系统效能的病毒武器，部分技术和效果已经超过了美国。二是研发病毒植入手段。通过无线电植入、电磁波病毒植入和网络诱骗病毒植入等方式，能够将病毒顺利地植入对方网络系统，有时还具有较长时间的潜伏期。三是研发病毒固化手段。可将病毒固化预置在各种计算机或其他电子设备上，通过合法途径将这些产品或设备售入别国，在其网络中埋下“定时炸弹”。一旦需要，他们即可通过一定的技术方法激活这些固化病毒，使对方网络系统出现混乱甚至瘫痪。四是研发具有软硬杀伤效能的网络攻击手段。美国研制的网络嗅探武器，以及服务否认、信息篡改和中途窃取等技术手段已经成熟，并多次运用于战争实践。美俄等国还积极研制电磁脉冲武器、高功率微波武器、激光及红外武器等，有的已经服役列装，成为可以使敌网络系统失能的硬杀伤武器。

（三）西方国家高度重视网络防护能力建设

面对日趋严峻的网络斗争形势和大量的黑客攻击，许多国家，特别是西方大国高度重视网络防护能力建设，竭力维护自身的网络安全：一是组织研发建立专用网络，隔绝与因特网及其他网络的物理联系。2002 年，美国建成了“军队情报在线”局域网。该网连接着数百个内部网站、服务器和信息库，与国际互联网完全隔离，是当前世界上最大的专用局域网；二是研发新型专用计算机，并具备实用有效的网络防护能力。这种机型除了具备先进计算机的所有技术功能之外，更是具备信息屏蔽、识别验证、筛选过滤及吸收消除等技术功能，大幅提高了这种新型计算机的网络防护效能；三是研发网络安全预警手段，实时监测网络入侵行为。美国研发的“网络狼”分布式网络智能嗅探系统，能够实时收集、记录来自外界遥感器、软件及计算机的敌意入侵信息，自动提取、审查、分析入侵数据并及时向管理者告警；四是研发网络加密技术，能够最大限度地防止对手搭线窃听、进入网络和实施网络攻击。为有效防止黑客攻击，美国在近年研制开发了一批先进的网络密码机和网络加密机，使用人体特征密码等新技术来取代以往的普通密码，当前还在积极开发模块化的新型密码设备，届时其网络防护水平将进一步得到提高。

综上所述，西方发达国家，还有西欧及日本、韩国等国，在先进发达的计算机技术基础上，加紧研制先进的网络攻击和防护手段，对我国的信息安全已经构成了现实的重大威胁，在许多领域已经实现了单向透明，致使我国的许多尖端技术和成果无密可保，或保密的难度空前增大。

二、我国网络技术及网络安全现状分析

近年来，我国的网络技术飞速发展，网络的普及率为世界之最，在社会的各个领域，网络技术已经广泛应用，不仅用于国家机器的正常运转，而且已经走入了千家万户，成为国家进步与发展的标志，成为人们工作、生活不可或缺的重要组成。但与美、俄等大国先进的网络技术相比，我们在网络的整体技术水平上，特别是在网络安全方面，都还存在着许多不容忽视的问题，存在着许多亟需解决的网络重大安全威胁。

（一）存在巨大的技术安全隐患

我国目前使用的多数计算机设备、软件程序及构建的众多网络系统，大多来自国外，存在很大的安全隐患。例如，从国外引进的 CPU 芯片、操作系统和数据库软件等，都在一定程度上受制于人，也有可能已被嵌入多种计算机病毒，可能已被预置了隐性通道和被控密钥或密码等安全隐患，使得我国的许多网络被置于随时可被窃听、干扰、监视、修改和控制等多种安全威胁中。

（二）我国的网络安全防范水平亟需提高

我国当前还不够完善的网络管理机制及网络自身存在的薄弱环节，存在着一些极易被窃密、被攻击的漏洞和隐患。在网络安全管理上，存在着法规不健全的问题，没有形成定期进行安全技术检查的制度，防范措施不到位、不严密，还没有完全落到实处，没有制定和演练网络应急处置预案等。网络管理者的能力与素质亟需提高，使用者的安全意识、防范能力亟需加强，专用局

域网与因特网的物理隔断还不够彻底，对相关重要数据资料的备份还不够安全和可靠，系统所采取的防病毒和防攻击手段措施也没有经过严格的检验，可信性还有待验证。

（三）黑客网络攻击手段及方式日趋多样化

网络黑客利用计算机软件与硬件设计上的某些重要关节，不断研制开发新的网络攻击技术，造成了多种新型的计算机病毒肆虐、逻辑炸弹横行、病毒样式五花八门，给我国的网络信息安全带来了极大的危害。一份资料报告显示，美国作为当今世界网络技术最发达和成熟的国家，曾对自己的军用计算机系统进行了38 万次模拟黑客攻击试验，使其攻击的成功率高达 65% 以上，而被发现的概率仅为 0. 12，对这种攻击的信息发现及通报率只有 27% ，能随即作出反应、实施有效对抗的则不到 1%，可见网络攻击手段已在西方大国得到了迅速和有效的发展。

（四）网络病毒的入侵日趋频繁

网络病毒以极强的传染性、破坏性以及惊人高速的繁衍性，通过入侵敌国或敌军的网络服务中心，致使敌综合服务器瘫痪，将造成大量数据丢失，将极大地影响敌国信息系统的稳定性和安全性。而我国目前相当多的网络服务器防病毒的软件技术还比较落后，手段还比较单一，综合防护能力较弱，还无力应对发达国家强有力的网络攻击，这应引起我们的高度警觉。

（五）网络刑事犯罪案件呈现上升趋势

国内外网络犯罪的情况时有发生，并呈现快速上升趋势，有人积极从事经济、金融犯罪活动，有人通过网络瘫痪对手的管理系统，有人窃取同行业的商业机密，极大地影响或干扰了国家的经济秩序甚至社会稳定。在物质层面，网络黑客通过篡改和盗窃他人信息，竭力非法敛取他人的钱财；在精神层面上，网络黑客通过窥探他人的隐私，将其发布在互联网上，以达到攻击他人、诋毁他人名誉的目的。这些新型的犯罪方式所引发的社会反响和对他人的伤害程度，已远远超过了传统犯罪所造成的效果。

三、尽快确立我国网络安全建设的宏观指导

网络安全建设是一个新生事物，有着自身鲜明的特点规律，对此我们必须深刻认识、尽快掌握，通过深入的研究论证，尽早确立我国网络安全建设的宏观指导。

（一）我国网络斗争的主要特点

网络作为特殊的领域和战线，在斗争形式和斗争内容上具有六个鲜明特点。

一是网络领域的斗争具有全局性和战略性。网络领域的斗争直接影响到国家的政治、经济、外交和军事领域的安全，因此具有全局性和战略性的特质。从 2009 年 5 月起，美国已把网络安全与核、生、化、太空安全相提并论，可见其具有十分重要的地位，网络已成为国家机器正常运转、社会秩序有序安定、经济活动正常开展和军事建设顺利实施的重要支撑。

二是网络领域斗争具有很强的隐蔽性。网络斗争实行非接触、超视距对抗，发起网络攻击的一方可以在相隔数千里甚至数万里之外，也可对隔壁邻家，采用诸如“跳板机”、“僵尸网络”等信息技术对敌手发起攻击，而且还能够有效隐藏自己，并消除

遗留痕迹。网络攻击者可长期潜伏，并随时窥测攻击对象的动向，在需要的时候可随时发起攻击，实施攻击后即可迅速转移并消除相关信息。

三是网络领域斗争具有多元性特征。实施网络攻击的主体可以有多种力量构成，可以是军队的网络作战力量，可以是地方政府机关的网络力量，也可以是来自民间的网络组织或黑客等。这些特征的存在，使网络斗争形成了多元性、隐蔽性、突发性和概然性的鲜明特点，使得防范更加困难。

四是网络领域斗争具有多样性。网络的攻击可以采用硬摧毁的手段，如采用人工破坏、电磁脉冲攻击等；也可以采用软杀伤形式，如实施网络阻塞、病毒传播、木马嵌入等。这种网络攻击手段和样式的多样性，攻击方式和时机的多选择性，有利于网络进攻者在多种情况下，在多个时间节点，对敌手进行全方位、全天时的网络攻击。

五是网络领域斗争具有倍增性。网络攻击者通过使用一台计算机、几条指令就可以对敌手发起网络攻击，从而能够使对方的核心机密被窃、重要信息传递受阻甚至造成网络运行瘫痪。与传统斗争特别是军事斗争的效费比相比，进攻的一方能够以较小的成本和代价，获得巨大的效益。

六是网络领域斗争具有全域性。世界网络斗争已向政治、经济、军事等多领域延伸和深化，并取得了其他斗争形式无可替代的作用和效果。正是因为看到了这种无与伦比的强大功能，美国新近提出了“赛博空间”的网络系统斗争新概念。他们认为未来的网络空间斗争，可以包括一切使用 CPU 的情况，认为只要使用了该系统，就可以视为网络的一部分并运用于现实的斗争实践。

（二）我国网络安全系统建设的指导思想

我国网络安全系统建设，应确立“打牢基础，完善机制，提升效能，严密防护”的指导思想。其中，打牢基础，就是指针对我国网络力量还比较薄弱、网络技术还相对落后的现状，加快发展与我国大国地位相适应的网络规模和能力，特别要在设备性能、联网方式、防护技术、人才队伍等方面加速发展；完善机制，是指通过建立合理高效的管理和运行机制，整合国家各领域、各行业的网络力量资源，通过科学合理的管理运行机制，充分发挥网络领域的综合运用能力；提升效能，是指要不断提高我国网络能力的有效性和针对性，根据担负的不同职责和任务，注重加强装备设备的更新发展和技术改造，不断提升我国网络的技术效能；严密防护，是指既要重视抓好我国网络系统的正常运行，又要通过多种技术手段并运用新型材料，不断提高我国网络系统抵御敌对势力攻击的防御能力。

（三）我国网络力量及能力建设的基本原则

我国网络力量及能力建设，应确立并遵循四项基本原则：一是着眼长远，科学规划。维护国家的网络安全是一个长期过程，将随着网络技术的发展和对手网络攻击能力的提升而不断变化。这就要求我们必须着眼发展，在科学预测的基础上，制定符合我国国情的网络安全规划和细则，形成具有中国特色的网络体系；二是突出民用，军民融合。网络技术在武装力量中发展最快，运用了多项世界前沿的先进科研成果，这些应有计划有步骤地向民用网络进行移植。我们还应高度重视技术挖潜和设备更新，使之成为维护国家安全、促进经济发展的重要保障和支撑，在必要时应有选择地利用军事网络资源为国家经济建设服务；三是全面规划，突出重点。我国网络力量在抓好全面建设规划的同时，还应突出发展的重点，即突破网络安全的关键技术，提高网络系统的技术含量；发展网络防护技术，有效抵御各种形式的网络攻击；尽快消除和解决我国网络系统中存在的瓶颈和短板，并及时予以调整和修补；四是同步推进，协调发展。在我国网络安全力量和能力的建设中，既要重视对大型服务器的使用和更新，还要抓好与之配套的设备及终端建设；既要重视对硬件设备的技术革新和挖潜使用，还要抓好对新一代网络的研制开发；既要重视对主体设备的运行监控，还要抓好对配套设备的调整完善；既要重视对装备设备的维护管理，还要抓好对网络人才队伍的选拔、培养和使用。使我国的网络行业能够稳定、协调地发展。

四、对提升我国网络安全水平的思考与建议

确保网络安全关系到国家的国计民生，涉及到社会的各个领域，也关系到人民的切身利益。对此，我们不仅要努力实现网络技术领先和系统功能可靠，还要求不断强化国民的网络安全意识，国家机构应经常对其进行网络安全教育和引导，并通过完善法律法规，规范网络行为，以确保网络安全。

（一）完善网络安全技术对策

结合我国网络的实际情况，当前我们应主要从网络技术的层面入手，对网络安全情况进行全面的检查和综合治理。

一是确保网络设备安全。确保网络系统中的主要部件，如路由器、交换机、网络服务器等硬件实体和通信链路免于自然灾害、人为破坏和搭线窃听等意外情况发生；严格验证用户的身份

和使用权限，防止网络用户越权操作；确保网络设备有一个良好的电磁兼容工作环境；建立完备的机房安全管理制度，妥善保管备份磁盘和文档资料；防止非法人员进入网络机房从事破坏活动。

二是采用安全性较高的系统和使用数字加密认证技术。数字认证技术通常分为三种类型，即个人证书、企业证书、软件证书。个人证书是通过为某个用户提供证书，帮助个人在网上安全操作或进行电子交易；企业证书，也称服务器证书，通过对网上服务器提供的证书，使拥有 Web 服务器的企业用具有证书的网站进行安全的电子交易；软件证书通常是为网上下载的软件提供保证书，证明该软件的合法性。由于数字证书克服了密码在安全性和方便性方面的局限性，因此提高了总体的保密性。操作系统通常应划分安全等级，尽量使用与等级相应的安全措施及功能，对操作系统进行安全配置。在极重要的系统中，可以采用 B 级操作系统。对于涉密信息在网络中的存储和传输，应使用传统的信息加密技术和新型的信息隐藏技术，以增强网络传输的安全性。网络加密可以在链路级、网络级和应用级中间选择使用，以防止通过网络造成重要信息的泄漏，实现对网络内部信息的严格管控。

三是安装和使用防病毒软件和设立防火墙。在网络主体设备中应安装防病毒软件和补丁分发系统。其中，网络防病毒系统通常采用分布式体系结构，由服务器、客户端、管理控制台三个子系统构成，共同完成对整个网络的病毒防护，达到最大限度封杀病毒的目的；补丁分发系统通过监控网络运行状况，实现补丁的实时在线升级和自动下载安装，防止利用系统漏洞而遭到病毒攻击和黑客入侵。通过对病毒进行定时或实时的病毒扫描及漏洞检测，对文件、邮件、内存和网页进行实时监控，发现异常情况及时进行处理。使用防火墙技术（USG 防火墙采用高性能的硬件构架和一体化的软件设计，集防火墙、防病毒、反垃圾邮件等多种安全技术于一身，通过加强网络之间的访问控制，以有效控制互联网用户、保护网络之间的访问，防止外部网络病毒在内部网络中大范围的爆发，避免网络信息的泄露和网络中毒），在内部网络和外部网络之间建立起安全网关，控制网络进出的信息流向，进行网络内容、使用状况和流量速度的审计，隐藏内部 IP 地址及网络结构的细节，从而将大量的攻击信息及冗余信息进行筛选阻挡，实现屏蔽来自网络内部的恶意信息和涉密信息等。

四是抓好网络安全基础设施建设。应不断加大网络技术的自主创新力度，确保国民经济要害部门的网络产品是具有自主知识产权的品牌，还要注重抓好信息安全产品检测评估基础设施、应急响应处理基础设施建设。要抓好网络安全基础设施的主要设备及技术发展，如可有选择地使用安全路由器和虚拟专用网技术。其中，安全路由器应采用密码算法和加/解密专用芯片，通过增加安全加密模件，实现路由器信息和 IP 包的加密、身份鉴别、数据完整性验证及分布式密钥管理等功能。在广域网中，将若干个区域网络实体利用隧道技术连接成一个虚拟的独立网络，即虚拟专用网，对网络中的数据用加/解密算法进行加密封装后，通过虚拟的公网隧道方式在各网络实体间传输。

五是使用网络入侵防御、检测系统和网络诱骗系统。使用网络防御、入侵检测系统，以此实现在网络中对深层攻击行为进行准确的分析与判断，实时阻断恶意网络流量的攻击与破坏，以弥补网络防火墙静态防御的相对不足，对来自网络的内部攻击、外部攻击和误操作等情况进行实时防护，在计算机网络和系统受到危害之前进行拦截和响应。通过网络诱骗系统，构建一个网络欺骗环境，诱骗网络入侵者对其进行攻击，或在检测出其对我网络系统的攻击行为后，将攻击重新定向到该严格控制的环境中，以保护实际运行的网络。

六是备份与恢复。计算机网络管理中心应制定备份计划，包括网络系统和用户数据备份、完全和增量备份的频度和责任人等，并予以严格落实，确保特殊情况下的有效补救。应不断完善应急备份恢复机制，特别是核心的重要数据还应做到异地备份，避免因为本地计算机网络遭受物理破坏而导致重要数据丢失。

（二）网络安全管理对策

网络安全管理对策，主要是从网络管理层面对网络安全进行更加精细的操控。

一是不断完善网络法律法规体系。1996 年，我国成立了国务院信息化工作领导小组，先后颁布了《中华人民共和国计算机信息系统安全保护条例》、《中华人民共和国信息网络国际联网安全管理暂行规定》、《计算机信息网络国际联网管理办法》、《计算机信息系统国际联网保密管理规定》等制度和法规。1997 年 10 月 1 日起生效的《中华人民共和国刑法》专门增加了针对信息系统安全的内容，对计算机网络犯罪作出了明确的惩处规定。这些法规在维护我国的网络安全方面起到了重要作用，但随着网络技术的发展和普及，其中的许多内容已亟需进行调整和修改，一些空白也亟需进行填补。我们需要认真借鉴发达国家关于网络安全的法规制度，紧密结合我国实际，不断对现有的网络法规进行补充和完善。

二是科学规划，严格落实网络信息安全管理制度。在各级网络安全管理中心应设立安全监护、安全防护理论研究和审计认证等业务部门。网络安全防护管理机构的人员，应按照不同任务进行分工，明确职责。网络管理人员应落实好国家规定的各项网络安全措施，包括方针、政策和各项具体规定，并组织、协调、监督和检查这些规章的落实情况；网络技术人员，包括信息安全管理员、信息保密员和系统管理员等，负责做好网络管理系统的安全工作，结合单位实际，补充完善网络安全管理制度等。

三是高度重视对我国网络人才的培养。分析以往发生在网络领域的安全问题，有 90% 以上都是由于人的素质差、能力低造成的。为此，我们应重视培养一批熟练掌握网络安全理论、网络安全知识和网络安全技术的高层次专业人才。他们应深入了解世界网络技术发展的前沿状况，通晓相关的网络安全法律制度，具备丰富的实践经验，既能熟练掌握各种网络装备和设施，又能解决网络安全方面的具体问题。要达到这一目标，当前我们就必须重视加强对网络高层技术人员的培养。首先是提高他们的政治思想素质，使其树立报效国家的崇高境界；其次是提高他们的职业道德水平，提倡树立无私奉献的精神和职业道德；再次是提高他们的网络技术操控能力，能够独立地、创造性地实施网络操控。

四是不断强化对网络安全管理工作的思想教育。搞好网络安全管理，首先要做好人的工作。应组织相关人员认真学习国家有关的法规文件和安全教材，不断更新网络安全保密观念，增强网络安全保密意识，通过系统地学习网络安全知识，不断提高网络安全保密素质，努力改善网络安全保密环境。相关部门应通过举办网络信息安全技术培训、网络信息知识竞赛等系列活动，使国民牢固树立“网络领域无小事”等观念。

中国周边安全环境与中日关系

鲁 义*

一、中国周边安全环境分析

在世界大国中，中国是周边安全形势最为复杂的国家。美国地理位置优越，综合国力强大，与邻国无边界领土争端，同盟国遍布世界，许多国家要讨好美国并仰仗其支持，因此美国自身在领土安全方面基本上没有太多的麻烦。美国现在所面对的麻烦，是由于其到处伸手、侵略扩张而导致的麻烦，是美国自己给自己制造的麻烦。俄罗斯在安全方面的担忧，主要是北约东扩以及如何处理好独联体国家之间的矛盾。除此之外，还有国内的恐怖主义和民族分裂势力的猖狂活动。由此可见，中国的安全形势要比美俄复杂得多。中国在陆地上与15个国家接壤，和有些国家尚未划定边界，还存在领土争议；隔海与一些国家是近邻，同样存在着海洋划界和专属经济区问题。中国周边安全环境中的不稳定

* 鲁义，国际关系学院国政系教授，博士生导师，主要研究方向为日本政治与中日关系。任中华日本学会常务理事、吉林大学兼职教授，先后在日本关西学院大学、立教大学、国际日本文化研究中心等任客座教授或从事研究。主要著作有《中日公务员制度比较研究》、《中日相互理解还有多远》等，在中外发表学术论文100余篇。

因素很多，东南西北都有，而且传统安全与非传统安全交织在一起，解决起来难度都很大。影响中国的周边安全问题，大致可以分为以下几种情况。

一是热点问题引发的安全问题。新中国成立以来，中国周边的热点问题就一直不断，严重影响了中国的国家安全和国内经济建设。中国与朝鲜山水相连，唇齿相依，近年来朝核问题成为中国的重大安全关切。朝核问题一波三折，一直困扰着中国。中国政府为实现“促和弃核”的目标，频繁奔走于国际社会和有关各方，为此耗掉了许多人力、物力和财力。朝核问题最终如何解决，目前还是个未知数。与此相关联，朝鲜国内政治稳定、朝鲜民众对继承制的认可程度、半岛南北统一等问题如果处理不好，中国的安全环境将受到直接的冲击。2012 年是台湾地区领导人选举年，选情的发展，选举结果如何，台海局势能否继续保持当前的和平发展趋势，人们都非常关注。

二是政局不稳和“三股势力”带来的安全威胁。中国西部和中亚多个国家接壤，生活习俗相近，人员交往密切。中亚国家中有的国家政局动荡，宗教势力渗透、国际恐怖主义和民族分裂活动猖獗。他们和国内的“三股势力”内外勾结，不时地制造事端，对中国国家安全特别是西部地区的安全构成严重威胁。震惊中外的 2008 年拉萨骚乱和 2009 年乌鲁木齐“7·5 事件”等，就是这些敌对势力策划和挑动的结果，极大地影响着当地的社会稳定和经济建设秩序，也使人民群众的生命和财产蒙受了巨大损失。

三是大国争夺与影响下的安全隐患。近年来美国调整其亚太战略，重返亚洲，与其诸多盟国的同盟关系进一步强化，在我周边海域频繁进行军事演习，对我国家安全构成严重威胁，自不待言。在中国北部，蒙古的例子也比较典型。历史上，蒙古是中国的一部分，但独立后与中国联系不多。在苏联影响和罩护下几十年，其领导人受苏式教育，娶俄人为妻，过俄式生活。蒙古转轨后虽然对俄不满，但在许多问题上对我戒心更强。蒙古在对外政策上提出"多支点外交"，主张积极同时发展与中俄两国的关系，也在大力寻求中俄之外的第三方特别是美日欧等国的支持。近年来蒙古重写历史，割断与中华文化的联系，与我争夺成吉思汗归属权。美日借此机会插手和影响蒙古，对我构成牵制，其在蒙影响力大有后来者居上之势。在国际关系交往中，东西方文化碰撞并不可怕，最难解决的往往是原本同为中华民族间的纷争。

四是地区主导权之争导致周边国家认同变化，例如东南亚地区。日本在东南亚的影响，其历史可以追溯到战前。战后日本始终将东南亚国家作为其势力范围，苦心经营。日本在该地投资多，与其政经联系和人员交往密切。中国与东南亚国家虽然是邻国，交往历史悠久，但与一些国家建交晚，关系并不是很近，还与一些国家在西沙、南沙领海主权问题上存在争议。近年来中国与东盟国家的联系在加强。10 +3、10 +1 体制既反映中日韩与东盟国家的合作，也反映出三国特别是中日两国对该地区主导权的争夺。日本利用西沙、南沙等问题挑拨中国与东盟的关系，鼓吹中国威胁论，在该区域有相当的影响，加大了他们的忧虑，严重影响了中国与东盟国家关系的进一步改善与深化。

五是资源能源和市场之争引发的安全问题。近年来中国和周边国家经济发展迅速，对推动世界经济增长和金融危机后的经济复苏发挥了重要作用。但是应当看到，中国和周边国家如越南、印尼、菲律宾、泰国和印度等国在一些领域产业结构相似，商品档次相近，海外市场相对集中，市场竞争激烈。中国、日本和韩国都是资源能源的消耗大国，资源能源的来源地高度重合。近年来围绕资源能源的市场议价以及交涉过程中的明争暗斗，经常成为媒体关注的焦点，也引起了有关国家民众的强烈不满。目前中国和周边国家的经济发展势头迅猛，生产能力会进一步增强，而相对集中、有限的能源缺乏与市场需求，将会导致竞争更加激烈。与此同时，随着经济的发展，中日韩等国对资源能源的需求与供给之间的矛盾会进一步加剧。众所周知，经济发展是国泰民安的物质基础，是各国政府的首要任务。如果上述问题处理不好，影响所及决不仅仅是经济层面。

二、中日关系现状及其主要问题

中日关系是当今世界最为重要，而且是最为复杂的双边关系之一。说其重要，是因为中日两国都是经济大国，互为近邻，经济体量巨大，相互联系紧密，在许多领域的来往日益密切。说其复杂，是由于引起国家间纷争的众多类型因素，例如社会制度、价值观念、领土纠纷、资源争夺等问题在两国间全都存在。除此之外，还有中国与其他国家不存在、或者先后已解决了的对两国战争历史的立场问题。

中日关系始终有结，只是在冷战时期被其他矛盾掩盖了，冷战体制结束后，两国间的矛盾逐渐显现。我认为，今后中日关系总的趋势是向好的方向发展，但不利因素对两国关系的影响会进一步增大，特别是在核心利益上的争端会空前加剧。就目前情况分析，影响今后中日关系发展的结构性问题主要有这样几个方面。

一是经济实力接近，防范心理和竞争态势会进一步强化。改革开放以来，中国经济高速发展，综合国力提升迅速。日本经济增长乏力，被称为“失去的20年”。2010年中国GDP首次超过日本，两国民众的心理与行为方式发生了明显的变化，日本方面对此极不适应，防范意识明显提高。日本媒体每天都在报道中国，内容除了经济发展就是军事威胁，甚至担心强大起来的中国有朝一日会和日本算历史旧账。而中国方面，民族自豪感在升温，大国意识在提升，一些人表现得格外张扬。彼此的行为方式对对方都是刺激，无疑会招致对方的反感和回应，进而提高防范强度，而过度的防范心理会误判安全形势，影响两国关系的发展。

二是经济联系紧密，相互依存度进一步提高，但资源能源的争夺，高新技术的保有，将会成为经济领域斗争的焦点。今后，资源优势和技术优势可能会成为中日双方为制约对方而经常打出的牌。中方对稀土类资源的开发和出口进行合理调整和加强管理，日方对此极为不满，多次与中方交涉。与此同时，作为防范措施，日本与越南和蒙古积极合作，希望能尽快地在该地开拓获取稀土资源的新途径。众所周知，日本在节能、环保、清洁能源等领域拥有高新技术，中国方面多次呼吁其技术转让，但日本方面动作迟缓，始终有所保留。

三是相互协调越来越难，争端问题难以解决。小泉纯一郎担任首相期间，无视日本国内的反对和国际舆论的批评，坚持每年都去参拜靖国神社，严重伤害了中国人民的感情。中方从维护两国关系的大局出发，先是对其劝告、说服，直至批评。在这些做法无效的情况下，中方不得不采取对小泉孤立、晾晒直至打压的措施。但小泉一意孤行，死扛到底，致使两国高层交往中断多年，这种状况一直到小泉下台后才有所改变。2010 年 9 月，发生钓鱼岛撞船事件及其围绕该事件引发的两国政府及民众的一系列行动，是中日邦交正常化以来两国关系中最为严重的对抗。在钓鱼岛主权归属问题上，中日两国存在争议，两国领导人曾经有过约定，即“搁置争议”。但日方无视历史事实，日本首相菅直人称钓鱼岛是其固有领土，在这一区域“不存在争议”。外相前原诚司说日方“一毫米都不能让”，这次对抗，双方多种手段并用，直至采取反制措施，斗争领域从政治到经济到文化，影响所及不仅仅局限于国家层面，同样影响到地方政府。最后的结果是，在日本看来，履行了国内法，宣示了“主权”，在中国看来，在其坚决斗争下，日方不得不放弃错误做法，按中方的要求放人。本次事件对两国关系的伤害是极为严重的，对两国民众感情的影响是极为负面的。

四是日本新生代政治家主导政治舞台，文化传统、历史情感等曾影响日本对华决策的因素在逐渐弱化。新生代政治家是指当前活跃于日本政坛的战后出生的中青年群体。2006 年 9 月，安倍晋三入主首相官邸，标志着新生代政治家实力显现，开始主导日本政坛。2009 年 8 月大选后，日本政坛新老更替加速，老一代政治家中当年叱咤风云的许多人要么落选要么退出政界，中青年群体占据了国会议员中的绝大部分，并且绝对地主导日本政坛。在战后中日关系重建、改善和发展的过程中，双方也曾遇到严重困难和障碍，两国老一辈政治家从两国关系的大局出发，相互谅解，以高度的政治智慧妥善处理了有关问题，成为历史佳话。这其中不可否认，文化传统、历史情感等因素对日本老一辈政治家会有不同程度的影响。日本新生代政治家的特点是，出生于战后，成长在日本经济高速发展时期，对当年日本发动侵略战争对日本社会的影响和对其他国家造成的伤害理解不深，没有历史负担；他们是现实主义者，一味追求国家利益最大化，在外交方面缺少大局意识和协调精神。中国方面对老一辈日本政治家为推动两国关系发展给予高度评价，并对他们抱有好感，在彼此沟通上也比较顺利。日本新生代政治家由于具有上述特质，中国方面与其沟通并不适应，特别是在一些重大、敏感问题上，协调起来比较困难，这种状况在短期内难以改变。

五是国民感情恶化和与之配合的舆论推动，使两国政府决策受到严重制约。近年来的日本民调显示，七成多的受访者表示对中国没有亲近感。而同一时期，中国民众的对日好感度同样显著下降。钓鱼岛撞船事件后，两国民众的相互好感度跌至历史新低。这其中，除两国政治安全互信严重不足这一根本原因外，媒体的宣传和推动无疑是一个极为重要的因素。笔者在十几年前就曾经指出，中日关系的发展就过程分析，大体上经历了三个阶段，即相互认识、相互理解和相互信任。其中，相互认识是基础，相互理解是关键，相互理解过程时间的长短，直接决定建立相互信任关系的快慢。中日邦交正常化已经39年，两国民众依然处于从相互认识向相互理解阶段发展的过程中，而且这一过程进展很慢。两国民众情感和舆论的这种状况，使两国政府备感压力，在决策过程中自然要更多地顾及本国的当前利益，难以从大局、长远的视野出发达成妥协，进而大幅度推出改善两国关系的举措。

三、关于改善安全环境的思考

一个国家的安全环境如何，除自然禀赋外，主要取决于其自身发展与外部因素的影响，而这两者又是相互作用的。如果自身发展迅速，综合国力提高，社会和谐，在国际关系中回旋余地就大，利益置换能力强，有利于安全环境的维护与改善。而安全环境的维护与改善，则会进一步助推国内经济建设和各项事业的发展，反之，其效果就会大打折扣。基于这一想法，笔者认为，中国在改善国家安全环境方面，以下几方面比较重要。

一是全力发展经济，增强综合国力，这是维护和保证国家安全的坚实基础。邓小平反复讲，发展是硬道理。胡锦涛主席也指出，要扎扎实实搞经济建设，“不折腾”。改革开放以来，中国就是基于这样的方针全力推进，国家面貌发生了根本性的变化。中国 GDP 在 2005 年超过法国，在 2008 年超过德国，在 2010 年超过日本，成为仅次于美国的世界第二经济大国，在国际社会的影响力大幅提高。日本《东洋经济周刊》预测，到 2030 年，中国经济总量将是日本的 4 倍，美国的 1.4 倍。实践证明，中国人开创了一条符合自己国情的特色之路。有中国共产党的坚强领导，坚持改革开放不动摇的明确方向，努力推进经济增长方式转变、发展新能源新技术等高科技产业、扩大内需、推进政治体制改革等措施，中国的综合国力就会进一步提升。中国自身做得好，外部对我的影响就会弱化，周边的安全形势就更加容易朝着有利于我的方向发展。

二是在全世界广交朋友。中国有句俗话，叫做“多一个朋友多一条路”，在国际事务中也是同样的道理，多一个朋友总比多一个敌人好。如果中国和周边国家、和全世界的国家都是朋友，安全问题便可放心，或许至少可以省去许多精力和麻烦。中国在国际事务中坚持和平共处五项原则，不与其他国家结盟，希望与各国都搞好关系，建立和谐世界。中国与不少国家先后建立了“伙伴关系”、“协作伙伴关系”“战略互惠关系”等等，但安全问题并未解决。有些最担心、最严重的安全问题恰恰是在“伙伴”间发生的。现实的情况是，在与中国交往的国家中，与中国一般关系的国家多，“铁”关系的国家少；在中国周边国家中，与中国“铁”的就更少了。这种状况对我周边安全环境不利。中国外交在发扬优良传统的同时，也必须要适应当前形势。

中国在广交朋友的基础上，应增加对重点朋友的投入，将关系发展成“铁”关系。对处境困难、需要我帮助的国家，要帮助，但也要考虑回报，对发展中国家的援助，应改变以往的援助方式，既要算政治账，也要算经济账。

三是加强对外宣传。当今，在国际事务中，西方国家和媒体主导话语权的状况依然没有改变。中国在国际社会和处理国际纷争时做了许多工作，但我们的不足之处是“会做不会说”。甚至在和邻国发生纷争时，中国虽然有理，但由于宣传不够或者宣传不当，最后的处理结果不尽如人意。处理国际事务，既要会做，也要会说，二者缺一不可。西方一些国家做得不怎么样，但却把自己说得天花乱坠；明明是自己在全世界到处伸手，干涉别国内政，甚至是武力侵占他国，反倒大肆宣传“中国威胁论”，毒化我国周边安全环境，为中国和平发展设置障碍。中国的对外宣传要与展示其负责任大国的形象和地位相适应，为提升在国际社会的话语权服务。中国的对外宣传要及时迅速，特别是发生重大事件需要表明中方立场时，更应该及时迅速且态度明确，争取第一时间的效应。中国的对外宣传还要多样化，避免“生冷硬”和单一面孔，力求生动活泼，有亲和力，使人易于接受。

从利比亚“僵局”看国际潮流的新变化

林利民*

今天我重点谈谈利比亚问题。现在对于利比亚的局势及其下一步的发展，很难做出准确的结论，大家都很想知道利比亚卡扎菲到底下不下得了台，我也不敢说。所以我只想谈一个比较“滑头”的问题——利比亚僵局与国际潮流的变化，从这个角度来谈谈个人的一些想法。

大家知道，西非有个“断裂带”，这个断裂带是国际政治意义上的，而不是地理意义上的。这个国际政治断裂带，北边从阿富汗中亚开始，中间经过高加索，然后是海湾、科索沃，再往西去的话，就是近东和北非。这个大断裂带的广泛地域，在冷战结束以后经常发生冲突，它的核心就是伊斯兰世界，伊斯兰世界的核心是阿拉伯世界，同时这里还是产油国。所以我要讲世界的变化趋势就要讲利比亚僵局，讲利比亚僵局就要讲一个断裂带。那么现在这个断裂带上不光发生了一系列的政权更迭和动荡，尤其是3月19号，西方又一次发动了一场战争。对利比亚，可以说

* 林利民，中国现代国际关系研究院研究员。

是一场战争了，现在打成僵局，那么现在卡扎菲的命运如何，大家都很关心，当然我们不是喜欢卡扎菲这个人，因为卡扎菲会不会下台，卡扎菲的命运如何，实际上将关系到西方的利益，也影响到世界战略格局的走向，也会对中国的能源发展产生一定影响。

这场战争，不管卡扎菲会不会下台，现在有些事情立刻就可以看清楚，那么从西方这么多国家打利比亚打成僵局，可以说明很多问题，就算卡扎菲下了台，被打死，西方胜利了，那么很多事情现在也可以作出初步的结论。通过这场僵局来看国际潮流的发展趋势，有以下几点可以提出来供同志们参考：

第一点，是不是可以认为，这是西方国际主导权与主导力正式退潮的一道分水岭。我们都在讲权力东移，都在讲美国、欧洲西方的国际影响力下降，亚洲、中国的影响力在上升。对这样一个问题的认识，国内外，尤其是国际上，是有共识的，只是时间、速度、性质如何看的问题，这个权力东移大家都是这样看的。这个权力东移是一个历史过程，可以有 30 年，也可以有 50 年，但回过头看，这个历史过程是有分水岭的，所以当我们认识这个权力东移过程的时候，现在正在进行中，10 年、20 年当这个过程完成的时候，这个过程的分水岭应该不是海湾战争，不是阿富汗战争，应该就是这个利比亚僵局。利比亚僵局表明西方力量的衰退已经到了一个峰值上，这个已经不是一个量变，正是因为这样，我才把它当成一个分水岭来看。冷战后西方一共打了四场战争，这四场战争都是在伊斯兰世界打的，第一场是海湾战争，第二场是科索沃战争，第三场是伊拉克战争，第四场是阿富汗战争。这四场战争有着共同的特点，主要体现在：一是美国打头阵，其他的西方国家跟进，即使有时候不积极或者不是主力，所以美国打头阵西方跟进，而且是指东打东指南打南，想怎么打就怎么打，多为速战速决，胜利也比较彻底，不胜不罢休。但唯独这第五场利比亚战争，美国第一次没有打头阵，而是让法国打头阵，美国是自动退后的，当然这自动也是迫不得已，这是以前没有的现象。第五场战争西方从数量上仍然占有极大的优势，这里面除了极少数国家比较小以外，绝大多数国家都比利比亚强大得多，美国虽然没有参战，但是英法意大利任何一个国家都比利比亚强，打成这样一个局面，可以说是出了一个洋相。而现在呢，美欧围绕着打利比亚问题发生了一些分歧，在北约内部，德国、波兰、意大利和英国法国的态度也不完全一致，英国、法国在谁派出地面部队问题上，也发生了矛盾。利比亚僵局表明西方的势力已经衰退，这是国际主导权变化的一个转折点和分水岭。利比亚僵局发生的背景，一个是他们在攻打利比亚的时候，金砖五国在海南开峰会，热火朝天，金砖国家的经济快速发展，而西方和日本的经济形势却并不十分乐观。虽然日本发生的地震、核电站事故是偶然的，但它们的衰变有必然因素的存在；日本现在和中国相比，自信心越来越低了，在这以前他们还认为自己的人均产值比中国高，还有点技术优势，而从福岛核事故看，他们的技术优势也不再那么突出。欧洲今年的经济增量可能只有百分之一点几，美国好一点，但也没好到哪儿去，还有葡萄牙危机，然后下一步西班牙可能也有危机，对比来看，更可以看出西方衰落、东方崛起，利比亚僵局将是一个转折点。

第二个，人权和主权之争的问题。这是冷战后，西方国家经常下的一个棋子，主要是在科索沃战争之后更加变本加厉地打出了"人权高于主权"的旗号。在此幌子下，他们发动了好几场战争，可以说当时坚持主权不可侵犯的国家，包括中国在内，都受到了西方世界的攻击。但这一次，西方人权高于主权的论调，可以说是自己被自己破坏了。他们打利比亚用的是"人权高于主权”的大旗，但是他们对于也门、埃及、突尼斯、海湾国家，这些国家也有人权问题，也有老百姓起来造政府的反、然后政府镇压、死人伤人的问题发生，但西方国家明显采取了双重标准。美国主导的西方国家在玩人权游戏的时候成本越来越高，利比亚战争陷入这样的僵局，说明他们缺乏这样的实力维护所谓人权高于主权的论调，已经出现力不从心的状况。他们所奉行的双重标准，使其人权口号越来越不堪一击，所以波兰公开说美国和西方在人权问题上是虚伪的；打利比亚形成僵局说明他们干涉的能力现在不够了。那么下一步，是不是说美国就不讲人权了，当然也不会，但是一定不会像西方人以往那样，对于人权问题想就怎么说就怎么说，想怎么做就怎么做那样为所欲为了。

第三个，是核扩散问题。西方这次打利比亚，我有一个感觉，可能会加剧世界核扩散。朝鲜和伊朗，在美国的压力下坚持不放弃核武器，这次他们是扬眉吐气。事实证明，这些国家不会轻易放弃核武器，他们认为，中小国家如果放弃了核武器就只有被动挨打。2003 年，利比亚那时相信了美国和西方的话，把核材料、核图纸、核计划、核设施都交出去了，当时换取了美国和西方的接受及承认，而美国和西方给他们的只是一个空头承诺，一旦有事，他们不打埃及，不打突尼斯，不打叙利亚，也不打也门，而是单打利比亚。所以说利比亚如果当时没有放弃核武器、核设施，即使他们的核设施很落后，并没有形成攻击能力，我认为美国和西方对他们也不敢轻易动武。所以，利比亚的这次教训，对世界防核扩散将产生很大的负面影响。西方人在这个问题上是自己在打自己，他们下一次还有什么理由再让朝鲜、伊朗放弃核武器呢？如果埃及、叙利亚、沙特这些国家都纷纷跟进，积极发展本国的核武器，美国和西方国家的顾虑会更多、更大。

第四个，“脱西带”的动荡会不会继续加剧和扩散，我觉得现在有这个趋势。利比亚、科特迪瓦都出现了同样的情况，叙利亚等国下一步怎么变，现在还不明朗。非洲有不少国家2010—2011年都面临大选的问题，在这种形势下，很可能接二连三出现类似利比亚、科特迪瓦的问题。那么这种“脱西带”的动荡还会加剧，而从利比亚的情况来看，西方和美国今后对他们的应对措施应该是假装不懂、不知道，给他们一定的选择空间，这些国家接受了所谓现代化的民主概念，当这个概念和他们的传统发生冲突的时候，这些国家自身的矛盾就可能会愈演愈烈，可能要经过十到二十年才能稳定下来，因此世界可能又将进入一个新的多样期。

第五个，是美国学聪明了。美国这次学了一个乖，他把利比亚的主导权交给了欧洲，其中有迫不得已的因素，但他们的确是学聪明些了，如果他们仍然把自己置于当先锋打头阵的位置，把地面部队派过去，必将带来重大的伤亡和损失。换句话说，就是美国人学聪明了。美国的这种聪明，实际上还是因为他们看到了中国的崛起，因为他们要实施战略重点的东移，没有足够的力量是不行的。美国已经在阿富汗留了十万军队，在伊拉克还有五万军队，阿联酋、卡塔尔等地驻有两万多军队，其他地方还有一些，所以如果再在利比亚留个三万、五万军队，美国要实现战略东移就会更加力不从心。但美国的这种聪明是战略上的调整，还是战术上的变化，现在还看不清楚。

最后我讲一讲这件事对中国而言是机遇还是挑战的问题。我认为这其中有挑战的一面，之前大家算了账，比如说油价的上涨、在利比亚的损失，这对中国这样一个大国来讲，就相当于一个月5000元到10000元的收入，拿出200、300元来请客，小意思，我是没把它当做一个大损失。国际政治这个东西，它讲的是相对力量，什么是相对力量呢？有没有石油，是穷还是富没有关系，重要的是你的邻居是穷还是富，如果你的邻居富你就穷，如果你的邻居穷你就富，关键在这里，所以得讲相对性。那么我们看看这次的损失程度，我们损失了多少，西方损失了多少，所以我是这样看这个问题的。对中国来讲，有损失，但主要还是机遇。那么如果贯穿起来看中国这个机遇的话，冷战后有三次：第一次是海湾战争。冷战刚一结束，眼看着美国人腾出手来了，想要对付中国的时候，来了个海湾战争，美国军队进去了，所以可以说阿拉伯兄弟第一次救了我们。第二次是“9·11”事件。小布什上台以后，要对中国进行以遏制为主的战略，就在这个时候，来了个“9·11”事件，伊斯兰兄弟又上去了。这一次美国要战略东移了，是真的要在中国周边海洋方向上行动，美国有意挑起事端，准备实施战略东移，但是正在他们准备要东移的时候，又来了一个北非动荡，利比亚发生了问题，又把美国的战略关注重心拉回去了。所以我觉得从整个宏观上来看，这对中国是个机遇，中国如何抓住这个机遇，将考验着我们的政治智慧和战略谋划的艺术水平。

从战略高度关注日本核问题

王宇宁*

2011 年 4 月 21 日，日本政府派出了原子能安全技术机构的两名专家，到我们这儿举行记者招待会，议题是福岛核泄漏事故的应对措施。有记者问，根据日本专家猜测，日本政府之所以对福岛核电站事故遮遮掩掩，是不是里面有核武器。对于这么一个问题，现场两个日本代表抢话筒说没有，这个以我判断，也没有。但记者为什么提这个问题，日本核电站、朝鲜核电站，是不是都应该受到关注。

第一个问题是日本有没有发展核武器的愿望。1956 年，日本当局提出了“无核三原则”，这个大家都知道。“无核三原则”就是“不拥有，不制造，不引进”核武器。1970 年的时候日本当局又签署了《不扩散核武器条约》，但是我觉得一些日本人不管是在战后还是在战前，对发展核武器还是情有独钟的。日本是唯一一个受到原子弹、特别是两颗原子弹打击的国家，在两颗原子弹轰炸之后，它的海军上将去视察现场的时候就对一旁的专家谈到，日本一定要发展核武器，这次用不上，以后也要用。所以说，日本高层早就有研制发展核武器的主观意图，后来在日本国

* 王宇宁，空军指挥学院教授，博士，大校。

内、特别是个别领导人的言论，也流露出发展核武器的意向。1974年，日本首相公开告知记者，日本有能力研制核武器，但现在没有制造。2002年，日本官房长官福田康夫曾经公开宣称，只要坚持正当防卫，日本也可以拥有核武器，日本没有不拥有核武器的理由，在必要时还可以修改宪法，无核条例也可以修改。还有一个日本当局的重要官员中曾根康弘，他曾对确定日本国家军事战略有着重大影响，在他50岁左右访问中国时，曾经见到过周恩来总理，周总理当时就谈到这个人将来有可能要当首相。后来，此人写了一本书叫《21世纪日本的国家战略》，书中也提出日本要拥有核武器，谈到要成为一个正常国家、说话算数的正常国家，就要拥有核武器，称这是从一个政治家的角度来看的。由此可见，日本发展核武器的愿望早就存在。

第二个问题是日本有没有研制核武器的能力。这个刚刚也说到了，1972年的时候田中角荣提出有这个能力，有这个技术，但是有没有这些材料，有没有这些条件，那么日本发展这么多核电站，到现在有50多个吧，这么多核电站有的人提出疑问，说日本这个国家37万平方公里，平均几十公里就有一个核电站，就导致核能源有点太旺了，那么福岛核电站的泄漏，很大原因就是防护技术不高。核电站的核心材料是浓缩铀，这是制造核武器的基本原料，之所以提出这样的问题，是因为日本的核燃料据美国估计已经可以制造3000—4000枚核弹，而且日本政府的官员对此也不加否认。使用这些核材料提炼、加工成为核武器，应该说在很短时间内就可实现，所以我们认为日本是具备研制核武器能力的。

第三个问题是如果日本研制发展核武器，会给他们带来什么。发展核电站将大幅提高国家的电力能源，一旦日本走上发展核武道路，就将有利于实现其多年追求的成为联合国常任理事国的梦想，使其在国际舞台上说话的分量更重，影响力更强。日本一旦拥有了核武器，就彻底摆脱了战败国的种种束缚和限制，从而成为与别国一样的正常国家。日本一旦成为核国家，将大幅提升其国际地位，也将进一步增强其在亚太地区的影响力。但是我认为，此举也将给日本带来更多的负面影响。除了核安全问题之外，对于日本国家形象的伤害也不可低估，势必会树敌更多，将遭到国际社会的强烈非议，也为一些国家发展核武器制造了新的理由和借口。

第四个问题是我们如何看待日本核问题。日本是否走上核武道路，国际社会所采取对策，第一是不管，你爱怎么发展就怎么发展；第二是管，怎么管，由谁来管，是靠国际社会来管，还是靠核不扩散条约来管；是靠美国人来管，是靠俄罗斯人来管，还是寄希望于日本人民来管，或是靠被动的天灾来管，对此不得而知。

1945 年，日本被两颗原子弹轰炸以后，《解放日报》发表了一篇文章，说日本的广岛和长崎这两个城市顷刻之间就灰飞烟灭。毛主席把《解放日报》的编辑叫去，说《解放日报》办得不好，犯了原则性的政治错误，编辑说日本是我们的敌人，毛主席当时就考虑到美国在战后可能会使用原子弹讹诈世界。朝鲜战争之后，毛主席、党中央敏锐地看到，核武器是无可比拟的大规模杀伤性武器，要真正提高中国的国际地位，要真正不受帝国主义的欺负和侵略，我们就不能没有这个东西。后来，就下决心要搞中国的原子弹，所以在 1955 年的时候就定下决心发展中国的核武器。经过多年的艰苦努力，我们终于在 1964 年 10 月 16 日研制成功了我国第一颗原子弹，按照邓小平的话说，我们现在在地球上说话算数了。所以日本在今后发展核武器，这种可能性是存在的，因为他们也企图在国际社会中占据更大的一席之地。

浅析北非、中东局势

吴　雪*

2011年伊始，突尼斯一名青年因抗议城管“粗暴执法”而自焚的事件引爆了北非、中东多个国家的动荡局势。社会骚乱导致的政局波动从突尼斯迅速蔓延到埃及、阿尔及利亚、也门、巴林、利比亚、沙特、约旦、阿曼等国。发展之快、波及面之广、程度之深，出乎国际社会预料。在短短的时间里，突尼斯总统本·阿里离国赴沙特寻求庇护；埃及穆巴拉克总统被迫辞职，埃及新政府继而成立；也门总统萨利赫也几近下台。中东、北非似乎进入三十多年来罕见的政治动荡期。其中，最令国际社会关注的是利比亚。在其政府军与反对派爆发军事冲突后，联合国安理会通过1973号决议，决定在利比亚设立禁飞区。3月19日，法国战机飞入利比亚，拉开西方国家军事介入利比亚的序幕。目前，利比亚局势呈现胶着状态，北非、中东局势仍处于发展变化之中，但其深远影响已引起国际社会的高度关注。

* 吴雪，国际关系学院国政系讲师。

一、北非、中东局势动荡的原因

北非、中东数个国家出现骚乱引发的政局和社会动荡，表面上看是由突尼斯的偶发事件引起的，实际却是多种因素长期作用的结果，是一个由量变到质变的过程。既有这些国家内部的原因，也有外部原因。其中，内因起决定性作用。

从内因看，首先是经济上的原因。这些国家不同程度地存在着失业率居高不下，贫富分化严重，物价飞涨，老百姓生活困难的问题。如突尼斯，虽然一直被认为是非洲和阿拉伯国家中最稳定、经济最具活力的国家之一，其全球竞争力排在非洲和马格里布地区之首，但是这种看似稳定的背后却暗流汹涌。突尼斯官方公布的失业率为14%，但突尼斯一些经济学家表示失业率其实超过了20%，而对于15—29岁的年青人而言，失业率可能超过了30%。大批大学毕业生处境艰难，对生活的不满导致青年成为这次骚乱的主力。突尼斯还存在经济结构失衡问题，其制造业和加工业主要以廉价劳动力为竞争优势，没有及时进行技术革新，导致高素质人才就业问题突出。2010年年底以来，突尼斯国内物价飞涨也对骚乱起到了推波助澜的效果。阿尔及利亚一半以上的谷物、2/3的牛奶和几乎全部食用油和糖都需要进口。2011年元旦以来，受国际食品价格上涨和游资炒作影响，阿尔及利亚部分食品价格上涨幅度达到30%，这是引发骚乱的主要原因。同时，阿尔及利亚政府靠石油获得大量收入，但由于社会分配不公，普通的阿尔及利亚人收入较低，生活困难。同样，对物价高涨、高失业率不满也是埃及发生骚乱的主要原因。

其次，是政治上的原因。政治体制僵化、改革严重滞后、选举舞弊和贪污腐败现象严重、社会分配不公，造成民众不满和社会矛盾激化。在这几个国家中，突尼斯总统本·阿里执政23年，埃及穆巴拉克总统执政30年等。在他们执政初期和中期，曾致力于社会改革、经济发展和改善人民生活。但是，随着政权的巩固，执政者越来越脱离民众，政治体制逐步僵化，权力集中，腐败滋生，造成众多社会问题。本·阿里总统一直排斥潜在接班人出现，他的很多政治对手都遭到了逮捕和流放，突尼斯不少反对党都没有合法地位。2009 年大选中，本·阿里再度高票当选总统，开始他的第五个任期。他在选举前威胁，如有反对者质疑投票结果的公平性，就将他们投入监狱。穆巴拉克家族的资产价值据猜测达到数百亿美元。而据 IMF 的估测，2010 年埃及的国内生产总值还不到 2170 亿美元。在埃及，对官员侵占国家财富的批评一直不绝于耳。

社会因素也是导致动乱的原因之一。在突尼斯和埃及等国，年轻人比例偏高，这就对社会管理提出许多要求。但是，恰恰是年轻人的就业和生活问题没有得到很好的解决，引发了广大青年对政府的不满。

外因包括远因和近因。美国在中东实行的内在矛盾政策和双重标准是中东、北非出现动荡局势的远因。理想主义和现实主义理念并存是美国外交的一大传统。一方面，美国自认为本国制度优越，有将其推广至全世界的使命，而发动伊拉克战争的目标之一就是推翻萨达姆。另一方面，对于战略地位重要的盟友，美国就不以民主的标准加以要求。这种政策埋下了巨大的不稳定因素，为反美情绪滋生提供了土壤。

全球金融危机的影响则是近因。长期以来，北非、中东国家经济结构单一，严重依赖国际市场。北非国家因地理上靠近欧洲，经济上更受欧洲经济的影响。2008 年国际金融危机爆发后，欧洲经济遭受打击，继而影响到北非经济。突尼斯经济的主要增长点依靠出口和旅游业，近80%的出口产品销往欧洲。金融危机后，国际市场需求大幅减少，海外投资锐减，出口和旅游业都深受影响，使突尼斯就业环境日趋恶化。

二、利比亚局势胶着的原因

在北非、中东局势波动中，利比亚是动荡最严重的国家，而且国内局势一直处于“拉锯”状态。2011年2月16日，利比亚发生“茉莉花革命”后，反政府人员在班加西建立了与卡扎菲对抗的政权和武装，并占领了多个城镇。数日后，利比亚政府军宣布收复多个城镇。3月17日，政府军包围了反政府武装大本营班加西，并且轰炸了班加西机场。就在反对派颓势显露之际，西方国家的军事介入帮助其稳住了阵脚。多国部队声称摧毁了政府军三分之一的武器装备，卡扎菲一度陷入守势。4月7日，美军非洲司令部司令卡特·哈姆在出席美国参议院听证会时，针对利比亚反政府武装能否对首都的黎波里发起进攻问题，还表示利比亚反对派“推翻卡扎菲的可能性很小”。

利比亚局势胶着，主要有几个原因：

第一，卡扎菲仍具有一定的实力和控制力，首都的黎波里就被他牢牢掌控，其支持者也不在少数。

第二，利比亚反对派没有实力与政府军抗衡。反对派既缺乏特别有感召力和凝聚力的领袖人物，也缺乏有效的组织。这不仅使其在北约的空袭支持下，也很难扭转局势，而且即使在卡扎菲下台后，也难以找到合适的人选取代卡扎菲，平衡利比亚复杂的部落关系。

第三，参与军事行动的各国各有自己的利益考虑，造成北约内部分歧。法国在应对突尼斯和埃及局势时大失水准，萨科齐外交政策因此备受诟病。而利比亚对于法国有着特别的地缘政治意义，所以在推动国际社会对利比亚进行制裁时，法国态度非常积极；在军事干预中，也“冲锋在前”。此外，2011 年是法国大选年。萨科齐迫切需要通过此次干预行动取得外交业绩，以此增加竞选资本。英国卡梅伦政府积极参与对利比亚的军事行动则是为了显示其国际影响力。美国在此次军事干预中并不积极，主要是在美国的中东战略版图中，利比亚的地位与作用不如埃及那么重要；再者，美国深陷阿富汗战争已近十年，不太情愿再次参与对另一个阿拉伯国家的联合军事行动。美国决定把军事行动指挥权交给北约，则是出于减轻国内政治压力的目的。奥巴马政府在决定参与军事行动时，并没有和国会进行磋商。当年竞选时，奥巴马声称要从伊拉克和阿富汗两场战争中撤出，后又获得了诺贝尔和平奖。而现在，美国不但没有完全撤出，反而再次卷入了新的军事行动，这让奥巴马“和平总统”形象受损。2012 年是美国大选年，奥巴马出于竞选考虑，需要借此缓解国内的质疑和批评。但是，即使指挥权移交给北约，以美国在北约的地位与作用以及美国的军事实力来看，在多国部队的军事行动中，美国仍将发挥主要作用。北约中也有国家对采取军事行动持保留态度。德国在安理会表决 1973 号决议时，投了弃权票，因为德国对地中海地区的态度本身就不是太积极，二战后德国对海外派兵特别谨慎。作为北约里唯一一个伊斯兰国家，土耳其对穆斯林国家进行军事打击持保留态度。

第四，多国部队的军事打击不但没有使利比亚局势趋缓，反而造成了大量平民伤亡，引发国际社会对北约空袭的质疑和批评，也使参与军事行动的国家面临国际道义指责。

三、美国的态度与对策

中东是美国全球战略版图中极为重要的地区。中东政策也一直是美国对外政策中的重点。在这次北非、中东动荡局势中，奥巴马政府正遭遇着上任以来最大国际政治危机的考验。

虽然，美国一直标榜自己是民主国家的典范，也一直以输出民主制度为己任，但是长期以来，美国在该地区却推行双重标准。专制集权国家，只要政权是亲美的，就会得到美国的支持和援助。所以，当突尼斯、埃及这些美国盟国出现街头运动引发的政局动荡时，美国是矛盾、两难的。这从美国政府高官到奥巴马总统对局势表态的不一致就可以看出来。美国不能明确反对由街头革命引发的政权更替，也极不愿意看到埃及政局变动后出现反美政权，不愿失去在中东的一个重要盟友。此次动荡局势的发生可以看出美国在北非和中东的影响力与控制力有所下降。

对于中东、北非动荡局势，美国的政策是有区别的。对埃及，美国将尽可能阻止出现反美政权，力保与埃及的友好盟国的关系；对利比亚，美国的反应与举措相比英法等盟国则显得谨慎低调。

奥巴马政府做出军事干预利比亚的决策之后，对军事行动的范围持谨慎态度，从一开始就表示美国不会派出地面部队，强调军事行动是“有严格限制的”。2011 年 3 月 28 日，奥巴马在美国国防大学发表演讲，首次对其利比亚政策进行公开解释。奥巴马在演讲中称对利比亚动武是为了阻止人道主义危机。奥巴马坚持卡扎菲必须下台，但他反对通过战争实现政权更迭，呼吁通过政治手段解决利比亚危机。以伊拉克战争为例，美国在 8 年内为这场战争付出了接近1万亿美元的代价。“如果武力颠覆卡扎非政权，盟友们会出现分歧，美国就必须要派出地面部队，这不仅会给美国士兵带来巨大的风险，也会导致更多的利比亚平民在战争中受害。伊拉克战争已经证明这条路代价巨大。”而“让出指挥权之后，美军和美国纳税人在这场军事干预中承担的风险和成本大大降低”。奥巴马的利比亚政策就是让卡扎非下台。

奥巴马政府在利比亚局势上的谨慎，自然有2012年大选因素。为争取连任，奥巴马正着力通过改善美国经济来实现连任，他不希望美国经济因为利比亚局势的动荡而受到牵连和影响。但是，奥巴马政府对利比亚的政策已经受到国内多方批评。2008年的共和党总统候选人、参议员约翰·麦凯恩抨击政府介入利比亚太晚，造成利比亚人民付出更多的代价。也有人指责奥巴马政府撤出过早，使利比亚局势陷入僵局。如果利比亚局势持续胶着状态，奥巴马政府将面临两难选择：是加大对利比亚的军事介入，还是坐看利比亚陷入持续数周、数月抑或是数年的内战。

四、北非、中东动荡局势的影响

北非、中东动荡局势已经给该地区及世界政治经济和社会的稳定发展带来严重影响。

第一，这几个国家的政局已出现不同程度的变化：也门、巴林等国局势趋缓；突尼斯和埃及总统易人；利比亚局势未定。这些国家的经济遭受到不同程度的损失。中东北非的紧张局势也在冲击着中东地区富裕国家的经济。同时，地区局势的动荡严重冲击了相关国家的支柱产业，埃及的混乱局面吓跑了数以万计的旅游者。埃及政府发表报告称，反政府示威令该国旅游业至少损失

17 亿美元。当地居民在动荡中遭受的苦难显而易见。由于冲突频发，这些国家的很多商铺都选择关门歇业，民众一度连维持生存都成了问题，更难以找到工作。同时由于物价上涨，人们生活水平都有不同程度的下降。因支柱产业面临瓦解，中东、北非地区的不少民众被迫加入了失业大军，其中就包括埃及等国的众多导游。而在失业率本就居高不下的利比亚，很多石油工人成了新的失业者，使这些国家的前景充满变数。

第二，北非、中东的动荡对该地区和整个世界局势造成了诸多不确定性，有可能形成地缘政治的新格局。同时也给长期不稳定的中东地区带来新的不安定因素。

第三，对世界经济影响巨大。动荡局势不仅对这些国家造成了巨大的经济损失，也对世界经济造成影响。利比亚是非洲第三大产油国，原油日出口量达 110 万桶，并且主要供应欧洲。目前，利比亚的原油出口已大受影响，世界油价则再次大幅波动，阻碍了世界经济的恢复。

总体而言，北非、中东地区将进入一个较长的转型期，其局势发展值得我们持续关注。

日本福岛核泄漏对提高我国核设施安全管理水平的思考

李唯佳*

2011年3月11日，日本发生了9级地震。翌日，位于距东京220公里的福岛第一核电站1号机组及3号机组相继发生爆炸。15日晨，2号机组也发生爆炸。16日晨，4号机组出现火警。据报道，该核电站部分核反应堆的辐射防护罩已经破损，确认发生了核辐射、核泄漏事故。日本政府证实“事故现场的辐射释放速度高达每小时400毫西弗”，相当于正常情况下的6600倍。法国有关机构确认，这次危机达到6级，略高于1979年美国的三里岛核泄漏事故。4月12日，日本政府宣布，这次福岛核泄漏事故为7级，与1986年切尔诺贝利核电站事故等级相同。

2009年3月，胡锦涛主席在一份报告上作出明确批示，必须确保我国的核设施在“任何时候、任何情况下都要做到绝对安全、可靠和有效”。2010年7月，在军队的一次重大军事活动现场，胡主席再次指出，要“确保我国战略核威慑力量在任何时候、任何情况下，都安全、可靠、有效”，为我国深入抓好核

* 李唯佳，北京邮电大学世纪学院经济管理系学生。

安全防事故工作、提高核武器核设施的可靠性提供了重要依据。确保我国核武器、核设施的绝对安全可靠，直接关系到我国的国际形象、国民经济的持续发展及我军核威慑的可靠性和有效性，意义重大。我们应密切关注日本这次核泄漏事故的发展态势，汲取深刻教训，深入探索抓好我国核武器、核设施安全的特点规律，扎实做好防护工作。

一、世界三次重大核事故、核危机事件回顾

截至2011年3月底，世界运行核反应堆有436座，在建有45座，已列入建设计划有394座。其中日本18座，承担着全国30%左右的电力供应；我国运行的核电站有13座，承担着全国2%的电力供应，在建的有27座，计划修建有50多座。这些核设施在给人类带来巨大能源动力的同时，也增大了发生核事故的风险。自核武器、核电站先后问世或投入使用以来，在国际社会中发生核事故、核泄漏的情况虽然不多，但是带来的后果和影响不可低估，从事故的规模、造成的损失及产生的影响来看，较大的有三次：

第一次发生在1958年2月。在英国纽伯里的格林汉姆·科曼空军基地，一架美国空军B-47重型轰炸机起飞后不久，因发动机故障，为减轻重量，经请示批准，飞行员把两个装着1700加仑航空燃油的备用油箱从8000英尺的空中紧急抛下，引燃了地面一架携带原子弹的B-47轰炸机，并引爆了其中一枚原子弹的高爆炸药，所幸的是另两架重型轰炸机上携带的近十枚原子弹未被引爆，否则英伦三岛当时就将不复存在。这起事故造成了两名飞行员死亡，8人重伤，原子弹被破坏时抛出的放射性

物质，包括浓缩铀遍布地面。该地区核辐射经久不散，附近城镇癌症发病率持续飚升。

第二次发生在1979年3月28日。在美国宾夕法尼亚州的三里岛核电站，因制冷系统出现故障，2号机组核反应堆和汽轮机自动停止运行，由于操作人员把通往蒸汽发生器的阀门错误关闭，致使蒸汽发生器烧干，一回路的温度和压力上升，迫使卸压阀自动打开，造成一回路1/3的冷却剂流失。大约两小时八分钟后，核电站工作人员才关上阀门制止了反应堆冷却剂的流失。三个半小时后，大量高压冷却水注入，才结束了堆芯过热熔化。6天以后，堆心温度开始下降，蒸气泡消失，氢气爆炸的威胁免除。在该起事故中，虽然100吨铀燃料没有熔化，但60%的铀棒受到了损坏，反应堆陷于瘫痪，大量放射性物质溢出。事故发生后，全美举国震惊，核电站附近的居民更是惊恐不安，约20万人先后撤出这一地区。美国各大城市的群众和正在修建核电站地区的居民纷纷举行集会示威，要求停建或关闭核电站。美国和西欧一些国家政府不得不重新检查发展核动力计划。时任美国总统卡特宣布了“美国不会再建设新的核电站”的决定。直到2010年，现任美国总统奥巴马才作出重新建设核电站的计划。该核事故后来被定为5级。

第三次发生在1986年4月26日。在前苏联白俄罗斯—乌克兰大森林地带东部的切尔诺贝利核电站4号反应堆在进行实验时发生爆炸，造成了人类历史上最严重的一次核事故。这起事故是由于所采用的核反应堆、特别是其控制棒存在着严重的设计缺陷，运行操作人员执行的实验程序考虑不周和违反操作规程等原因造成的。开始实验前，由于操作员的粗心大意，关上了反应堆的多个安全系统，并从反应堆核心至少拿去了211支控制棒中的204支，仅留下7支，严重违反了RBMK型反应堆操作时在核心区域使用不得少于30支控制棒的安全规定。开始试验时，因为操作员降低了反应堆的功率，在较低的功率水平之下，反应堆会变得很不稳定。于是他们试图通过加大蒸汽压力来抑制。就这样，堆芯内的蒸汽变得温度很高，压力很大。本来这种情况是可以通过控制棒来控制的，但操作员却没有足够的控制棒进行及时的控制，最终导致了4号反应堆的爆炸。当时的苏联政府当初并没有意识到核电站会出现这样严重的事故，更没有要求核电站编制应急计划、作应急准备。在之后的处理中，苏联当局采取了强有力的措施，组织了消防队、防化兵、空中直升机部队、工程兵部队，甚至顿巴斯的矿工参加事故应急处理，人员总数达到了约20万人。核泄漏产生的大量放射尘埃污染到北欧、东西欧及亚太地区的部分国家，引起了瑞典、丹麦、芬兰、欧洲共同体及一些亚洲国家的强烈抗议。这起事故直接造成了30人死亡，其中28人死于过量的核辐射照射，另外2人死于爆炸。儿童甲状腺癌发生率增加，土地、水源被严重污染，成千上万的人被迫离开家园。10多年后，放射性仍在继续威胁着白俄罗斯、乌克兰和俄罗斯约800多万人的生命和健康，其后续效应至今还在持续展现。该核事故被定为7级。

除此之外，还有一些小的核泄漏，如英国温德斯格尔工厂核事故、法国核电站事故等。但国际影响更重大、造成损失更为严重的主要还是以上三起核危机事故，这些事故都不同程度地对当地生态环境带来了长期的污染和危害。

二、世界核事故形成的动因分析

综合分析以往在国际社会中发生的多起核事故，其动因多为自然灾害、操作失误或设备故障所致，出现人为破坏的可能性也不能完全排除。

一是自然灾害带来的连锁反应。自然灾害形式很多，但能引起重大核事故的主要是地震、火灾和突发电气问题，易于达到引发核泄漏乃至核爆炸的临界条件，必须引起高度重视并严加防范。

二是贮存管理中的操作失误。在对核武器、核设施的日常管理、技术检测或者出现意外突发情况时，如果操作不当，极易发生重大核事故。1957 年 10 月，英国坎布里亚郡生产钚材料的温德斯格尔工厂，开始是因为反应堆芯温度过高而起火，由于技术人员判断和操作失误，造成了核泄漏。

三是核设施设备的设计缺陷。由于核设施在人类工业化的发展历程中是一个新生事物，存在着认识和建设上的盲区。苏联的切尔诺贝利核电站事故，很大程度上是控制棒的设计缺陷所致。

四是人为因素的蓄意破坏。在国际社会中，虽然至今还没有发生过人为破坏造成的核事故，但随着世界恐怖组织越来越多地掌握高科技手段，对此我们应高度重视发生人为造成核事故的巨大可能性。世界恐怖组织在近年中通过多种渠道，竭力获取核材料、窃取核技术，塔利班曾扬言已获得核材料，称一旦需要将对敌使用；“基地”组织早在 20 世纪 90 年代就千方百计地获取铀材料，“9 · 11” 事件后，他们更是不择手段地窃取核技术。我国国内的敌对势力也存在人为破坏国家核设施、军队核武器的可能性。

三、对提高我国核设施可靠性的对策思考

日本福岛这次核泄漏及处置过程给予我们的启示很多，主要是指挥机构必须熟悉情况、把握全局、果断决策，监管机制必须进行常态监测、反应敏捷、应对得当，救援力量必须结构健全、装备实用、行动高效，救援手段必须轻便实用、机动便携、坚固耐用。

当前我国所有运行、在建及规划中的核电站，均分布在经济发达、人口稠密地区。结合上面所分析的造成核事故动因的情况，建议按照“需求牵引、系统配套、强化监管、确保可靠”的建设指导思想，加强对我国核安全、核救援工作的顶层设计，在确保核武器、核设施处于良好技术状态的基础上，充分做好核应急的各项准备。当前，应重点在健全完善核安全法规、监管体制、人才队伍和提高核应急救援能力建设等方面下工夫。

（一）必须确保提炼加工环节的绝对可靠

美国在核材料的开采、提炼和加工过程中，采取了多种高戒备措施，运用多种先进监测手段，努力防止核材料遭袭夺、盗窃、破坏和遗失，确保了从源头上对核材料的可靠掌控。我国对于核材料的勘探、开发和提炼的各个重要环节，应重点从强化管理机制、增加警戒力量、实施全方位监视和严格交接手续等环节上进行检查和加强。对此，我们应在核材料提炼加工全过程中，进一步建立、健全并严格落实岗位责任制，做到万无一失。

（二）必须不断完善核武器、核设施的制度法规

美国高度重视并不断完善核武器、核设施的法规制度，特别是技术监测、技术安全措施及设施安全等方面的制度法规。技术监测法规包括对核武器、核设施技术状况进行定时监测、试验与评估的规定；技术安全措施包括建立指挥箱、密码锁、插入核部件抗事故开关、自毁指令系统规章等；核设施安全规定每个核武库都设有 2—3 道围墙或铁丝网，装有多个电视摄像头、电子传感器，警卫荷枪实弹，有权对非法侵入者开枪等。我国多年来形成了一整套行之有效的核武器及核设施管理的各种规章制度，这些对于有效维护我国核武器、核设施的可靠性发挥了积极作用，但是对于应对意外突发事件及复杂情况的规章制度和方案还比较少，也没有经过实践检验，这些都亟需得到建立、充实和完善。

（三）必须确保贮存环境及管理环节的绝对可靠

美国核材料的贮存，主要分布在潘太克斯工厂 4 号区近百平方公里的 60 多个圆顶建筑内，一旦需要可很快转入使用状态。美国对于核材料的管理，由国防部和能源部共同负责。国防部负责现役和非现役核弹头的安全监管，能源部每年都要对核材料的安全情况及性能检测和评估结果向总统直接提交专题报告。我国的核材料开采、提炼、加工多部署在国内腹地的山区，贮存集中，征候明显，暴露因素多；一些核材料有的已超过了使用有效期，有的出现了质量劣变问题。针对这些情况，我们应积极借鉴发达国家在核材料贮存、监管等环节上的经验和做法，重点在优化管理机制、改善贮存环境、提高管理水平、更新检测手段上有新的突破，确保我国核材料贮存管理的绝对安全。

（四）必须确保核设施运行的安全可靠

核设施、核电站的安全可靠运行，直接关系到国家安全和社会稳定，必须予以高度重视。西方发达国家都高度重视并坚持对核设施运行过程的全程严密监控，还通过卫星侦察、环境辐射剂量监测及电磁波跟踪等高技术手段，对其运行的各个环节都做到了随机掌握。在这些环节和领域，我们与西方发达国家相比还存在着较大差距，更需要紧紧抓住难得的历史发展机遇，加强核安全领域的国际合作与交流，学习先进的核设施管理经验，吸取别国核事故的教训，掌握核设施的运行规律；进一步完善规范核设施建设的法规和标准，使核设施、核电站的建设与运用有章可循、有法可依；不断改进我国核设施、核电站的设备和系统，努力提高其信息化水平；不断完善核设施、核电站安全运行规程，加强涉核工作人员的培训和安全教育；加强核安全监管部门的地位和作用，强化核安全监督机制，采取多种手段确保我国核设施、核电站的安全可靠运行。

（五）建立完善核事故应急反应机制

日本福岛核事故发生后，俄罗斯政府立即要求有关部门对核工业现状和发展计划进行重新评估，要求一个月内提交调查报告；欧盟负责能源事务的专员呼吁，重新审议27国集团的能源政策，并对如何应对可能发生的突发核事故提出了应对举措的倡议；德国政府宣布关闭本国7座老旧核电站，准备启动安全检查；瑞士中断了3座核电站的批准程序，已开始重新审视核安全标准；我国政府也严密组织了对现有和在建核电站的检查与评估。这些年来，有核国家都以不同方式组织了应对意外核事故应急处置演练。2008年11月，法国在上莱茵省费斯内姆核电站举行了大规模核泄漏处置演习；美国在 2008 年由能源部和国防部联合组织了“暗黑破坏神－2008”核武器事故救援演习；俄罗斯组建了国家级的专业核化应急救援力量，每年都要组织严格的救援专业训练和演习。我国虽已组建了专职的核应急救援力量，制定了核应急处置方案，但缺乏专用的核救援装备、设备和器材，制定的方案是否适用也心中无数。我们应深刻汲取日本福岛这次核泄漏危机的沉痛教训，尽快审视并完善我国的核事故应急处置机制及救援方案，在核应急队伍中组织针对性强、情况复杂严酷的核应急救援演练，在此基础上抓好对全民的核应急救援常识教育及技能训练，切实提高我国处置意外突发核事故及自我防范的意识和能力。

我国城市公共安全现状与前景

中国城市公共安全战略研究所*

胡主席指出，我们要构建的社会主义和谐社会，应该是民主法治、公平正义、诚信友爱、充满活力、安定有序、人与自然和谐相处的社会。党中央历来高度重视并一再强调建立和谐社会问题，城市公共安全是和谐社会的重要组成部分。纵观我国社会现状，和谐与稳定是我国社会的发展主流和基本形态，但在城市公共安全领域，不和谐、不安全的因素依然存在并呈现发展趋势，这些虽然并没有影响国家发展的主流，但其带来的负面影响不可低估。对此，我们应认真分析、确立对策，真正把城市公共安全工作做好。

一、城市公共安全是建设和谐社会的重要组成部分

党的十七大报告重点强调了要“更加注重社会建设，着力保障和改善民生，推进社会体制改革，扩大公共服务，完善社会

* 中国管理科学研究院中国城市公共安全战略研究所集体研究撰写。

管理，促进社会公平正义，努力使全体人民学有所教，劳有所得，病有所医，老有所养，住有所居，推动建设和谐社会”。

安全是人类生存与发展的基本需求，城市公共安全是城市可持续发展的核心要素。党中央提出的建设和谐社会的重要目标，涵盖了城市公共安全的各个领域，无论是从体制机制、民生保障，还是公共服务、物质文明、精神文明等各个方面，都对城市公共安全提出了详细的要求。因此，分析城市公共安全问题，我们必须与国家建设和谐社会的伟大构想结合起来，以这一科学理念为指导，大力推进我国城市公共安全建设，争取早日实现和谐社会的建设目标。

城市安全对于建设国家和谐社会具有巨大的牵引和促进作用。城市是国家最重要的组成部分，是一个国家、一个省区或一个地域的政治、经济、文化、交通的中心和枢纽。这里各级领导机构集中，人口稠密，构成多元，在一定程度上代表着国家或地区的先进程度及发展现状。城市安全搞好了，社会秩序就可以稳定，经济发展就有了基础，文化传承和交流就有了条件，人民物质生活的提升就有了保障，这些都将对于构建和谐的社会秩序产生着积极的决定性影响。反之，这些要素如果出现了问题，特别在城市安全上发生了重大的安全事故或社会骚乱，也将使社会形态不再和谐。

二、当前国际社会及我国城市公共安全的现状分析

在大中城市中，通常密集地汇集着国家政府机关、科研机构、大专院校、企业仓库等重要机构部门，具有人口密集、经济

密集、财富密集、服务设施密集、现代化设施密集等特点，一旦发生重大城市危机事件或社会骚乱等恶性案件，都将可能造成重大的人员伤亡、财产损失和社会影响，这就使得城市所面临的公共安全形势更加严峻、问题格外尖锐。

（一）危及国际社会城市公共安全事件一再发生

纵观当今国际社会城市公共安全状况，许多血淋淋的惨痛现实不时地展现在世人面前：1986 年 4 月，苏联切尔诺贝利核电站造成的核泄漏事故，致使俄罗斯、白俄罗斯、乌克兰等许多地区遭受到严重的核污染，使相邻的一些城镇成为“死城”。根据白俄罗斯国家科学研究所数据，这次核泄漏事故受害者达 900 多万人，其中死亡 9.3 万，致癌 27 万。1995 年，日本东京沙林毒气案造成 10 多人死亡，数千人中毒，使其首都东京陷入极度的恐慌和混乱。2001 年 9 月，美国纽约发生的“9·11”恐怖袭击事件在极短时间内就造成了数千人伤亡，相邻建筑遭到损毁，彻底倒塌的世贸中心直接经济损失就高达 10 亿美元，对美国造成了严重的经济伤害和无法估量的政治影响及民心恐慌。2011 年 3 月，日本福岛因地震和海啸引发的重大核泄漏事故，不仅造成当地重大财产损失，还迫使福岛及其周边 20 公里范围内所有居民全部撤离，而且核泄漏带来的后续效应还将持续相当长的历史时期。

（二）我国城市公共安全现状不容乐观

当前，在我国城市公共安全领域，存在着诸多不安全的因素，突出表现在政治体制、官员廉政、收入分配、劳资关系、贫富差别、地区与行业差距、农业生产、人口流动与就业、文化教育、社会保障、环境保护、社会心理、人伦道德、交通安全等领域或问题上。我们认为，当前影响我国城市公共安全最重要的因素，主要的有以下七个方面：

一是城市居民贫富悬殊距离拉大。改革开放以来，我国曾经允许一部分人先富起来，使不少人通过多种方式走上了致富之路，其中也不乏一些城市居民钻政策空子、打擦边球之举，甚至利用一些企业事业改制之机，将国有资产、集体资产据为己有，形成了鲜明的贫富差别，这样的现实，也在很多城市居民心理上造成了当今的“仇富”心理。

二是城市一些官员存在贪污腐败问题。由于我国现行的监督管理机制不够健全，对于城市中的各级干部、特别是对主要领导的管理机制还不够健全，对于部分官员背弃为人民服务的宗旨，贪污受贿巨额财产，大搞任人唯亲的用人路线，以及贪污腐败、作风不正等问题制约不力，使得部分官员已经失信于民，导致社会出现了“仇官”的社会现象。

三是恐怖分裂势力活动猖獗。我国的恐怖主义活动形式更加多样，危害及影响也更大、更深远。打、砸、抢、烧等恶性事件时有发生，甚至还出现了自杀式炸弹爆炸袭击、在公共场所引爆汽车炸弹或人肉炸弹等。2008 年达赖集团内外勾结，一手策划与制造了拉萨“3·14”打、砸、抢、烧严重暴力犯罪事件。2009 年 7 月 5 日晚新疆乌鲁木齐发生的打、砸、抢、烧严重暴力犯罪事件，更是一起典型的境外指挥、境内行动，有预谋、有组织的打砸抢烧事件。当前，国内“东突独”、“藏独”、“民运”等分裂势力与国际上的敌对势力相互勾结、遥相呼应，积极策划多种破坏活动，我国的一些城市重要目标已成为敌人破坏的重点，对我国家安全和城市安全都带来了严重损害。

四是各类刑事破坏活动引起的公共安全事件。主要表现在投毒、爆炸、抢劫、绑架、间谍、敌特等社会治安事件、经济安全事件及有国际背景的政治事件等。其中，对我国城市公共安全带来的负面影响更为隐蔽、更为长远的是敌对势力安插派遣的间谍和敌特活动。近年来，境外间谍机关利用互联网、官员出访、拉拢腐蚀等多种形式手段，对我城市要害部位、重要机关和重点人员进行渗透策反。一些敌特分子利用各种非法手段，接近或进入城市的重要目标区域，对我通信光缆、机场跑道、油库加油站等重要设施设备进行破坏，造成了设施设备损坏和人员恐慌，直接影响了城市的安全建设，降低了人民群众的安全感和对政府的信任度。

五是邪教组织打着种种合法外衣大搞破坏活动。分布在境内外的“法轮功”等多个邪教组织，经常组织各种反政府活动，通过散发传单、发送反动邮件、打匿名电话、静坐示威，甚至自焚等方式，竭力蛊惑人心，力图造成城市社会秩序混乱。特别是一些反动分子秘密潜入到大中城市的多种重要场所，散布谣言，进行反动宣传，极大地影响了城市正常生活秩序，对城市的安全与稳定构成了极大威胁。

六是人为事故引发的安全问题。由于城市人口密集，对生活需求相关的产业布局集中且人们对其的依赖性大，人为事故很容易引发社会慌乱，直接影响城市居民的衣、食、住、行。这些产业或企业主要包括工、商、贸、农、林等部门，在这些行业一旦发生重大安全事故，将直接影响到城市的水、电、气、交通、通信等生命线保障，甚至造成城市机能瘫痪，或带来严重的环境污染、生态破坏或重大公共卫生事件。

七是自然灾害或带来的连锁反应所导致的安全问题。自然灾害主要包括以下三类：地质性灾害主要是地震、火山爆发、断层滑坡、地面塌陷、海啸、泥石流等；气候性灾害主要是风灾、雪灾、洪灾、雷击等；连锁反应性灾害主要是桥梁坍塌、交通中断、停电停水等直接影响居民生活的事件。这些情况很难预防，但对城市的正常秩序往往会产生重大的负面影响。

（三）造成我国城市公共安全不安定的主要动因分析

造成当前我国城市公共安全问题的原因很多，有机制方面的，有经济方面的，有分配制度和就业方面的，也有人口大量流动因素带来的。我们应在清醒认识我国城市公共安全现状和存在问题的同时，深入研究分析造成这种现状的根本原因，并据此制定或调整相应的政策、法律、法规等，从根本上搞好城市公共安全。从以上提出的我国城市公共安全存在的主要问题看，我认为其主要动因有以下八个方面：

一是人们的城市公共安全危机意识淡薄。城市公共安全问题还没有引起有关城市管理者、管理机构的足够重视，还缺乏对加强城市公共安全管理重要性的理解，缺乏对城市公共安全严峻形势的足够认识，更缺乏运用有效手段和得力措施积极预防公共安全事件的发生。还存在着处置城市公共安全事件中责任心不强、玩忽职守和随意性大的问题，这些都应引起各方面应有的重视。

二是城市公共安全体系还不够健全和完善。在城市公共安全设施上，还没有建立起完善的设施体系，特别是在应急决策、组织指挥、设施设备、应急行动等方面的建设还不够配套，致使在发生重大城市公共安全事件时无力应对，更难做到在最短时间内加以有效遏制。在应对手段上，存在着没有制定多种情况下的应急行动方案预案，存在着缺少针对性强的装备设备（如应对核泄漏的救援），存在着缺乏对不同性质、不同规模、不同程度各种刑事案件有效应对方式方法的准备，还存在着对于城市公共安全管理缺乏统一协作平台和统一权威的信息发布平台的缺陷。

三是预警与快速反应机制还不够健全。在建立城市安全信息渠道、向全民发出安全预警、快速组织相关力量的编成及应急出动、行动中的协调与保障等机制上，在我国大部分城市中都没有建立或完善。即使在一些大城市中建立了这样的机制，也还存在着预防和应对机制运行还不够畅通，反应慢、效率低等一些突出问题，还不能做到对具有可能发生城市公共安全事件的因素进行随机预警，还不能对突发的各类安全事件进行快速应对。这些在机制层面存在的漏洞和薄弱环节，有的已经在一些城市激起了民愤，甚至造成了更大的负面影响。

四是一些城市建设发展缺乏科学合理的规划设计。由于城乡生活质量和水平的悬殊，致使我国的城市化进程迅速加快，但由于缺乏顶层的科学规划和缜密论证，所造成的一些结构性矛盾加剧了城市公共安全风险。如出现了生活区与工作区的分布不合理，道路桥梁建设缺乏长远考虑，基础设置建设严重不足，安全隐患分布点多面广，一些地下公共设施如地铁、各种线路管路、地下商业网点等安全设备设施不完善不配套甚至没有。一旦遇到恶劣天气、意外事故或出现了人为破坏，都会成为引发重大安全事故的导火索。

五是城市自身建设发展所带来的一些新情况新问题。随着我国城市建设的发展，结构性的宏观调整不断深化细化，从而带来了诸如城市格局的重大调整、大量新建项目的启动、道路交通重新布局等新问题，同时也出现了许多企业破产、改制重组、职工下岗、入学就业、劳资争议、住房拆迁补偿、医疗保险、养老问题以及农民工待遇等，这些问题如果处理不好，极易引起大规模的矛盾纠纷甚至会造成社会的动荡。

六是国际敌对势力的介入和插手。当前，境外敌对势力通过各种方式收买拉拢国内的敌对分子、激进分子、腐败分子和极端分子，在一些城市已形成了敌对势力和团队。他们打着要求民主、维护人权的旗号，在国际反华势力的怂恿下，有计划、有预谋、有步骤、有目的地在国内的一些大中城市组织、策划或发动多种形式的示威游行、绝食静坐甚至进行各种刑事破坏活动，国际反华势力为他们的犯罪活动提供了政治和经费的支持。

七是我国许多城市的人口大幅流动增加了维护城市安全的难度。以北京为例，近年来，北京市流动人口总量一直呈现高速增长的势头，最新统计，北京市实际常住人口 1972 万人，有户籍人口 1246 万人，登记流动人口 763.8 万人，加上散居未登记的和短期来京打工、探亲、旅游、就医的流动人口在内，北京的流动人口实际已超过 1000 万，占到了全市实有人口比重的 40% 以上，未来这种增长势头还将长期延续。流动人口的大量增加和无序流动，加大了维护城市安全的难度，这些人群存在的各种实际问题，已成为引发城市秩序混乱、治安形势恶化的重要动因。

八是计算机网络及媒体的高速发展所带来的影响。近年来，我国的计算机网络产业高速发展，截止到 2010 年 12 月底，我国网民规模已达 4.57 亿，手机网民规模已达 3.03 亿；各种媒体的触角已渗透到城市的各个角落，随时随地地反映着城市信息。网络及媒体的快速发展，给社会的进步带来了很大的促进，但也成为散布消极信息和不安定因素的重要媒介。其中，城市中发生的一些公共安全事件可能被无限放大，即使很小的事件也会酿成轩然大波而散布到整个国际社会，从而深度地牵动和影响着国家的安全全局。

三、抓好我国城市公共安全的总体规划设计

面对我国城市安全事件频发的现实，面对这些事件在表现形

式、手法、规模和危害程度上的不断变化或翻新，迫使我们必须把搞好城市安全问题作为维护国家安全、营造和谐社会的重要、甚至是首要的任务。当前，深入分析我国城市公共安全事件发生和发展的特点规律，研究并形成科学的应对指导，应成为我们抓好城市公共安全事务的第一步。

（一）科学规划我国城市公共安全的顶层设计

要有效维护我国的城市公共安全，需要研究的问题可谓是千头万绪，但在搞好顶层设计这个问题上，当前应着重抓好两个方面的工作。

一是政府部门要将抓好城市安全列为履行职责的第一要务。深入研究所在城市存在的主要安全隐患，分析造成这些隐患的政府原因、社会原因和主要诱因，在此基础上形成针对性强的对策指导；建立、健全和完善城市安全的运行体制机制，强化重要岗位领导干部和公务员的职责意识、安全意识和应急处置能力。

二是充分发挥相关专家及城市居民的集体智慧。维护好城市公共安全，仅靠国家的各级政府是远远不够的，要充分发动城市安全问题研究专家、社会问题研究学者及城市居民搞好城市安全的主观能动性。通过他们更有针对性地研究、认识、预测和处置城市安全中可能出现的各种安全隐患，从而产生对其规律性的认识和把握，为确保城市安全提供科学前沿的理论指导。

（二）科学确立我国城市公共安全的理论指导

当前，我国城市安全防范的能力还比较落后，应对力量还比较薄弱，相关技术防范手段还不够先进，对于应对各种突发安全事件还没有进行过针对性强的、高效快速的实践性训练。我们必须从宏观上确立科学的安全防范规划、指导思想和基本原则，使我们的城市安全防范工作有章可循、有法可依。

一是确立城市公共安全的总体目标。对于我国的城市安全，特别是大中城市的安全建设规划，应提出并确立如下建设目标：通过5年左右的努力，基本形成安全防范体制机制和理论构架，初步形成较为完善的大城市重要目标安全防范体系，基本具备能够应对常见城市公共安全事件的防范及处置能力；健全法规制度和配套齐全的技术设施；技术手段先进适用，应急处置快捷高效，能够快速遏制和平息各种意外突发事件和重大政治案件，为城市的安全稳定和保持正常的经济秩序营造和谐稳定的社会环境。

二是确立城市公共安全的指导思想。对于我国城市可能发生的各种安全突发事件，应确立“积极预防，快速应对”的指导思想。提出这个指导思想的理论依据，是党的历代领导核心的相关思想和重要指示，国家的有关法律，地方政府先后出台的有关法规，本地区、本城市可能出现的各种不安全事件的隐患及特点规律等。该指导思想所体现的主要理念是：全面落实科学发展观，牢固树立安全发展的观念，坚持科学预防、标本兼治、综合施策，积极防范重大安全问题，不断完善法规制度，建立长效机制，倡导安全文化，加大安全投入。充分调动国家各级的政治、经济、外交、军事、社会、舆论和文化等多种战略资源，最大限度地避免城市安全问题的发生、发展和升级；一旦发生城市安全事件，有能力组织精干力量进行快速干预处置，将其负面影响控制到最低限度，确保城市正常的生活秩序不受到大的影响和冲击，并确保城市重要目标的绝对安全。

三是确立城市公共安全的基本原则。结合我国城市安全的现实情况及面临的主要威胁，要维护好我国的城市公共安全，当前和今后一定时期我们应遵循以下五个方面的基本原则。

尽早预防，争取主动。加强对城市安全隐患的分析和预测，竭力找出本城市存在的危机或重大安全意外突发事件可能产生的领域、地点和形式，分析可能带来的后果与影响，从而确定防范的对策和措施，加大应对各种安全隐患的硬件设施建设，完善应对的体制机制，做好相应人才培养。

快速决策，迅速行动。在美国太平洋司令部，随处可见一条醒目的标语——“今夜准备战斗”。美军的这种临战精神，值得我们借鉴。我们应在充分掌握城市安全基本情况的基础上，对所在城市发生的各种安全意外突发事件进行快速决策，并在最短的时间组织应急处置力量展开应对行动。

优化组合，资源共享。对参加维护城市安全行动的各种力量进行优化组合，使其能够通过合理的组合与协调，发挥出最佳的运用效益。根据可能发生的城市公共安全突发事件，综合运用陆、海、空、天、电和网络等全方位的技术手段，形成综合优势，合理使用，做到军地资源共享，使其发挥最大的行动效益。

密切联络，信息畅通。应对城市发生的各种安全意外突发事件，将涉及到城市的各个层面，必须随时保持通信、网络等多种方式及渠道的畅通无阻。军地各级指挥决策机构，平时就应建立和沟通顺畅的联系，一旦出现安全意外突发事件，在与上下级联络的纵向和与军地部门间联络的横向，都能够保持密切的沟通和随时的联系。

全面规划，扎实建设。搞好城市安全应对能力的建设，是一项复杂的系统工程，必须规划好、实施好，当前应在全面规划、扎实建设的原则指导下，重点抓好四个方面的工作。第一，构建完善的安全应急防范体系，增强安全防护的科学性和有效性。严格遵循各种安全突发事件发生和发展的内在规律，统筹规划，特别要抓好法规制度和设施防护等方面的建设。第二，突出重点。

对大城市的重要机关和要害部门、国防工程、交通运输节点及其他重大政治性安全部位、重大自然灾害等，坚持超前防范，从源头抓起，注重在完善法规制度、健全长效机制、提高技术手段等方面下工夫并进行重点投入，优先保障。第三，着眼培养应对安全意外突发事件的组织者和各类骨干，提高安全防范队伍的技能和素质，具备熟练使用各种新型装备设备的能力，注重调动和发挥人民群众和专业行动力量的积极性、主动性和创造性，形成群策群力、群防群治的良好局面。第四，明确责任，定责问效。抓好对人民群众和安全应急行动力量的管理教育，使其牢固树立综合安全观，坚持各级党委统管、条块结合、齐抓共管，各司其职，各尽其责，逐级逐人定责任，逐项逐条抓落实，保证各项城市安全防范措施落到实处。

（三）深入研究我国城市公共安全理论与特点规律

充分认识我国社会形态所具有的共性特征，在此基础上分析研究当前城市公共安全问题，特别要准确把握新时期、新阶段我国城市公共安全的新特点和新特征。改革开放以来，我国社会转型时期的城市公共安全问题，显现出了与以往城市安全状态的极大区别，鲜明地体现出了频繁性、突发性、连锁性特征，从更深的层次暴露出了我国城市公共安全管理的机制性、结构性矛盾。针对这些存在的重大现实问题，我们亟需从理论上、观念上深刻认识我国城市公共安全的现实和潜在问题。当前，我们应重点运用科学的研究方法对四个方面的问题展开深入研讨。

一是要紧紧抓住我国城市的体制性结构性问题开展研究。我国城市公共安全问题，存在着许多与体制和结构相关的矛盾，随着我国国民经济的发展，在社会形态和综合国力达到了较高的阶段和层次后，这个已经变化了的经济基础势必会对上层建筑提出改革需求，这是人类社会发展的客观规律及时代要求。通过研究和论证，找出上层建筑适应经济基础发展的方法和途径，使之顺应和促进国民经济的进一步发展，而不是成为影响和阻碍生产力解放和发展的桎梏。城市中的各级政府机构，怎样才能更好地按照经济规律办事，为本市、本区的经济发展做好组织、协调和保障工作，而不是运用行政手段干扰甚至迟滞经济发展和城市建设的进步。

二是要深入研究以人为本的城市公共安全建设问题。这是化解矛盾、解决问题、实现社会稳定的根本。不同性质的社会，如在社会主义社会和资本主义社会中，其建设发展的关注点是不同的。前者应是为了实现全民富裕，追求国富民强，领导者及领导机构所作出的一切决策，都是为了促进生产效率的提高，是为了实现共同富裕。后者则是财富与资本高度集中在少数人或某些利益集团的手中，因此这个社会是为少数人服务的，资本主义社会是保障资本家能够长期榨取剩余价值、并使其达到预期利润的最大化。我国作为社会主义国家，在维护城市安全问题上，如何更好贯彻落实党中央提出的“以人为本”的要求，将这个目标落到了实处，社会必然稳定、必然和谐，安全问题、特别是人为带来的治安事件必将大量减少。我国作为社会主义国家，谋划城市建设发展的出发点和着眼点都是为了维护最广大人民的根本利益，我们研究城市安全问题，也必须从人民的利益出发，提出能够代表人民利益的规划方案，而不能成为少数利益集团的代言人。

三是要辩证地研究城市公共安全问题。辩证法是我们研究社会问题、城市公共安全问题时要遵循的思想方法。首先，我们要找准城市公共安全问题的主要矛盾以及具体社会问题的主要方面，在当前至今后一个相当长的历史时期内，我国社会、也是城市建设中遇到的主要矛盾，是人民日益增长的物质文化需要同落后的社会生产方式之间的矛盾，解决好这个问题，是彻底解决我国城市安全的基础。我们提出解决城市公共安全问题的思路和办法，也要有利于解决问题而不是激化矛盾。其次，运用辩证法研究城市公共安全问题，还应充分考虑到这将需要有一个时间的持续历程。因为有些城市安全问题受到长期的历史、文化、体制等多重因素的影响和制约，情况和背景都比较复杂，需要循序渐进地逐步解决，如果操之过急，就极易造成事与愿违的被动局面。

四是必须紧密结合我国城市发展的实际开展研究。城市公共安全问题，通常会受到社会各界的广泛关注，将得到舆论的持续跟踪，也是城市的各级政府高度重视的问题，更是理论界研究的重要领域。由于研究者的视角、知识结构的差异以及他们的经历和所在城市的情况不同，对同一城市公共安全问题可能会产生不同的认识，得出不同的结论。如可能出现有的侧重宏观，有的侧重微观，有的关注内部，有的偏重环境。自 20 世纪 80 年代以来，我国的城市化进程空前加快，城市数量及发展空间迅速扩展，在这种情况下，为了保证城市发展对土地的需求，大量农用土地被征用，几千万农民成为城市居民，使之出现了由政府主导的铺摊子式外延扩展，同时也使城市化的发展越来越依赖房地产的产业效应，因此，在相当一段时间内，城市化进程中带来了大量农民土地的流失。

四、把握好我国城市公共安全的六个重要环节

当前，我国正处于向现代化社会快速发展的转型时期，正经历从农业社会向工业社会、从农村社会向城市社会、从计划经济

向市场经济、从人治向法治、从封闭半封闭社会向开放社会的全面转变。在这个重大的历史转型进程中，出现多种社会问题及城市安全问题并不奇怪，关键是我们应清醒认识客观存在的各种现实矛盾，并努力探索促进社会发展、增进城市安全的有效方法和途径。当前，我们需要重点把握好以下六个方面的问题。

（一）抓好城市各级政府及官员的廉政建设

廉政建设是当前我国各级政府、特别是城市管理机构面临的最重要、最紧迫的现实问题，也是预防和杜绝贪污腐败的重要方法、途径和手段。首先，要强化城市各级官员的公仆意识。在坚持正面教育引导的同时，努力提高他们的服务意识和大局意识，真正达到思想纯洁、勤奋学习、爱岗敬业、艰苦奋斗的要求。其次，有计划地逐步改善城市各级领导的福利待遇及相关保障，积极借鉴一些国家和港澳地区实施的高薪养廉做法，使他们看到贪腐所付出的高昂代价是得不偿失的，从而不去触及这个雷区和底线。最后，加大对城市各级官员奖励和惩戒的力度。对于清正廉洁的城市官员，不仅要重用，还要重奖；对于贪污腐败的城市官员，采取严厉的惩戒措施，追究其法律责任，也警示后人不再效法这些贪官的作为。

（二）解决好城市居民的切身利益问题

城市生活，与居民切身利益息息相关的方面很多，主要体现在住房、物价、工资、出行、就医、就业、就学、养老、保险和环境保护等方面。随着我国城市化进程不断加速，各类城市热点问题、突出矛盾日益显现，不仅给城市公共安全带来了极大的难度，也对城市管理运行提出了更高的要求。在这种形势下，城市各级政府要做好整体规划设计，结合本市、本区实际情况，突出重点，分清轻重缓急，列出在每个五年计划中或每年要重点解决的问题；城市各级政府在城市建设经费使用投向上，要重点保障居民最关心的重点问题，如住房、出行、医疗和物价等，逐步使热点问题降温，平息来自群众最大的怨气；城市各级政府要对居民的切身利益问题加大检查、监督、处置的力度，及时发现问题，尽快解决矛盾，努力消除纠纷，尽力将各种直接关系城市公共安全的问题消灭在萌芽状态。

（三）努力缩小贫富两极分化差距

社会收入分配问题，与城市居民生活息息相关。收入分配的不合理将会激化社会矛盾，贫富差距的失控有可能造成社会的动荡甚至动乱。作为城市的领导者和相关机构，应在本级职权范围内，尽可能地使各个行业的工资标准趋于合理，根据本城市的消费水平及物价指数，科学确定基本工资、地区性补贴、工龄补贴、岗位津贴以及其他福利补贴等所占的比例和比重，逐步形成符合经济发展规律的良性循环。同时，合理征收各种税款，并做到透明化，取之于民、用之于民。

（四）解决好农民工的各种实际问题

在我国的所有城市中，农民工已经成为不可缺少的组成部分，城市建设发展、城市秩序的维系及日常生活，也不能离开农民工的因素。多年来，由于机制的不完善，重视程度的不足，经验的缺乏等原因，造成了普遍存在的农民工问题，有些矛盾甚至已成为城市安全与稳定的隐患。对此，我们应高度关注农民工问题，引导社会尊重他们的地位和付出，建立健全保障他们合法利益的法律、法规和规章制度，为他们解决和保障好工资收入、就医看病、子女入学和养老保险等切身利益问题，解除他们的后顾之忧，使其作为城市的建设者而充分享受国家改革开放的物质成果，成为城市安全的建设者和维护者。

（五）抓好城市安全的手段能力建设

建设并不断提高完善的城市公共安全应对手段和能力，包括合理规划城市规模与城市发展构架，提高城市基础设施抵御各种自然灾害、人为破坏事件的能力，搞好安全社区建设，建立健全社会参与政府管理相结合的机制以及城市公共安全情报共享机制。从国际层面上加强国际反恐情报共享机制建设，从源头上防止国际恐怖主义对我国国家安全的威胁；从国内层面上要确定军警结合、警民结合的反恐情报保障体制，建立健全城市公共安全指挥协调机制；进一步完善城市公共安全预警与应急救援体系、城市公共安全教育训练机制，广泛深入持久开展全民安全教育及训练演习。

（六）抓好网络与媒体的管理与导向

城市政府应主动抓好对互联网及各种新闻媒体的管控，充分利用这些手段广泛宣传党和国家关于搞好城市安全的方针、路线、政策及有关的法律、规章等，不断提高城市居民对搞好安全工作的认识；充分利用这些手段揭露和打击影响城市安全敌对势力的各种非法活动，号召城市居民随时揭发举报各种违法行为，及时消除人为造成的各种安全隐患；充分利用这些手段及时向城市居民发布安全警报信息，使其不仅在思想上、意识上做好防范准备，更要在行动上具备防护、自救和救援的能力。

经济安全篇

值得关注的三个问题

谷源洋*

今天我讲三个值得大家关注的问题。

第一个是国际经济与安全问题。2011 年出现了两个我们没有预料到的变数，它们给世界经济和安全带来了巨大影响。可能大家都看到了，新加坡李光耀公共管理学院的马凯硕院长写了一篇文章，介绍了这么多年世界上发生的大大小小上百次的金融危机，这些金融危机大多都是以国家和地区命名的，例如阿根廷金融危机、墨西哥金融危机、1997 年东南亚危机等等。这次的金融危机发生在美国，美国是金融危机的震源，叫作美国金融危机。但是美国反对以美国命名，后来不知道是谁起了个头，都说国际金融危机或者全球金融危机，很少有人提到美国金融危机。另外我们大家都知道，在金融危机爆发后，美国的前外长鲍尔森说过一句话：世界经济是失衡的，失衡造成了这次金融危机，我们美国储蓄率很低，过度消费导致我们从中国和其他新兴经济体进口了大量的商品，所以我们美国是贸易逆差，而中国等新兴经济体储蓄率高、消费不足、商品廉价，美国市场从它们那儿引进了大批的商品，所以中国就有了巨大的贸易顺差，积累了美元储

* 谷源洋，中国社会科学院荣誉学部委员。

备。鲍尔森说这次危机，中国和新兴经济体也要负责任。我最近还看到了一位教授写的文章，说英国女王伊丽莎白访问英国政治学院，她问学院的教授们：为什么没有经济学家预测到这次金融危机的爆发？当时这个学院的教授们没有当即回答伊丽莎白女王的这个问题。伊丽莎白是 2008 年 9 月去的，但是这个学院大概拖了半年到 2009 年 4 月份才回答了女王的问题。他们的解释是：面对这次危机，经济学家们失明了、失察了、失败了，全球聪明的人集体地失败了。他们为什么说经济学家们集体地失败了呢？我认为原因很简单，就是这次金融危机的根源太复杂了。我不知道女王听了他们的解释以后是否满意，但是我认为这个结论是有一定道理的。的确，这次美国爆发的金融危机根源太复杂了。我们大家都知道金融危机爆发这几年以来，国内外学者的看法到现在也无法统一起来，有的从制度角度来看这次危机，叫做制度说；还有的从美联储的货币政策探讨，叫做货币说；还有从美国对金融监管缺位的角度，叫做缺位说；还有的说美国推行的经济模式是盎格鲁撒克逊模式，这个模式导致了这次危机，这是模式说；还有的说美国推行的是新自由主义，金融过度的自由化，导致了这次危机，可以说是主义说等等，意见很不一样。今天世界上也出现了一些问题是我们没有预测到的。刚才所说的英国伦敦政治学院所讲的没有一个经济学家预测到美国的这次危机，也不完全是这样。我们中国社会科学院有一位教授早在十多年以前写的一篇在国际会议上发表的论文中，就预测到美国要发生一场金融危机。所以并不是说全世界的聪明人都失败了、经济学家都瞎了。2011 年有两件事是我们没有想到的：第一个是日本的地震海啸和核泄漏，重创了日本经济，这是我们搞经济的人没有预测到的；第二个是多数人没有预测到北非会混乱，导致油价上涨。地震潜在是不可预测的，但我认为第二个北非问题我们国内有些学者预测到了。2011 年年初我参加了一个单位的内部会议，有一位学者明确指出，2011 年非洲要出现大问题、大乱子。所以不是说都没有想到，但是想到的人不多。那么这两个问题和我们的安全问题有什么关系？我们的主题是安全问题，二者之间有什么关系？2011 年 4 月 20 日我参加了中国国际经济交流中心举办的经济每月谈。有一位日本先生，他是日本银行驻北京办事处的首席代表，他在会议上专门介绍了日本大地震、海啸对日本经济的影响。他讲完以后我给他提出了两个小问题：一个问题是，日本的核泄漏对人们的心理造成的影响以及对日本经济造成的影响要大于地震和海啸，这个观点你是否认同？他说我不赞成这个观点。他讲了一个很简单的道理，他说日本地震和海啸造成了两万八千多人的死亡和失踪，但是核泄漏没有死一个人。第二个问题是，2011 年 4 月份国际货币基金组织刚刚发布了一个世界经济展望报告，2011 年日本的经济增长率只有 1.4%，你们日本国内的一些预测机构说日本经济只能增长 1.1%，OECD 的一个报告说日本经济只会增长 0.8%，和上一年的 3.9% 相比，相差得太大了。我说我们有人认为 2011 年是日本的衰退年，你是否认同这个观点？他说他不认同这个观点。他的观点还是现在我们都知道的，现在学术界包括日本国内，就是说第三季度开始日本重建要带动日本经济。但是日本经济 2011 年的增长幅度肯定要下降得很大。第一季度和第二季度连续负增长，就意味着日本经济衰退了。这两个变数对我们国家安全的影响将是很大的。有网友说：日本拥有 50 多座核电站，储备了很多能够制造核弹的原料，一旦条件成熟，他们很快就能制造出来，可能给亚洲造成严重安全威胁，这种观点也值得商讨。另外，日本的核技术引起了很多国家特别是发达国家包括日本在内的老百姓上街游行，呼吁应该减少核试验、停止核试验。我认为这个问题出现了，国际油价仍然有走高的趋势，这对中国等正在发展工业化的国家是不利的。我们知道利比亚是世界上第九大石油出口国，我们在那里有很多的投资。这就涉及到石油和战争的关系、石油和安全的关系。我们这次从利比亚撤出万人，花费很大。所以我们要吸取经验教训，就是我们的企业到国外去投资，一定要与对方签订双边投资保护协定。我们现在和世界上 130 个国家签订了双边或多边的投资保护，但是我们和利比亚没有签订，将来我们的一些设施被破坏了，怎么索赔是一个很复杂的问题。

第二个是南海问题。美国插手南海问题为我们国家带来威胁。南海问题是一个老问题，2011 年是中国和东盟对话 20 年，在过去的 20 年，中国和东盟的关系总体来说是好的。我们现在较大的贸易伙伴，第一个是欧盟，第二个是美国，第三个是日本。日本 2010 年和中国的双边贸易额大概是 2600 多亿美元。中国和东盟 2010 年的贸易额首次略超过了日本，达到 3000 亿美元。有些领导预测到“十二五”规划结束那一年中国和东盟的贸易总额可以达到 5000 亿美元。但是我们和东盟国家面临着海上主权争议，这是一个影响双边关系的问题。我最近几年每年都会去越南，和越南的外交官讨论很多问题。第一就是南海问题，我们和东盟有些国家在南海问题上有三大分歧：第一就是越南不接受中国以九段线来划分南海的海上主权；第二是越南不接受我们搁置争议、共同开发的主张。我问他们为什么，你们的方案是什么？他们说我们的方案是先划界再共同开发；第三个就是在南海问题上我们坚决反对国际化和多边化。外交部总讲的一句话是南海诸岛及其附近海域是中国的固有领土，主权不容侵犯。越南等东盟的一些国家在海上的问题就是要国际化、多边化。根据目前的形势来看，我们认识国际化应该有新的含义，当牵涉到我们的主权问题时，我们不能国际化，我们要和有关国家进行双边讨论。但是海上的问题涉及到非传统安全，比如说航线问题、打击海盗的问题等等，还有待讨论。最近两年美国加强了和东盟国家的关系，第一，美国在东南亚友好合作条约上签字了；第二，2010年7月23日，希拉里说南海涉及到美国的核心利益，美国不主张使用武力而是主张通过和平谈判的方式解决南海问题；第三，美国的公司在南海及其他有关国家开采石油和天然气，要求其他国家包括中国不得干涉。这三点直接影响到了中国的经济利益和国家安全问题。2010年11月，美国国防部长参加了八国的国防部长会议，奥巴马访问亚洲包括东南亚。从东盟国家来看，他们的十国外长决定让美国和俄罗斯参加2011年的东亚峰会，所以东亚峰会从2011年开始不是“10+6”了，而是“10+8”。2010年越南是东盟的轮值主席国，2011年印度尼西亚是轮值主席国。值得关注的是，前不久印度尼西亚总统在2011年召开的东盟峰会上说，南海问题要列上日程。这个我们历来都是反对的，为此我们也做了很多的工作。由此，南海问题很可能变成一个多边化的问题。我们如果能把这些问题处理掉，对我们是有好处的。最近我们国家的外交热点比较集中在东南亚，请他们来，请官员来，我们也走出去，我们外交部的副部长张志新也去了越南，温家宝总理也宣布了很快要到马来西亚和印度尼西亚访问。所以我们应该重新考虑中国与东盟国家的战略格局。

第三个是美国搞的泛太平洋战略经济合作伙伴关系协定问题。简单地说，就是美国在搞TPP，一旦搞成了，对我们亚洲地区的经济整合和安全要产生相当大的影响。TPP翻译成中文也有不同的翻法，台湾翻译成泛太平洋战略经济合作伙伴关系协定，大陆的学者也有不同的翻法，有的翻译成泛太平洋伙伴协定，有的翻译成泛太平洋经济伙伴协定。2002年在墨西哥召开了保护和维护环境组织（EPCO）领导人非正式会议。在会议期间有三个国家提出要建立 TPP，分别是新加坡、新西兰和智利。2005 年，文莱宣布参加。2006 年 TPP 正式成立。2006 年以前，这四个国家简称 T4。2008 年，美国突然宣布要加入 TPP。之所以提出要加入这个组织，就是企图使得亚太地区的各种形式区域经济组织重新洗牌，都由美国控制。在美国的鼓励之下，澳大利亚、秘鲁、越南也宣布要加入 TPP。2010 年在横滨召开的 TPP 会议上，马来西亚也宣布要加入，现在日本也希望参加。在美国的影响下，韩国和加拿大也希望加入。美国的目的就是架空中国，不让中国在亚太地区经济整合中发挥越来越重要的作用。国内对于这个问题有两种看法：一类是我们应该尽快加入；第二类认为我们现在不必着急，我们现在是第一大出口国，很快就会成为第一大进口国，我们可以持观望立场。

确保能源安全　实现可持续发展

徐锭明*

在国家《“十二五”发展规划纲要》中，首次提出了绿色发展的概念，表达了中央科学发展的决心和信心。前几天我在一个宣传会上讲了三句话：发展是硬道理，硬发展没道理，科学发展有道理。现在我们是硬发展，有条件没条件都要发展。所以我们要建立绿色低碳发展理念。

“十二五”规划和十七届五中全会指出了我们当前发展的问题——“三个不”：不平静，不协调，不可持续。紧接着分析了十大矛盾，在我脑子里最深的两大矛盾：资源环境和社会矛盾。这是我们“十二五”面临的两个大矛盾。今天早上我看电视说，我国环境状况是局部有所改善，总体尚未遏制，形势依然严峻，压力继续加大。环境压力比世界上任何一个国家都大，环境资源问题比世界上任何一个国家都突出，解决起来比任何一个国家都困难，所以讲安全必须讲这个东西。我们讲安全是要保证中国13亿人民的发展，960万平方公里土地的安全。我们是要保证中

* 徐锭明，国家发改委能源局原局长，现为国家能源专家咨询委员会主任，国务院参事，国家气候变化专家委员会专家。参与了中美合作、中俄合作等多项工作，组织完成了国家能源中长期规划，发表论文近百篇，多次参加国际研讨会并发表演讲，参与完成的有关报告得到了国务院主要领导的肯定性批复。

华民族的持续发展，这是最大的安全。国内安全，国际安全，我们都要统筹安排，不能光讲国际不讲国内，研究国际问题要循环主动，研究中国问题要放眼世界，不能光就问题检查问题，这样谈不清楚。地球在哭，这是我们的母亲啊！22 日是第 13 个地球日。地球最大的安全——one planet living，所有的事我们都要考虑到只有一个地球。虽然军事家能建造飞船，但是到月球上我们怎么生活？其他星球我们去不了啊！所以我们的安全问题是只有一个地球，这是最根本的。有些人说 2012 年地球要“崩溃”了。人民日报说了：2010 年世界是幸福的，这是我们的总纲要，讲民生，讲幸福。幸福的概念很多，讲不清楚。日本有一个公式，公式上面是 GDP——物质，公式下面是欲望。欲望越大，幸福越小；欲望越小，幸福越大。GDP 越大，幸福越大；GDP 越小，幸福越小。也有人讲幸福的几个基本条件：物质、环境、心理。所以要转变增长方式，这是中央的精神。“十二五”规划的核心内容是要科学发展，要转变方式，这是我们国家最大的安全。你讲这个、讲那个，不转变方式，哪怕在和平时期，你也不安全。人家不打你，你都不安全。人家要打你呢？打你更不安全。那天我们开参事座谈会，说心黑了，馒头白了。前几天，国务院专门开会，专门讨论这个问题。有人说现在毒蛇咬了中国人，中国人都不害怕，毒蛇死了。你哪来的安全感，又怎么会幸福呢？中国的稻米 1/10 含铬。这是不安全的。2010 年 11 月 23 日，发改委副主任谢振华在新闻发布会上有一个讲话，关于气候变化问题。他说对于各国政府来说，对于气候变化，宁可信其有，不可信其无，我们不能拿人类的生存和长远的发展做赌注，应当采取积极的应对措施。我比他早讲一年。一年前，一个老先生找我谈话，83 岁的老总教导我两个小时，讲了两个问题：一个是气候变化，一个是宏观经济问题。老人家很担心，最后让我写了一篇文章，以下是我文章的开头：关于气候变化，我有这样一些观点——宁可信其有，不可信其无，如果到时候不发生，那就天下太平，如果到时候果真发生了，而我们事先没有做好防范，那就悔之晚矣，我们将成为千古罪人。

下面我们来讲低碳问题。石油涨价了，而且不断地在涨价。中国有三大基本国策：环境保护、节约资源、计划生育，其根本之目的就是要实现可持续发展，就是要保证我们国家的安全发展，保证一代一代的发展，天人合一，是中国文化的核心内容，以和为贵。环境意识怎么样，是衡量一个国家文明程度的重要标志。不知道大家算过没有，carbon footprint——碳足迹，我们要减少碳足迹。我很喜欢这句话，虽然翻译得不太一样，我更喜欢这个翻译——我们不只是继承了父辈的地球，而是借用了儿孙的地球，这是很重要的。前人栽树，后人乘凉，前人排放的我们受苦，我们排放的后人受苦。“人人知道有来年，家家尽种来年谷，人人知道有来生，何不修取来生福。”我们现在应对气候变化、保护环境，就是为我们的儿孙种取来年果，修取来生福。前段时间我去湖南，和一个朋友探讨宗教问题，我说阶级消灭以后，宗教仍然存在，宗教随着人类产生，随着人类而发展，许多人类解释不了的问题，就要通过宗教。这是前年我给朋友们发的过年短信：要放眼国际，做低碳达人，讲绿色发展，建生态文明。中国人原来怕戴绿帽子，一夜之间全变绿帽子了，绿色电力、绿色煤炭、绿色工房、绿色结婚、绿色殡葬，全是绿色。专家预测从现在到2050年，中国还要用1000亿吨煤炭，这是什么概念？2000亿吨二氧化碳。哥本哈根会议给中国总排量2000亿吨二氧化碳，中国要价4000亿吨。光煤炭就排放2000亿吨了，还有石油，还有天然气，还有其他的呢？安全是多方面的，常规安全，非常规安全，各方面都有。还有就是1000亿吨煤炭，怎么来？从解放到现在，我们国家为了提供煤炭，牺牲了很多的阶级兄弟，少说一个唐山地震的人——24 万。后来专家告诉我，不止！现在如果不改变生产方式，不科学发展，从 2010 年到 2050 年，中国的煤炭工业还要牺牲一个汶川的人，9 万到 10 万，可能还不止。每年还有死 3000 人，因为矽肺病。全国 80 万矽肺病人，每年死 3000 人。美国一个专家写了一篇文章，全家三代煤矿工人，安全在哪里？

接下来我讲讲我们的能源安全观。中国新的能源安全观，其中有一句话：全球能源安全关系到各个国家的经济命脉和民生大事，对维护世界和平稳定非常重要，每个国家都应该充分重视能源安全，每个国家都有充分利用和发展能源的权利，但绝大部分国家都不可能孤立取得能源安全。为此我们提出了我们的安全观。前两天，在三亚，总书记在金砖四国的会议上重申了我们的观点：为保障全球能源安全，我们应该树立和落实互利合作、多源发展、协同保障的新能源安全观。这是我所看到的我们国家第一次完整表达什么叫能源安全。

根据日本核电的问题，我展示一下中国核电的现状。运营中的核电站有秦山核电站、秦山二期核电站、秦山三期核电站、大亚湾核电站 4 座，在建中的核电站 11 座，筹建中的核电站 25 座。日本核电站 12 日出的问题，中国 16 日就召开了常务会议，总理在常务会议上说：要用最先进的标准对所有核电站进行安全评估，在安全规划批准之前暂停核电计划的审批，包括前期工作。总理还说：凡是没有批准的，要抓起来。总理对这个问题非常重视。开会之后福建省很快就表态了。对日本核事故我总结了这几句话：安全更突出了，发展更谨慎了，选点更复杂了，监督更严格了，人才更重要了，成本更加重了。日本事故出来以后，美国、法国、英国都在对核电站进行检查。总理要求的安全高标准：以人为本，生命第一。发展要稳扎稳打、步步为营。我总结了四句话：发展是核心，观念与时进，发展讲规律，监督保众生。我对发展太快是有疑虑的。日本这次事故的特点是超出了人类的预想，为什么？主要有三点：第一是复合型的灾难，是古典式与现代式灾难的复合，地震、海啸是古典式的，核泄漏是现在式的；第二是小概念的灾难叠加与复合；第三是不同灾难与同类灾难的复合与连续，带来了如此巨大的人类的灾难。人类和平利用核能带来了三次大灾难：美国的三里岛，苏联的切尔诺贝利和这次日本的核泄漏。切尔诺贝利 25 周年，还有很多人民的健康存在问题。所以我不赞成现在专家动不动就解释我们的核电站是安全的，是没有问题的。我不赞成，因为这不辩证，也不唯物。我们的技术是从美国引进的，并没有通过时间的检验。理论上证明是安全的，但是一旦小概率事件叠加，就是不安全的。科学是开放的，真理不是民主投票。从日本地震上我们看到了两类现象，日本公民的做法是沉着冷静、处变不惊，日本政府是束手无策、不知所措。日本政府管理有漏洞、监督不到位、准备不充分、处理不及时、信息不透明。我看了韩国媒体的报道：看了日本公民的行动，让世界为之动容；看了日本政府的行动，让世界为之汗颜。我看过一篇文章说，中国人的素质要赶上日本人需要 100 年，中国人的个人生活水平要赶上美国要 100 年。日本地震后日本人民井然有序。前几年美国纽约一次电网停电，没有人抢，没有人偷，没有人杀，没有人拿，半个小时之后，纽约市市长对全体公民讲话：当你从市里开车往外走的时候，请你慢一点，当你开车回城的时候，请你停一停，这就是素质。福岛核电站事故，日本只向美国人道歉，不向中国和韩国道歉。人类进入高科技时代带来的高风险，违背规律要受到风险的惩罚，这就是代价，包括转基因问题，很多高科技我们是不知道最后会给我们带来什么问题的。由于这次日本的事故，我认为当前中国正处于一个两难的境地：第一个是二氧化碳；第二个是国家安全。我们要发展，但是二氧化碳排放在限制我们。本来到 2020 年全国要建 8000 万千瓦的装机，到 2050 年要建两亿，可是现在领导们都不敢下这个笔。所以“十二五”整个未来的发展我总结了十句话，这是正面的。但是本人忧大于喜，所以我又写了八句话：行业垄断扩大，地区封锁加强，重复竞赛延伸，加码竞赛层层，忧患意识嘴讲，科学发展纸上，我行我素抗生，方式转变遥望！现在基层很多呈现大跃进、大干快上的现象，领导的指标根本封不住。

中东利比亚的石油问题表现出：有什么样的能源体系，就有什么工业体系；有什么样的能源体系，就有什么军事体系；有什么样的能源体系，就有什么金融体系。战争和石油的关系，三句话：战争为了石油，战争需要石油，战争摧毁石油。二次大战以来，世界上的军事战争基本上都是为了石油。

水电油气路讯作为重要的基础设施，是现代社会的生命线，要全面安全、整体安全、总体安全、具体安全。能源安全虽是常新课题，却依然任重而道远。现在社会是高速型社会，违背规律要受到规律的惩罚，漠视风险要承担风险的代价。

论中美战略合作机制

刘　慧*

中国和美国，一个是世界上最大的发展中国家，一个是世界上最发达的国家，两国关系是国际社会最重要的国际关系之一，直接影响到国际社会的政治环境、经济秩序、社会稳定及世界和平。构建良好、稳定的中美两国关系，符合两国的根本利益，有利于世界和平及人类的进步与发展。

由于受到此次全球金融危机的影响，国际经济贸易及各个领域都受到了不同程度的冲击和株连，呈现出艰难的恢复和上升态势。在这种形势下，全面加强中美两国在多领域的战略合作，逐步形成稳定的合作机制，对于稳定世界政治、经济秩序、尽快走出金融风暴阴影、促进中美战略合作伙伴关系发展、加速双方经济及科学技术的发展与进步，都具有重要和积极的意义。

对于建立中美两国经济集团（美国前总统国家安全事务助理布热津斯基建议将中美经济战略对话机制命名为G2），渣打银行北美市场研究部主管约翰·卡尔弗利说，“没有比这更重要的经济关系了，全球都将拭目以待”。中美之间不仅需要在经济领

---

* 刘慧，国际关系学院党委书记，教授，博士生导师，享受国家政府特殊津贴。在多次国际论坛上发表独到学术观点，在多个权威学术刊物上发表学术论文数百篇，在国内相关学科领域中享有较高的学术知名度。

域形成更加密切的 G2 体制，还需要以此为基础，在政治、外交、军事、技术及民间往来等多个领域都逐步形成稳定的战略合作机制。

一、建立稳定的中美政治、外交合作机制

中美两国间建立稳定顺畅的政治、外交关系，是两国发展经济贸易往来和建立军事互信的基础。

中国与美国有很多共同战略利益，如对世界秩序及地区安全稳定的期待与维护，对世界和平的企望与争取，发展经济和科学技术，对恐怖活动和恐怖组织的反对与打击等。但是由于两国在社会制度、意识形态、传统文化及价值理念等多方面都存在着很大差异，因此将不可避免地会出现矛盾和冲突。比如在对待人权问题的看法上，对一些发展中国家的看法上，对货币汇率的看法上等，两国之间都存在着很大分歧甚至有时截然相反的立场。但是，双方都不应让这些差异阻挡中美两国关系的发展。

（一）充分发挥高层热线作用

2006 年，布什总统和胡锦涛主席建立了“中美战略经济对话（SED）”机制，以此途径力图避免双方可能出现形势误判、误会分歧甚至造成紧张关系。这个机制之所以能够成功，很大的原因在于，华盛顿认识到了现在的中国已不是许多美国人以往想象中的那个中国，中国在国际事务中具有着无可替代的重要性和影响力。这个热线开通以来，对于两国领导人之间及时沟通各种国际及双边重要信息，随时交换对世界重大问题的看法，都发挥了积极作用。

（二）建立外交机构领导人每周通话的机制

根据商定，两国外交机关的主要领导人，每周都要定期对世界重要、重大事件交换意见，坦率交流本国政府对这些问题的原则立场、基本看法及应对举措，随时协调国家立场，及时解决或避免出现各种问题。因此，双方外交机构建立这个每周的通话机制非常重要、非常必要，也非常及时。

（三）建立对国际重大事件的合作协商和行动机制

世界重大问题，特别是在政治、外交、军事、经济及反恐领域发生的意外突发事件，中美两国领导人或政府之间及时交换看法、必要时采取联合一致的应对行动。这样做，对于维护世界和平、维护国际秩序、保护人权及各自国家的人民生命财产，都具有重要和积极的意义。

二、建立中美战略防务、反恐合作机制

“9·11”事件以来，恐怖主义已成为人类社会面临的共同威胁和挑战。亚洲极端势力及我国的“东突”恐怖势力（即东突厥斯坦解放组织，简称东突解放组织，1996 年在土耳其建立，现有成员 1000 余人），为实现建立所谓“东突厥斯坦国”的目的，在我国新疆策划、组织了多次爆炸、暗杀、纵火、投毒、袭击等恐怖暴力事件，严重危害了人民生命财产安全和社会的稳定。

中国作为一个重要的国际化经济体，在全球的经济恢复中具有重要地位作用，因此必须建立稳定的社会环境和经济秩序。最

近，中美重新启动了军事战略对话机制，这对于两国、两军的友好关系发展，对于促进两军在多领域的务实合作，都具有积极意义。笔者认为，中美当前应尽快建立或强化以下几个方面的战略合作。

（一）建立联合反恐机制

恐怖组织是世界人民的公敌，任何一个负责任的政府都有责任对其进行有效制约和严厉打击，以维护国家的社会安定和人民生命财产安全。对于世界性的恐怖组织，中美双方都有义务密切关注其行动动向和活动规律，随时交换相关情报动态信息，并确保双方信息联络渠道的畅通。

（二）建立联合防务机制

维护国家安全、防止发生重大意外突发事件、打击恐怖活动和国际犯罪，是联合国明确规定的每一个负责任国家政府义不容辞的责任和义务，也应成为中美两国政府共同的职责。在上述领域和问题上，中美两国的武装力量应加强常态化的合作与沟通，以更加有效地维护国家安全和世界政治、经济秩序。

（三）建立罪犯引渡机制

随着世界经济活动国际化的发展，许多经济犯罪分子都采取了潜逃方式来躲避本国法律的跟踪和制裁。中美两国之间应建立起罪犯引渡机制，随时将重大经济、刑事、恐怖犯罪分子引渡回对方，使其得到应有的制裁，也惩戒后者引以为戒，而绝不应成为犯罪者的天堂。

（四）建立定期组织联合反恐军演机制

中美两军应定期组织联合军演，主要围绕联合反恐、应急救援、抢险救灾、核化救护等科目进行联合军事演习。通过联合军演，达到练指挥、练协调、练行动、练联络、练救护和练抢修的目的，进一步密切两军合作，为促进国际社会的和平与稳定作出新的贡献。

三、建立中美经济技术合作战略机制

近年来，中美经贸关系发展主流良好，目前两国已互为第二大贸易伙伴，美国已是中国第一大出口市场，第六大进口来源地和第三大技术进口国；而中国也跃升为美国第四大出口市场和第二大进口来源地。中美双方之间货物、服务、资金、技术以及人力资源等方面来往密切、交流频繁，有效促进了双方经济技术的良性发展。

我们曾利用美国的市场和资本，促进了我国的经济增长和科学技术水平的提升，两国关系也因此变得更加紧密。为了形成稳定的中美经济技术合作一体化机制，美国主流媒体最近还出现了“中美国”的提法，即CHIMERICA。在2008年秋季和2009年年初进行的两国经济战略对话中，美国都采取了低调做法，在主要议题中都表现出积极协商的态度，而没有像以往那样为某些具体问题进行纠缠不休和争吵不止。笔者认为，中美两国之间在多个领域都有着广泛的合作发展空间和潜力。

（一）加强能源合作

中国经济30多年来连续迅速发展，其能源需求问题日益突出。美国既是一个能源消费大国，同时也是一个能源出口大国，我们应在与其他国家和地区进行能源合作的同时，进一步加强中美之间在能源领域的合作，重点对能源引进、能源开发及利用、能源加工及回收等行业进行务实合作，并形成稳定的长效合作机制，还可运用高技术设备共同研究开发东海、南海油气田问题。

（二）加强环境保护合作

在2007年12月SED会议前，中国国家环保局（后升级为环保部）与美国环保局致力于“关于中国二氧化硫排放交易项目的商讨”，当时在全国的推广并不十分成功。但是在SED议题给国务院领导、相关部长以及公司代表讨论后，得到了国家领导的支持，并在北京举行的SED会议上，我国宣布了在全国电力部门推广这种二氧化硫排放交易项目。通过这种市场化的力量来解决污染问题和净化空气，增加了美国出口、改善了美国环境公司的就业状况，还在世界范围内拉动了这种项目技术的深度开发。类似这样对两国都有利的项目和技术合作，我们应积极推动其继续发展并形成稳定的合作机制。

（三）加强高新技术领域合作

当前，我国的高科技产值仅是美国的1/10。对此，我们应积极促进与美国在诸多高新技术领域开展共同研发及合作。其形式可以采用引进产品、共同研制、使用新技术、新工艺和新材料等，发挥我国生产力价格低廉的优势，通过多种合作形式，在此基础上进行吸收和自主创新，逐步开发出我国自己的高新技术及产品。这样做，不仅对中美两国有利，而且对于促进全球高新技术的发展和繁荣也将大有裨益。

（四）及时解决在经贸领域的矛盾

中美两国在经贸交往中出现问题和摩擦是正常的，对此，双方政府及商界应以高瞻远瞩的战略眼光和务实精神，通过积极的对话和务实的协商，积极主动地化解矛盾、解决问题，共同促进中美贸易关系的稳定发展。

（五）加强中美战略经济对话

中美战略经济对话是涉及多学科、多部门、更长远、面向未来的战略磋商。其主题可就城乡均衡发展、经济的可持续增长、促进贸易和投资、能源、环境保护等多个领域及议题进行。美国一些政界人士和媒体经常带着有色眼镜，常就把两国在经济合作中出现的问题当成资本向中国施压和讨价还价。对此，我们应在维护国家利益的同时，还要以长远的战略眼光来看待和经营美中经贸关系，该做出让步时就做出适当的让步，对于涉及国家核心利益及重大经济议题如人民币汇率问题，就要坚持全力维护国家利益，不能轻易做出妥协和让步，如需进行调整，也必须要求对方做出相应的退让，以达到交往的公平与合理。

四、建立中美自由贸易区

自由贸易区（free trade zone），又称为出口自由区、自由关税区、免税贸易区、投资促进区及对外贸易区等，是指两个或两个以上的国家，通过达成某种协定或条约，取消相互之间的关税和与关税具有同等效力的、其他措施的国际经济一体化组织。可以有效吸引外资，发展出口加工企业，在满足了一定条件下，应允许和鼓励外资设立大的商业企业、金融机构等，并以此促进区内经济的综合、全面发展。自由贸易区是目前世界范围内区域经济一体化的一种具体表现形式。其主要特点是：优惠贸易安排、实施自由贸易、消除关税贸易壁垒、建立共同市场、形成经济同盟。

目前，我国已经达成了 4 个自由贸易区协定，包括内地与港澳经贸关系安排、中国—东盟自贸区协定、中国—智利自贸区协定和中国—巴基斯坦自贸区协定。而现在正在商谈的自贸区还有 9 个，涉及到 27 个国家和地区，如果能够实现，交易额将达到中国外贸总额的 1/4 以上。

建立中美自由贸易区，有利于解决存在的两国之间贸易不平衡这一结构性矛盾，有利于实现两国在资源、信息、利润和成果上的共享，有利于促进国家经济的持续发展。由于中美地缘相距遥远，建立中美自由贸易区可以采用以下方式和方法。

（一）按照经济领域建立

当前，美国正在试图构建世界最大的自由贸易区，就是太平洋自由贸易区，这也是美国东扩战略的一部分。我们可以利用美国的意图，竭力使其实现我国利益的最大化这个目标，积极促成这个自由贸易区的建成。实施中要警惕和防止出现有损于我国利益的情况发生。可以按照经济类型进行区分，如按照能源、原料、产品、技术等分类的方法，逐步形成一定规模的经济贸易区。

（二）坚持互利互惠

中国经济发展需要得到美国高科技前沿的技术支持，美国3亿人更需要中国源源不断地为其提供价廉、物美、质高、耐用的劳动密集型生活用品。我们希望中国企业、工商业等，全面提高尊重知识产权的意识，自觉抵制假冒伪劣，使我国真正融入世界经济，在中美人民之间建立起牢固的互信及合作关系。

（三）共同遵守自由贸易的“游戏规则”

中美都应该在世界自由贸易中扮演负责任国家的角色，共同维护世界经济秩序。因为世界多边贸易体系直接关系到各国经济发展的前途与命运，各国也都在依赖这个体系，因此大家都应该共同维护这个体系，应该都共同遵守国际贸易的“游戏规则”。只有这样，才能使中美双方都能够享受到贸易“自由”。

五、逐步形成中美货币直接交换机制

在中国3万多亿美元的外汇储备中，有超过1万亿美元是美国债券，成为美国国债的最大买主。随着中美关系发展、经济活动深入和人民来往的频繁，尽快形成美元与人民币的直接兑换、直接使用机制就显得非常重要。建议对此分步实施，逐渐推进。

（一）让两种货币更加稳定和透明

从长远看，人民币的升值是必然的，因为中国的经济实力在稳定增长，购买力水平在增长。但就短期看，适当控制汇率甚至适度贬值也是必要的，因为我们的经济实际上还比较脆弱，我们需要利用汇率这个杠杆进行调节，以更快、更平稳地度过金融危机所带来的负面影响。世界上没有哪个国家愿意主动升值，并以此来体现“国民财富增长”，稳步、渐进的升值是中国经济发展的最佳选择。同理，美元汇率也应按照其经济规律自然升降，两国都应坚决反对政府控制的“贸易保护”和操控货币汇率波动的做法。

（二）鼓励对外投资

为改善国际收支平衡，促使资金合理流动，我国应有选择地逐步开放资本账户，鼓励我国有经济实力的企业和居民投资境外。政府主导建立外汇投资管理公司进行对外投资；鼓励企业走出去实行兼并收购，特别应允许商业银行在境外开展兼并收购活动；不断拓宽居民对外投资渠道，允许投资于境外股票、基金等基础性商品和金融市场，提高外汇投资收益。

（三）简化兑换手续

随着国际交流渠道的不断拓展，特别是中美两国民间往来的日趋频繁，政府应逐步简化美元和人民币兑换手续，在更多的银行开设兑换业务，放宽兑换的数额指标限制，以方便人民往来及各种经贸活动的开展。

（四）逐步在一定范围通用

虽然中国也采取了多种货币政策来刺激经济发展，但中国资产负债的情况发生主要是外汇占款的不断增加所导致的，它是通过中央银行在外汇市场上购买外汇体现出来的。随着中美经贸和金融交流的不断深入，应逐步允许在一定范围内实现两种货币的通用，如在双方主要城市的星级酒店，大型购物中心等。

当然，我们对中美建立全面的战略合作机制进程也不能过于乐观和激进，因为中美两国毕竟存在着诸多差异，特别是在社会性质、文化理念和综合国力上相距甚远，这些，都会造成在形成该合作机制进程中的障碍和坎坷。还有，当前美国对加强中美战略合作所表现出的积极和主动，在很大程度上是因为金融危机的影响，还有急于摆脱伊拉克战争泥沼、朝鲜核问题等难题的因素，对此，我们应清醒地认识并把握这种机制构建的进程，并运用好适当的策略。但是，加强中美在政治、军事、外交及经济技术领域的全面合作并形成战略机制，从长远眼光和战略高度看，对两国都是利大于弊。对此我们应把握好难得的历史机遇，为国家利益的根本维护、经济的持久发展、民族的历史振兴做出果断的抉择。

对于中美战略合作机制的形成与发展，我们有必要投入更大的人力和财力，进一步研究论证中美战略合作的前景，形成促进中美战略合作进程的指导、规划、方案等操作性强的举措和良策。

军队应为国家尽快走出金融危机低谷做贡献

尹　宇*

发生在2007—2009年的世界金融风暴虽已过去两年，但这次危机带给国际社会的伤害及启示，至今仍然值得我们回味和思考。

2009年1月，胡主席指出，“当前，国际金融危机仍在快速扩散和蔓延，对我国经济发展的影响也更加明显。我们既要充分看到我国经济社会发展良好势头的扎实基础和有利条件，又要增强忧患意识，统筹好国内国际两个大局，扎实做好工作，迎接各种挑战”。两年多过去了，我们依然可以清楚地看到，世界金融危机的阴云仍然没有彻底消散，它带给世界经济的深刻创伤和后续效应仍然存在，依然是影响许多国家建设发展的重要因素，仍然是国家安全的重大隐患和社会矛盾激化的重要诱因。作为军队和军人，我们应从国防和军队建设的角度，为国分忧，通过积极作为，为国家尽快走出金融危机深谷，发挥好国家安全基石作用

---

* 尹宇，计算机与信息技术工程师。在国家安全论坛、国际与周边形势论坛及战略理论创新研讨会上发表学术论文20余篇，参加了对一些辞书和文献资料的编纂与定稿。

做出贡献。

一、国际金融危机对我国、我军的影响

国际金融危机，在国际社会造成了多个国家的金融指标出现急剧和超周期的恶化，使货币大幅贬值，经济总量与经济规模损失巨大，致使企业大量倒闭，失业率提高，社会经济萧条，有的还导致了社会动荡或国家政治危机，使各国金融秩序及国民经济都不同程度地受到创伤，我国也未能幸免。

一是金融秩序受到冲击。使国家货币汇率下降，多家银行和证券公司遭受重创，出现了相当程度的经济停滞甚至衰退。由于美国联邦储备局不断降低利率，导致大量热钱流入我国，加速了美元贬值和人民币升值进程，日本报道这次危机将导致全球金融资产缩水 27 万亿美元。

二是经济下滑。这次危机从金融迅速向经济层面蔓延，直接影响了出口，特别是纺织行业，2008 年 9 月份，我国纺织品服装出口较 8 月份减少近 6 亿美元，以人民币汇率计价的出口额持续负增长，造成我国 20% 的纺织企业亏损，使中国产品价格优势降低，海外企业的违约率大幅上升。

三是大量企业倒闭。我国有 2000 多万农民工由于失去工作而被迫返乡，特别是广东有 2 万至 3 万家大大小小的工厂倒闭，其中影响最大的是两家玩具加工厂，造成了 6500 名员工失业，这是我国企业实体倒闭规模最大的情况，造成了社会秩序的大幅动荡。

四是造成了强烈心理震撼。这次危机的发生，使投资者的信心出现了大幅度动摇，使投资者的积极性和投资魄力受到了极大

的负面影响；使民众对于危机事件的心理承受能力降低，增大了危机感，减少了安全感。

五是国防建设受到危害。我国的军工生产任务一再受到压缩，军用原材料供应来源和渠道受到很大影响，材料及劳动力的金融成本大幅提升，军工企业员工的收入降低，直接和潜在的负面影响一再持续呈现。

六是军队武器装备发展受到影响。由于金融危机直接或间接带来的影响，造成对我军现役武器装备的信息化改造升级速度放慢，对新型武器装备的研制、试验、定型和列装的进度延缓，直接迟滞了军队综合作战能力的跃升。

七是影响着军队信息化转型进程的速度。当前我军正在由半机械化和机械化向信息化转型，金融危机对军队的信息化建设，特别对指挥控制手段、信息攻防能力的提高、作战及武器各种软件的发展等，都带来了现实的负面影响。

这些都是我们不愿看到、然而必须要面对的严酷现实。

二、军队应确立“为国分忧，积极作为”的指导思想

当前，国家经济建设仍然不同程度地承受着世界金融危机浪潮的冲击和后续效应的负面影响。在这种形势下，我军作为国家安全的基石、大国地位的象征、维护国家权益的支撑，应充分为国分忧，积极作为，这是我军的性质、宗旨所决定的，是我军的使命任务所决定的，也是我军义不容辞的责任和义务。

（一）指导思想

在面对金融危机后续效应的严峻形势下，我军应确立“为国分忧，积极作为”的指导思想，该指导思想的核心理念是节源、增值、共享。其中，节源，就是节约、节省能源和资源，并努力创造新的能源。军队由于其自身使命任务的局限，很少能够直接创造和生产能源，反而会大量使用和消耗各种能源。我国虽然是一个经济大国，但并不是资源大国，许多资源我们十分缺乏甚至没有，有的资源不能再生。为了保持人类生存环境的生态平衡，为了子孙后代还能继续生息，军队必须尽一切可能节约能源，特别是在水、煤、油、金属、电等资源上，更要厉行节约。同时，我们还要充分发挥军队科技力量雄厚的优势，积极开发新的能源资源，如使用太阳能发电，使用风力、自然水力发电，使用再生和研发代用能源等。增值，就是最大限度地挖掘现有的各种能力、潜力，以较小的投入，获取最大的发展效益。军队有着良好的、独立的基础设施，有着再生产、再加工、再创造的能力和潜力，我们应在节源、节流的基础上充分挖潜，在人力、物力和财力的投入上更加精确地计算效费比，实现效益倍增，为国家的经济建设减轻负担、分担压力、增加财富。共享，就是拓宽军队交流渠道，实现军地科技成果的交流、交换和共享。军队在航天、航空、精确制导、核材料管理与使用、大型工程机械、恶劣环境条件下的通信、远距投送等方面有着技术、装备和能力的优势，地方在信息、控制技术、精密加工、营养食品、卫生防疫、新工艺和新材料等方面有着独特优势。如果能够建立起畅通的桥梁，促成军队成果的化剑为犁，使地方成果能够更多地融入军旅，必将为国家的经济建设和综合国力注入新的巨大活力。

（二）基本原则

在贯彻落实“为国分忧，积极作为”指导思想的基础上，我军应确立六个方面的基本原则。

一是保护资源原则。军队要履行好保卫祖国安全的使命，其中包括对国家海洋资源、对国际社会有权使用的太空资源、南北极资源、信息资源等进行有力地维护。

二是勤俭节约原则。军队要继承发扬勤俭节约的光荣传统，对各种资源、物质和经费，都要做到厉行节约。即使将来国家富强了，军费宽裕了，这个传统也不能丢。

三是重点发展原则。在我军现代化建设及信息化转型进程中，要重点提高我军的指挥控制能力、信息攻防能力、发展精确制导武器及提高遂行非战争军事行动的能力等。

四是扶持帮助原则。军队来自人民，服务人民，这个本质任何时候都不能变。军队要发扬自身优长，特别在灾区和落后地区需要的时候，要尽最大努力进行扶持帮助。

五是扬廉惩贪原则。军队要不断严明法纪，不仅在国家金融危机的形势下要这样做，平时也应警钟长鸣，在任何时候、任何情况下都要保持清正廉洁、反腐倡廉的政治本色。

六是军民协作原则。军队要无条件对国家做出贡献，在国家、人民需要的时候，军队要主动作为，积极支援，不讲条件，不打折扣，努力促成资源与成果的共享，尽最大努力缓解国家遇到的困难。

三、管好用好国防经费

随着综合国力的增强，近年来，我国的国防预算每年按照13%—17%的基数不断增加，这对于加速军队现代化建设发挥了决定性的促进作用。但是在军费管理使用上，还存在着一些不尽合理的方面，特别在军队的信息化建设、对现役武器装备的技术改造及加速研制新型武器装备等方面，还存在着亟需调整和优化的空间。

（一）强化军费管理、监督机制和相应法规建设

虽然我军的军费逐年呈现上升趋势，但是与发达国家相比，我们的军费人均数额仍然很低，我军武器装备需要更新和发展新型武器的研制任务依然十分艰巨。因此，我们必须把有限的军费用到刀刃上，并从源头上预防和杜绝浪费和腐败问题：一是建立独立的审计组织和工作程序，对军费流向实行严密、全程地跟踪核查；二是建立健全责权对等、责权利相一致的法规及工作制度，实现权责的平衡一致；三是建立完善量化的军队财务管理绩效指标和统计分析规范，对军费的使用及效果进行定量评估，为奖优罚劣提供精确、有说服力的定量依据；四是逐步完善军费管理使用规章制度，强化对党员干部、特别是领导干部在经费使用上的监督管理，同时加大奖励与惩罚的力度。

（二）优化军队结构，压缩无谓支出

按照有所为有所不为的原则，不断调整优化军费流向和使用结构。当前应重点抓好的方面：一是优化军队结构。截止到

2010 年 12 月，美国陆海空三军的比例分别是 35%、38.6%、26.4%，战略导弹部队在三军共占 15.2%；俄罗斯陆海空三军的比例是 30.65%、14.08%、16.57%，战略火箭部队约占 14.1%。我军当前的比例是：陆军 46%、海军 15.9%、空军 9.3%、二炮 5.3%，可见我们仍有很大的调整优化空间。除此之外，我们还应该在军队总员额上进一步压缩，把文艺、体育、医疗、通信、运输、维修等部队列入非现役。二是压缩行政开支和迎来送往的接待费用。根据统计，部队各级机关、特别是部署在名胜风景区域的单位，接待费用一直居高不下并呈现上升趋势，这种现象必须得到遏制。三是压缩无谓的基础建设费用，严格控制以多种名目、多种理由出现的修建豪华楼堂馆所现象。四是压缩各种形式主义的投入，特别控制修建各类形象工程等。要从机制、法规和纪律上制定可行的举措，把落实中央、军委的要求与单位评比、个人升迁紧密挂钩，使之成为一条不可逾越的雷区，触犯了就要受到党纪、国法和军纪的惩处。

（三）确保对军队建设发展重点的资金投入

要确保对军队建设发展及运用重点的资金投入，特别要继续加大对核心军事能力建设的投入。一是加大对核威慑及核反击作战能力的投入。在当前国际核裁军、核军控形势快速发展的形势下，抓住机遇，适度发展我国的战略核力量，以确保国家的安全。二是加快对现役武器装备的信息化改造，提高其信息化含量，特别在作战指挥、武器控制、信息攻防等领域，全面提高现役武器装备的实战化水平。三是加速研制发展信息武器装备。根据未来作战需要，针对可能的作战对象及战场实际，积极研制发展针对性强、技术性强的新型武器，特别注重提高我军的远程精确打击能力、空间作战能力和海空作战能力等，积极研制具有多种毁伤效能、命中精度高、机动性能好及突防能力强的新型武器装备。

（四）不断优化军费结构及流向

通过对军费结构的调整和优化，使我军的能力和实力与我国在国际社会上的大国地位相符合，与有效维护国家安全的使命任务相符合，与我国的军事斗争需求实际相符合，同时还要通过有计划地加大军事投入来进一步拉动内需，扩大就业。一是加大对我军非战争军事行动能力建设的投入。参加非战争军事行动已成为我军使命任务的常态形式，在近年来我军参加的抢险救灾、反恐维稳及多种救援行动中，多次暴露了我们在手段和能力上的不足。我们应重点发展能够在多种地形、多种气候条件下都能够迅速和有效展开作业的装备机械，发展能够对核设施、化学材料、易燃易爆物品抢险的救援手段，具备在高原、高寒、高湿、高温等恶劣条件下救援的能力。二是加大改善官兵生活条件的投入。近年来，军队官兵工资待遇有了一定改善。但官兵现实消费与实际收入的反差、与政府同等级公务员收入水平的反差、与中等以下国家军队同级别官兵的工资收入相比仍然很大，特别在住房、就医、通信及交通费用上的压力日趋增大，在一定程度上影响着军队稳定、部队士气和军事斗争准备的质量。

四、继承发扬我党我军勤俭奋斗的光荣传统

毛泽东主席说过：“贪污和浪费是极大的犯罪。”小平同志多次提出要建设节约型社会的基本要求。江泽民同志也多次强调，要牢固树立节约资源的观念，建设节约型的社会。在党的十

七届四中全会上，胡锦涛主席指出，要进一步增强节俭意识，始终发扬艰苦奋斗的精神。我们认为，勤俭节约、艰苦奋斗应成为我军永远不变的精神和传统。

（一）深刻认识军队勤俭节约、艰苦奋斗的重要性

勤俭节约、艰苦奋斗不仅是我军的优良传统，也是当前促进国家经济形势尽快走出金融危机低谷的重要举措。古人说过，“金融者，国之大事，死生之地，存亡之道”。国家的经济状况，与国家安全及国家的政治、外交、科技、文化和社会稳定、民族团结等有着紧密联系，有时甚至能够决定国家的前途与命运。当前，大力提倡艰苦奋斗的优良传统和作风，好处很多：一是有利于振奋军队精神，抵御各种腐朽思想观念的侵蚀，也是一种砥砺意志、陶冶情操的强大精神力量，可以抵制各种腐朽思想意识和生活方式的侵袭，增强政治免疫力，净化官兵的精神和灵魂；二是有利于节约资源，促进社会和谐发展。军队要在国家生产建设、流通消费等领域发扬这种精神，保护和利用好国家各种资源能源，提高利用效率，减少环境污染，创造可持续发展和人与自然和谐发展的良好局面；三是有利于激励民族奋发向上的精神。在悠久的历史长河当中，我国军民依靠这种精神和作风，励精图治、自强不息，不畏艰险、攻坚克难，取得了举世瞩目的伟大成就，赢得了世界的尊重，成为中华民族的精神支撑，牵引着民族的崛起，托起了国家的昌盛，正因为如此，我们也应将其变为拉动国家尽快走出金融危机低谷的强劲动力。

（二）科学统筹军队建设的长远规划

建立完善我国国防和军队建设的中长期规划，进一步强化对国际国内形势的研判，准确把握我国安全环境的发展变化，随时

洞察世界新军事变革的发展趋势，深入研究我国国防和军队建设中的重大问题，多方征求意见建议，对编制体制调整、武器装备发展、战场环境建设等诸多方面，进行深入调研和科学统筹，在此基础上形成我军的中长期发展规划。同时根据国际和周边军事战略形势的变化，及时进行调整修订，使我军的建设发展决策更加科学准确，更加符合实际，更具操作性，坚决避免重复建设，减少多次投入，使有限的资源、财力和物力最大限度地转化生成为军队的作战能力。

（三）大力弘扬勤俭节约和艰苦奋斗精神

按照胡主席的重要指示和党的十七届四中全会精神，在军队自上而下地广泛开展以“勤俭节约”和“艰苦奋斗”为主题的宣传教育活动，采取多种形式和手段，大力弘扬勤俭节约、艰苦奋斗的优良传统，把这个主题教育活动同深入学习、实践科学发展观活动紧密结合起来，同新颁布的《基层建设纲要》学习活动紧密结合起来，使广大官兵特别是各级领导干部牢固树立“以艰苦奋斗为荣，以骄奢淫逸为耻”的思想观念，自觉建立节约搞建设的行为准则。

（四）加大军地科技成果共享建设的力度

军工产品科技含量高，生产规模和潜力大，可以直接拉动国家受金融危机影响较重的制造业，如汽车、飞机、重型机械等行业，这不仅有经济意义，还有重要的社会政治意义。我们应充分运用军事科研成果和军工生产能力生产民品，积极促进国家GDP增长，竭力拉动内需，广泛创造就业机会，努力缓解社会压力。我们可以通过加强军地航空、航天、重型机械等领域在高新科技领域的协作，集中各方力量，形成优势互补、相互促进、协调发展的建设格局。依托地方院校和机构培养财务、通信、建筑、医疗等专业的军地通用型人才，建立完善的通用人才进出机制。加大军队引进地方科研机构研究成果的力度，结合国防和军队建设实际，将其转化运用到军事斗争准备、装备发展建设、后勤综合保障、特别是军队的信息化转型建设等各个环节当中，为进一步提升国防和军队的建设水平提供有力支撑，同时也可缓解国家因受到金融危机冲击所带来的困难。

（五）坚持反浪费、反腐败

由于军队处于多年的和平环境，加之缺乏有效有力的监督，军队中的浪费和腐败现象是客观存在的。其主要表现形式，一是建设发展规划不够科学。有时作出的规划计划与实际情况距离较大，有的建设项目重复投资和重复建设，造成了军费投向的浪费。二是形式主义造成的浪费。有的单位过分追求政绩和形象工程，喜欢做表面文章，如耗费巨资修建标语墙，建设多种高规格的“培训中心”等。三是过分追求名利和物质享受造成的浪费，致使渎职、违纪问题时有发生。这些问题虽属个别，但是对军队所造成的负面影响不可低估。

军队要树立良好的自身形象，要切实为国家的金融危机形势减压，就必须努力把自身建设抓好，只有这样，才能真正发挥好国家安全基石的职能作用。

从石油到核能——战火与地震后的中国能源安全思考

于 强*

本文主要是从公共政策的角度，具体分析石油和国家能源安全的关系问题。

能源安全包括两部分：从传统上来说，能源安全是指能源保障的安全，即能源来源的稳定与供给。但是从日本福岛核电站核泄漏事故中可以看出，能源安全也包括能源手段的安全，能源生产的过程中，是否稳定，会不会造成污染等等也是一个问题。

我们国家的能源来源绝大多数是来自化石，煤炭和天然气的比例是1：3左右，我们国家是煤炭大国，煤炭保障问题不会特别困难。所以我们国家的能源保障问题主要是石油安全问题。我们国家从1993年开始成为石油净进口国，而且进口和自产的比例越来越大，但随着国内对石油需求和消耗量的剧增，这种缺口矛盾也日渐突出，2009年我国石油对外依赖度就超过了50%。我国石油来源地主要是中东，仅沙特就超过了20%；从量上来说，利比亚局势的动荡不会对我国能源供应造成根本性的冲击，

* 于强，国际关系学院公共管理系讲师，博士。

因为我国石油进口只有3%来自利比亚，但是这次利比亚危机，主要的影响体现在将可能导致国际原油价格出现巨幅波动。

日本不久前发生的地震及核泄漏事故，导致了国际原油价格的下调，其重要原因之一是日本作为世界第四大石油炼化国，这次震掉了差不多1/4的产能。但是随着福岛核事故不断升级，大家意识到：第一，日本灾后重建需要电，而且东京部分地区开始分时段限电了；第二，现在既然已经确定福岛核电站的第一个反应堆无法运转，那么这一部分的电能只能通过石油发电来补充，这样日本对于石油的需求量会急速增加。

据高盛机构估计，全世界每天原油的需求量增加了23万桶，这个给全世界一个非常高的预期，这就是我们为什么看到，虽然地震之后油价短暂下滑，WTI西得克萨斯原油的价格迅速冲高，达到了继金融危机后147美元每桶的价格高点。然后利比亚危机等于是持续了这个预期，因为虽然利比亚每天只有160多万桶的石油供应，但是它的品质很好。好到什么程度呢？我听中化的朋友讲，打上来加到汽车里就可以用，根本都不用炼，效果非常好。利比亚所有石油开采输送手段都断了，所以这两件事情叠加在一起，国际油价可能会进一步飙升。但是对于中国来讲，现在国内CPI和GPI（消费物价指数）的指数都很高，我们仍旧不得不和国际油价保持一致，所以我们还要提高国内的油价。那么在经济十分严峻时再调高油价，我们国内的经济会更加严峻。好像快递行业趁着发改委没有注意，悄悄地已经把价涨完了，北京的同城快递以前是5块现在是8块，北京到上海以前是10块现在是13块。涨得慢的像日化、方便面这样的下游产业，因为我们要控制CPI，所以就要求他们顾全大局，暂时不要涨价。但是时间长了，如果成本的压力进一步加大的话，那么他们只有两个选择，要么不生产，要么就只有进口。我们现在国内的日化产业，以洗衣粉为例，现在进口量是越来越大，包括奥妙、碧浪，以前是百分之百国产，现在是开始大量进口。所以说油价上涨对于我们的经济压力会很大。这是第一个角度，就是说我们必须要降低对石油的依赖。第二个角度，温家宝总理在哥本哈根气候大会上做出过承诺，到 2020 年的时候，我国的单位 GDP 能耗要下降 40% 到 45%，非化石能源占到第一次消费能源的 15%，但是我们现在的数据可以说是相当高，换句话说我们要做到 15% 这个目标难度非常大，怎么去降低？无非就是四个途径：太阳能，就是所谓的光伏，还有风力发电、水力发电及核能发电。现在我们一个一个来分析。首先是光伏，且不说晶硅在生产的时候是一个高污染高耗能的产业，光伏计算下来每度电的价格在 1.1 元，补贴最厉害的，在甘肃酒泉的价格是 8 毛多，所以说基本上不了电网。欧盟联合研究中心的数据表明，大概到 2025 年的时候，随着技术的成熟，光伏才能够出现爆发式的成长，改变我们的能源结构，所以至少在 2020 年我国完成碳减排目标时，光伏的作用很有限。第二个是风能发电。风电目前最大的问题也是上不了电网，之前我国的风电基本上没有进入商业运行，后来因为产业结构政策调整，大量的风电现在逐步开始投入市场运行，结果一上电网就出现了很多问题。2002 年的时候是 32 万千瓦，曾一度造成运行不畅。到 2010 年，这种现象更加严重，到 2011 年 2 月份的时候，酒泉风力发电出现的问题更大，直接导致了整个甘肃电网的剧烈波动。国家电监会 4 月初的时候组织开了个会，专门研究和解决这个问题，由于风电非常不稳定，需要建立调恒电站机构，所以靠风电来改变我们的能源结构，短期内看来，技术上还有很多难题。关于水力发电，一方面由于我们国家在工业化，用电需求量在加大，另外一方面，因为我们要减少对化石能源的消耗，所以火电的发电量要减小，这其中一部分可以靠水电补充。

根据中国水电建设集团的数据，大概到2020年，我国水电最多增长1.23亿千瓦时，因为水电设施的建设周期很长，而且涉及的问题越来越多，包括移民和地方政府的协调，所以现在预测，到2020年我国可能投入运营的水电站最多只能增长1.23亿千万时的电能。在这种形势下，不是我们执意要发展核电，而是实在是形势所迫。从宏观上看我国能源构成的成分及比例情况，我国核电能源占比与中等发达国家相比，还是相对比较偏低的。

第二个问题是能源手段的安全。这次福岛第一核电站的事故给了我们一个很大的警示，就是使用核电不安全。说起核电安全，我们可以从内部和外部的不同角度作一个深入的分析：内部安全主要是管理和运营问题，在世界的三大核电站事故中，美国三里岛核事故是因为误操作、内部运营的问题，包括整个管理流程都需要改善，需要建立标准作业流程，加强互相监督。如果这样去做，技术上加以配合，应该是可以解决的。第二个部分就是外部袭击，现在可以确定的是这次日本福岛第一核电站事故是由于天灾造成的。苏联切尔诺贝利核电站发生的泄漏事故，现在还存在争议，一种说法是因为误操作，一种说法是它本身设计上有缺陷。我们分别来进行分析，先说一下外部袭击的问题。外部袭击通常是来源于外界的人为攻击，现在还没有出现过这种情况，但是一些恐怖组织已在酝酿采用这样的手段。核电站就像一个核武器，万一恐怖分子潜进去之后安装了爆炸装置，整个核电站就有可能像核武器一样，一下被引爆。这个不是核电站本身的问题，而是所有能源形式共同面临的威胁，如果是水电站同样也有这个问题。如果恐怖分子潜进去把水坝炸掉，下游也会遭到毁灭性的打击。所以我觉得人祸的问题就得靠军队或其他武装力量对其保卫好、警戒好。关于天灾的问题，根据我们国家现在核电站分布的情况，大部分核电站的分布是与地震带分开的，只有福建这个地方，核电站和地震带是靠在一起的，所以这个地方可能会有一点问题，其他在建的、在运行的，包括申请的，基本上都是与地震带分开的，地震并不会直接导致核泄漏，而是通过引发的火灾或电力异常间接造成核泄漏。再有一点，就是核电技术在1980年有一个突飞猛进的变化，日本爆发危机的福岛第一核电站和第二核电站中间距离只有10多公里，出的问题全是第一核电站的，而第二核电站四个反应堆却没有发生问题。从时间的角度看，第一核电站六号堆是1979年建的，1980年之后的反应堆基本上都没有发生问题。德国在福岛第一核电站发生了核泄漏事故之后，就关掉了一些1980年之前建成的核反应堆，而并没有把所有的反应堆都关掉，因为德国的多数核电站的安全系数包括技术体系基本上还是能够达标的。

现在我们不是说今后一定都要发展我国的核电站，而是从经济政策的角度看，至少在短期内，要实现到2020年规定的减排目标，完全减少碳化石等化石能源在第一次能源消费比例的15%这个目标，我们需要通过严密设计、谨慎决策、安全运行的方式和方法，稳妥有序地发展我国的核电事业。

近期国际局势动荡下中国的石油安全维护与相关政策的战略分析

刘中伟*

2011年3月以来，由于国内政治、经济和民生问题和后金融危机全球通货膨胀压力影响的扩散，一些北非和中东国家陆续出现了国内动荡和政治危机，甚至爆发内战。与此同时，日本遭受罕见地震和海啸袭击，进而引起核电危机，对亚洲各国和世界经济增加了极大的不确定性。受此局势的影响，截止到2011年3月23日，纽约商交所4月轻质原油期货结算价涨至105.75美元/桶，接近危机以来的最高水平。同时，由于利比亚的局势更为严峻，未来动乱结果的不确定性是否会波及沙特、阿联酋、伊朗和伊拉克等核心产油国并不明朗，石油供给风险将进一步加大，原油价格可能出现快速上涨。

就当前中国而言，目前已紧随美国成为全球第二大能源消费国，石油消费量占全球石油消费比重10%以上，新增石油消费量占世界新增能源消费37%。随着中国工业化和城市化进程加速，经济结构向消费调整，对于石油等能源类产品的需求将大大

* 刘中伟，国际关系学院国际经济系讲师。

上升，在国内石油开采量下降的情况下，对能源进口的依赖程度将空前增加，国际能源署（IEA）预计2030年中国能源消费中79%要依赖进口①。中国的能源需求，特别是石油需求已经成为全球经济中举足轻重的影响因素。

正因为如此，如果北非中东局势动荡长期持续下去，油价不断攀升对中国经济必然会带来负面影响，进而影响整个世界经济；同时，全球石油和其他能源市场的竞争也必将更加激烈，各种政治经济，甚至军事手段都有可能对中国能源需求带来冲击，使得中国的石油安全甚至整个能源安全面临巨大威胁。如何在短期无法改变中国能源消费和能源结构模式情况下，维护中国的石油安全，保障经济的可持续发展，值得综合考虑和研究。

一、当前全球石油供求形势现状

与以往一样，世界经济始终扮演着全球石油消费波动的推动者角色，2008年跌宕起伏的石油价格波动，仍让人记忆犹新。根据石油输出国组织（OPEC）的2011年3月的预测，将全球经济在2011年经济增长速度调高0.1%至4%，主要将得益于发展中国家的快速增长，其预计中国和印度经济将分别增长9%和8.1%，经济合作组织成员国（OECD）增长2.3%，其中美国增长2.9%，欧元区和日本保持在1.5%左右（见表1.1）。通货膨胀将成为发达国家和发展中国家共同面对的挑战，由此导致的国

① 国际能源署（IEA）：Information Paper：Julie Jiang and Jonathan Sinton，*Overseas Investments by China's National Oil Companies*，2011.2，p.11.

际大宗商品价格的上涨、利率上升以及外债成本增加等问题，都将长期对各国经济构成负面影响。从原油主要供需情况上看，2010 年下半年，原油市场需求大于供给约 110 万桶/日，全球市场石油价格总体保持稳步上升势头，2010 年底油价已由 75 美元/桶上升至 95 美元/桶，但最近北非中东局势动荡加剧了石油价格上升的速度，2010 年 3 月价格已突破 100 美元/桶。同时，OPEC 2011 全球石油需求增长 144 万桶/日（见图 1.1、图 1.2），达到 8783 万桶/日，OPEC 石油供给可增长 50 万桶/日，达到约 3000 万桶/日，占全球石油供给的 34%[①]；国际能源署（IEA）预测 OPEC 的有效开采能力约 4000 万桶/日，仍存在一定增长空间，因此可以预见，长期上从经济供需层面看，石油价格上涨具有必然趋势，但短期内上涨幅度有限。

表 1.1：经济增长率 2010—2011，%

	世界	经合组织成员国	美国	日本	欧元区	中国	印度
2010	4.6	2.8	2.8	3.9	1.7	10.3	8.5
2011	4.0	2.3	2.9	1.5	1.5	9.0	8.1

资料来源：石油输出国组织（OPEC）：*Monthly Oil Market Report*，2011 - 3。

① 上述主要数据来源：OPEC：Monthly Oil Market Report March 2011，2011.3，pp.3，24，35。

图 1.1　全球石油需求增长比较 2009/2010/2011

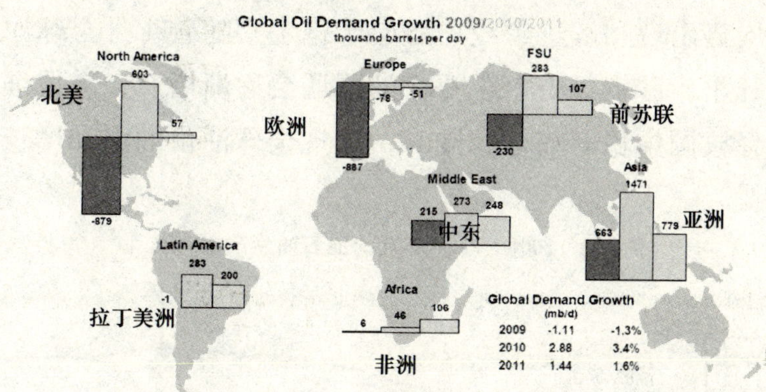

资料来源：国际能源署（IEA）：*Monthly Oil Market Report*，2011－3－15。

图 1.2　月度全球石油需求增长

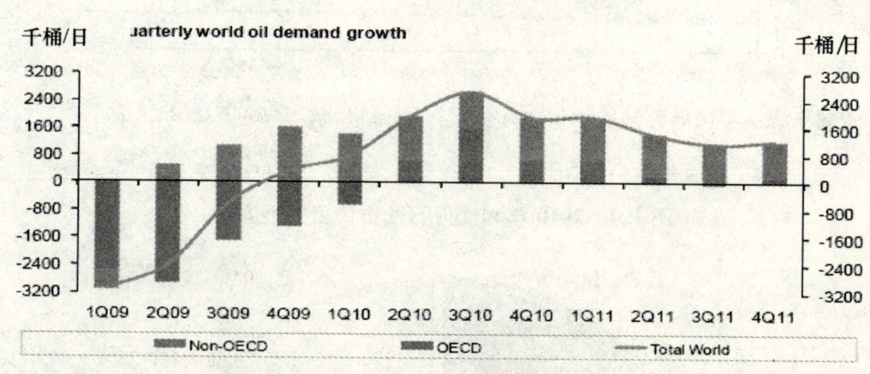

资料来源：石油输出国组织（OPEC）：*Monthly Oil Market Report*，2011－3。

近期来看，尽管利比亚是 OPEC 组织成员国，并且是非洲石油储量最多的国家，但是利比亚石油产量较低，在全球石油市场份额较小，短期其国内局势动荡只影响到 160 万桶/日（见图 1.3）的石油产量，本身对全球市场供求和油价影响有限（见图 1.4）。然而，市场出于对利比亚内战升级、北非中东局势可能在巴林、沙特、伊朗、伊拉克和也门等其他中东产油国恶化和其他地缘政治风险的考虑，引发了投资者一定程度的不安和恐慌，从而推动了油价连连升高，超过实际供需水平决定的价格。如果利比亚局势出现和解迹象或局势趋于稳定，随着4月全球原油需求进入旺季，沙特等中东主要产油国还会逐渐增产，在保证市场供应，释放国内稳定信号的同时，实现全球油价的温和增长。

图1.3　2000—2010年利比亚石油生产和消费

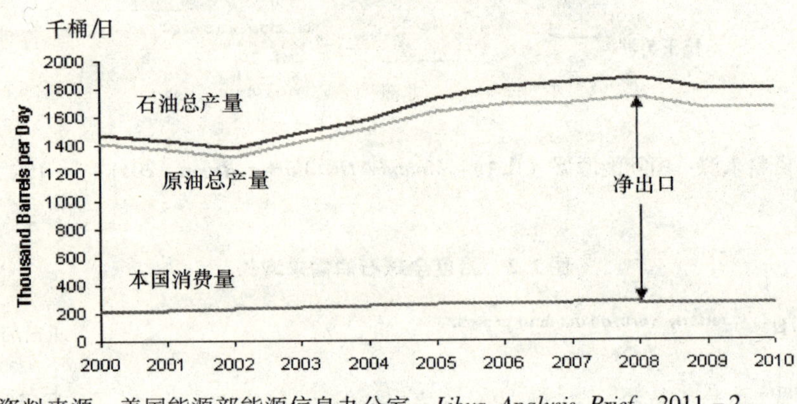

资料来源：美国能源部能源信息办公室：*Libya Analysis Brief*，2011－2。

图1.4　2010年利比亚石油出口目的地国

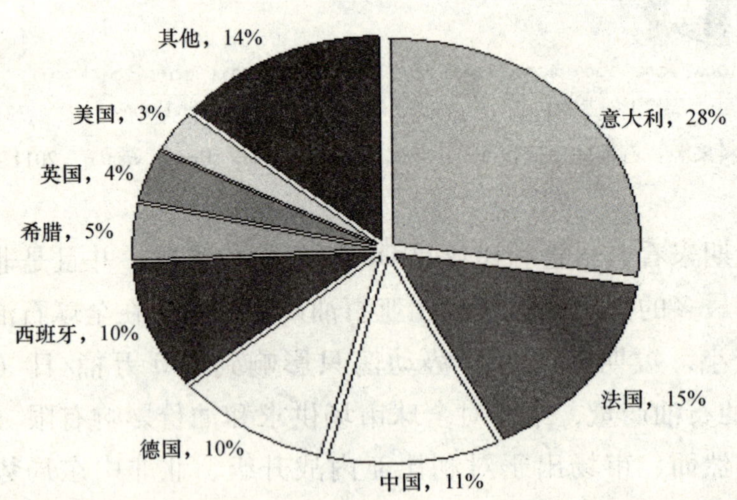

资料来源：美国能源部能源信息办公室：*Libya Analysis Brief*，2011－2。

此外，日本近期受强烈地震和海啸灾害打击后，可能对全球原油需求产生影响，引起日本石油需求量暂时性减少，但可能长期出现较大上升趋势。因为石油在日本电力供应的一次能源结构中的比重逐年下降，燃油发电产能过剩，而核电为主的新能源比重迅速上升（见图 1.5）。此次危机，作为日本主要电力供应之一的核电站损失和暂时关闭，将可能影响日本能源发展的规划，石油、天然气和煤炭等传统能源的需求会回升，以弥补电力供应的缺口[①]，可能形成日本石油需求暂降后升的“U”型趋势。但由于日本核电危机的高度不确定性，具体表现仍有待观察，可能对全球石油市场供需预测带来修正。

图 1.5　日本燃料用途原油需求和使用情况

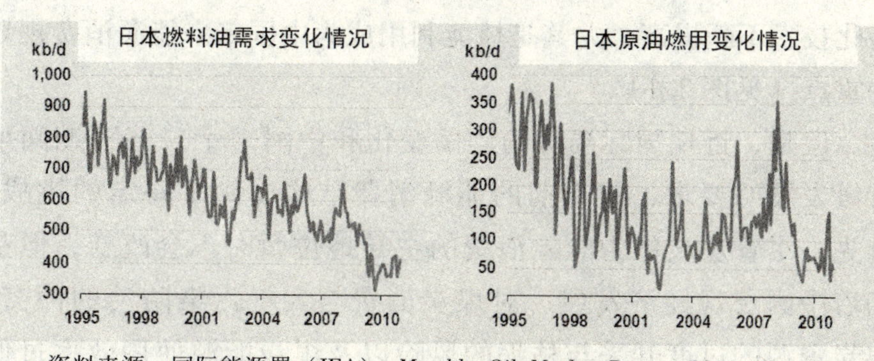

资料来源：国际能源署（IEA）：*Monthly Oil Market Report*，2011 - 3 - 15。

① 根据国际能源署（IEA）预测，仅目前日本核电厂关闭和损失将带来的电力供应缺口，需要增加20万桶/日石油消费弥补，尽管石油在日本二次能源保障的比重逐年下降，但此次地震、海啸和核危机的破坏影响，可能会改变日本的能源结构。

二、当前中国对外石油需求现状及其发展趋势

从当前中国经济发展和能源消费趋势上看，中国能源消费具有三个方面的特点：第一，在自然资源储量结构上，中国的煤炭储量居世界第三位，煤炭消费在中国能源消费结构中占主导地位，短期内其地位不会发生改变，但会呈逐年下降趋势；第二，随着中国工业化进程和城市化进程的推进，居民消费水平的大幅提高，石油和天然气在中国能源消费结构中所占比重迅速大幅上升，并还将保持增长态势；第三，面对传统能源可能枯竭的挑战，各种清洁能源异军突起，水能、风能、太阳能和核能等能源转化技术不断提高，尤其是核能利用成为中国未来能源消费规划的重点（见图 2.1）。

但是，近期国际局势的动荡变化和中国“十二五”期间可持续发展的要求，使当前的能源消费结构受到了一定的挑战。首先，尽管煤炭作为能源消费的主导地位暂时不会改变，但是随着中国宏观经济发展，对煤炭消费与大气污染防治的冲突，煤炭资源的过度开采与枯竭的风险以及煤炭能源使用效率过低等原因，相当程度在客观上抵消了部分煤炭对经济发展的贡献。其次，中国计划在未来 20 年建设约 30 个核反应堆，增加核电在能源消费中的比重。但是，由于日本罕见地震和海啸对日本核电站的袭击所引发的一系列危机，使得整个社会对于应用核电技术转化能源的方式产生极大忧虑，国内外反对声浪此起彼伏，对于核能技术安全性的讨论提升到前所未有的高度。核能的利用前景似乎还面临不确定性。第三，其他自然动力能源的转化囿于自然环境的限制，能源产量受到一定限制，还需

要能效研发与规模效应研究的进一步发展。由此可以预见，未来中国力图继续保持经济增长势头，如果在新能源研发没有取得实质突破的背景下，那么能源消费快速增长核心仍然在石油需求，石油需求增长与中国的经济增长将保持同步，在相当长时间内仍是中国能源安全维护的焦点。

图 2.1　中国能源消费结构比重划分，2008 年

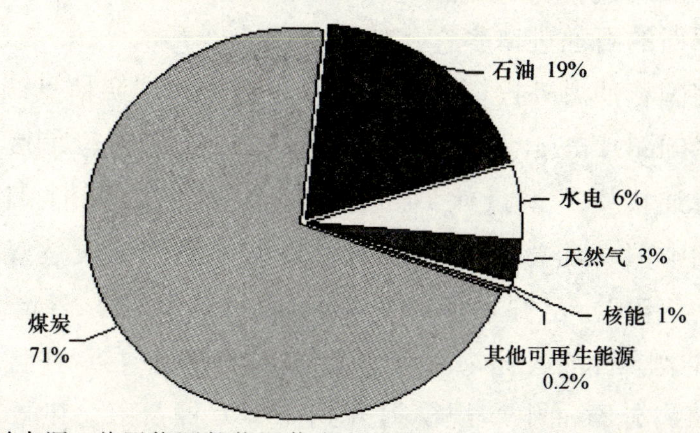

资料来源：美国能源部能源信息办公室（EIA）：*China Analysis Brief*，2010-11。

从中国石油进口需求总量上看，1993 年开始，中国成为石油净进口国，此后石油的进口依存度不断上升（见图 2.2），2009 年石油消费总量达到 830 万桶/日，国内原油产量仅为 400 万桶/日，净进口原油 430 万桶/日，原油进口依存度达到 52%（见图 2.3），超过日本已成为全球第二大石油消费国。国际能源署预计，2011 年中国的石油消费将达到 960 万桶/日，甚至将超过 1000 万桶/日，将占 2009—2011 年间全球新增石油需求的 37%。而与此同时，根据国际能源署 2010 年 9 月《短期能源展望》预测，中国 2011 年的石油产量将增加 15 万桶/日，达到

420万桶/日[①]，在能源效率没有显著提高的情况下，中国的石油进口仍然会持续增长。

从中国石油进口来源结构上看，主要集中在一部分国家。2009年沙特阿拉伯、安哥拉、俄罗斯、阿曼、伊拉克、科威特、利比亚和哈萨克斯坦成为中国十大原油进口国（见图2.4）。中东地区原油进口占中国石油总进口的47%（见图2.5），这种局面在短期内仍无法改变。与此同时，中国在非洲、中亚、拉丁美洲和俄罗斯的石油进口多样化战略也逐步展开。

从中国石油海外投资形式上看，根据全球能源信息调查机构FACTS Global Energy（FGE）数据显示，2000年至2008年，中国海外石油投资开采量从14万桶/日上升到90万桶/日，2008年已占到中国石油总产量的23%左右。中国石油天然气股份有限公司（CNPC）已开采资产遍及全球27个国家，日产量61.2万桶，占中国石油公司海外市场份额的70%左右，并且计划到2020年将海外石油生产规模提升到400万桶/日[②]。中国石油海外投资的扩张，在一定程度上保障了中国进口石油需求的供给，解决或缓解国内能源发展需要和国际油价持续上涨的压力。但是，近期北非中东局势的动荡，一方面影响到我国石油进口，使得进口成本大幅上升；另一方面使得中国部分海外石油投资受到影响和损失，中国海外石油投资较少与国际市场接轨，直采直销的方式在国际石油市场价格调节作用影响较低，容易遭受短期暂时性石油价格波动的冲击。

---

① 根据国际能源署（IEA）：Oil Market Report 2011（3），2011.3.15，www.oilmarketreport.gov。

② 根据美国能源部能源信息办公室（EIA）：*China Analysis Brief*，2010.11。

图 2.2　中国石油消费与生产趋势，1991 年—2011 年

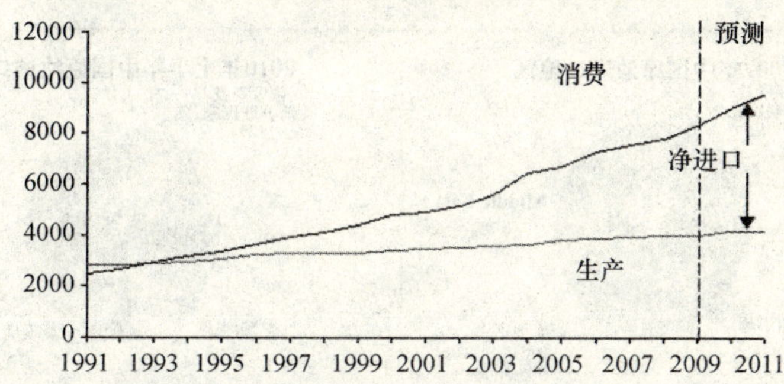

资料来源：根据美国能源部能源信息办公室（EIA）各期统计资料整理。

图 2.3　2009 年全球前十位石油净进口国

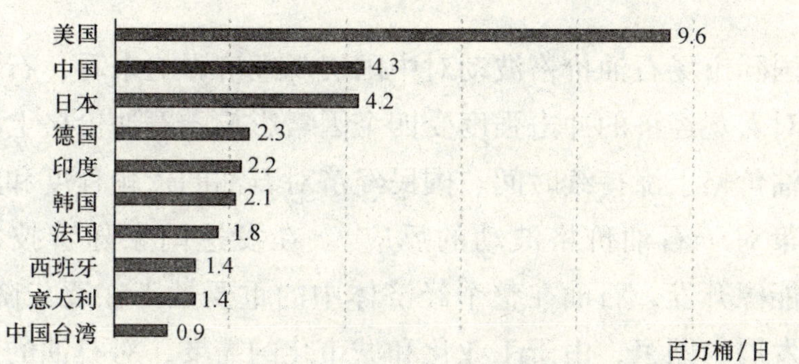

资料来源：国际能源署（IEA）：*Short-Term Energy Outlook*，2010-9.

图 2.4　2009 年中国进口原油国家情况　千桶/日

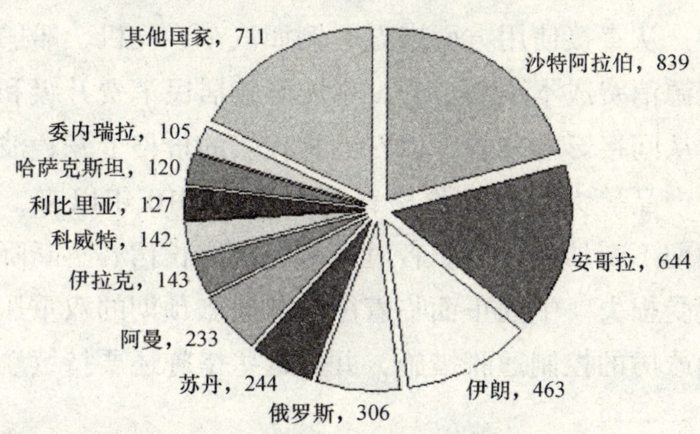

资料来源：根据 FACT Global Energy（FGE）数据整理。

图 2.5　2009 年和 2010 年上半年中国原油进口地区划分

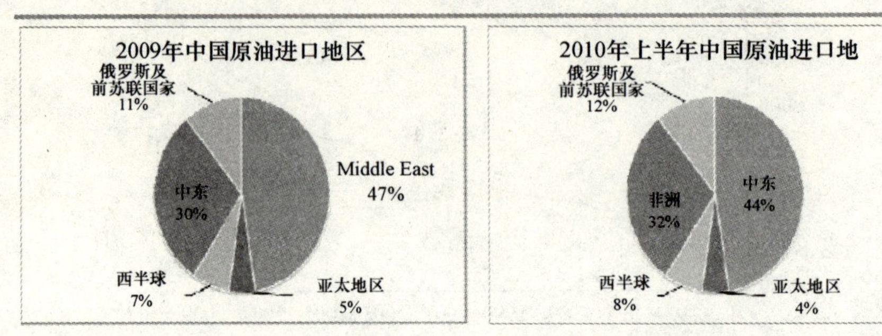

资料来源：国际能源署（IEA）：Information Paper：Julie Jiang and Jonathan Sinton，*Overseas Investments by China's National Oil Companies*，2011 -2.

从国际市场石油价格波动对中国宏观经济影响来看，石油价格波动对宏观经济的冲击强度受四个因素影响：石油价格上涨幅度、石油价格上涨持续时间、国民经济对石油的依赖程度和财政货币政策对于石油价格波动的反应[①]。在发达国家随着技术进步，新能源开发，石油在整个经济体中的重要性正在逐步降低；但对于发展中国家，由于工业化和城市化的需要，对石油的依赖却在不断上升。因为石油价格上涨对宏观经济具有滞胀效应，因此，我们可以看到，这种石油价格的波动对中国经济影响还是比较明显的。从直接使用方面来看，例如汽车、飞机、船舶等交通工具的能源消费成本不断上升，牵连影响居民消费升级和相关产业成长；从间接影响来看，以石油为代表的价格上涨，波及有色金属、农产品等大宗商品价格普遍上涨，2010 年以来，全球经济通胀预期不断加强，消费者对未来经济增长信心不断降低，社会福利遭受损失。中国正面临着国内外通胀预期的双重压力，采取了较为严厉的控制通胀措施，并且这些措施还要持续。如果石

① Roubini，Nouriel and Brad Setser，*The Effects of the Recent Oil Price Stock on the U. S. and Global Economy*，2004. 8，www. stern. nyu. edu/globalmacro/.

油价格继续上涨，输入型通货膨胀的巨大压力，可能对货币政策和财政政策的实施都会带来更大困难，有可能出现冲顶之后的经济“硬着陆”。

三、中国对外石油安全政策的战略分析

随着中东北非局势恶化，利比亚战火不断，日本地震与核危机影响仍不确定，世界政治经济局势处于持续不稳定状态。中国制定并开始实施国民经济发展的第十二个“五年规划”，推动中国经济可持续和稳定增长，实现年均国民生产总值增速7%，经济结构由外向型向内需型调整，工业化和城市化不断推进，居民收入和生活水平稳步提高，期望形成新一轮的经济增长期。但是能源特别是石油需求，仍是当前经济持续发展无法绕开的瓶颈问题，中国对国际石油市场的影响已不仅反映在存量上，更多反映在增量增长上，供求本身就面临着需求的稳定性问题。

与此同时，在地质和地缘两大因素的影响之下，原油和其他商品价格正经历着越来越频繁的波动。除去上文对原油供求状况的分析之外，各种投机炒作也纷纷登场，原油市场在各种短线资金的压力下变得更加“事件化”[①]，甚至会脱离供求的基本面，这使得中国在国际石油市场上实现稳定需求的可能性大打折扣。因此，如何结合上述两个方面，规划合理的石油安全国际战略就值得我们讨论。

① 日本地震导致全球石油需求下降预期相当程度抵消了对北非中东局势动荡的市场担忧，美国NYMEX原油指数2011年3月11日开盘为104.36美元，3月15日指数即下跌超过4%，盘中一度跌至98.71美元；2011年3月19日，随着西方国。

(一)继续推进双边导向的石油供给合作机制，坚持石油进口地多样化方针

作为全球第二大石油消费国和进口国，由于全球石油市场投机和西方跨国石油公司操纵带来的巨大波动，中国的石油进口始终在全球石油市场和供应体系外进行，采取政府外交手段、经济援助、出资参股、勘探、开采、管道铺设生产性服务等多种方式，与产油国进行双边合作，争取富油国对华出口石油；同时利用国际政治因素，寻找发达国家不愿联系的富油国家和地区进行经济合作。可以说，国家资本主义导向的双边战略作为中国稳定石油供应的基本战略是成功的，在未来应当继续推进并寻求完善。

此外，目前中国石油双边战略的主要方向涵盖了中东、中亚、俄罗斯、非洲和拉丁美洲，但各地区的主要关注重点和合作机制和形式各不相同。以图2.4、图2.5为例，2009年中东、非洲、俄罗斯和前苏联国家、西半球和亚太对中国石油出口的贡献率分别为47%、30%、11%、7%和5%。在中东主要富油国中，沙特、伊朗和阿曼是主要出口国，伊拉克、科威特、阿联酋等石油蕴藏丰富国家均在美国垄断控制下；在非洲，安哥拉和苏丹是中国的核心基地，尼日利亚、阿尔及利亚等国，中国影响力有限；在其他地区，俄罗斯、哈萨克斯坦和委内瑞拉也逐渐上升为对华石油输出大国。整体来看，中国的石油进口地多样化已取得一定成绩。

因此，未来中国石油安全政策的国际指向之一就是进一步做好与主要产油国的双边关系的建立与维护，对现有石油供应基地的风险进行评估并加以稳固，同时开辟新的石油供应源头，实现多样化和稳定的石油供应。当然，稀缺的资源必然带来竞争与博弈，这就必须做好石油消费方本身政策协调和合作发展。

（二）协调金砖国家等新兴经济体之间的关系，与美国寻求石油利益相互平衡

2011年4月初刚刚结束的金砖国家第三次领导人会晤，显示了中国、巴西、俄罗斯、印度、南非五个新兴发展中国家间合作日趋紧密，对世界政经形势的影响力不断上升。“金砖国家”原本只是经济分析的概念，现已变为国际合作的实体组合，并逐渐走向扩大。五国共占有全球土地面积近30%，人口逾40%，GDP占全球18%，贸易占全球贸易量15%，在全球市场及经济发展上已拥有举足轻重的地位（见表3.1）。当然五个新兴国家在发展中也都面临大规模能源消耗问题，如何协调它们之间的关系，共同发展谋求利益就显得十分重要，也是金砖国家加强合作和联系的必要所在。

表3.1：金砖国家宏观经济表现简况

	GDP增长率%		CPI年度同比变化预测%			经常项目盈余预测US$bn		PSBR预测水平%	
	2010	2011	2010	2011	2012	2011	2012	2011	2012
巴西	7.2	4.1	5.9	5.5	4.7	-65.1	-76.3	2.5	2.2
中国	10.3	9.0	3.3	4.5	3.6	218.4	335.4	-1.8	-1.5
印度	8.5	8.1	10.2	7.3	7.6	-51.4	-61.5	-6.7	-6.6
俄罗斯	3.9	4.1	8.8	8.4	7.5	65.8	49.8	-2.5	-1.8
南非	2.8	3.7	-	-	-	-	-	-	-
GDP：国内生产总值									
CPI：居民消费价格指数									
PSBR：公共部门借贷占国民生产总值比重									

资料来源：国际能源署（IEA）：Oil Market Report 2011（3），2011.3.15。

目前，五国当中俄罗斯石油可以实现自给自足，其他国家均需进口大量石油。而从长远上看，中国日益增长的石油进口需求与包括其他金砖国家在内的新兴发展中国家的石油进口需求构成了竞争关系，如果相互间战略上缺少共同利益，将严重影响中国在亚洲乃至全球政治和经济中所扮演的角色。例如，中国与印度快速发展中的能源需求竞争，中国与日本在争夺俄罗斯输油管道上的角力，都已显现能源竞争的负面效果。因此，中国在推进国家主义双边石油战略和石油进口地多样化战略的同时，应该继续扩大与新兴发展中国家联系和协调，利用石油企业的跨国联合或建立合资企业等方式，由石油生产的上游领域向中下游领域延伸，加强自身在全球石油流通市场中发言权，努力以市场化的方式进一步获得稳定的石油供应。几次石油危机告诉我们，单一推行争夺石油供应的双边战略，实际上降低了市场的效率与灵活性[①]，容易在石油利益上产生长期的争端与冲突。而推进与能源消费竞争国家间的合作，既显现了中国大国的政治地位和影响力，又符合了中国石油供应多元化的发展方向，能够更有效地确保对外石油需求。

此外，中美两国作为全球最大的两个经济体和石油消费国，一个是现实的超级大国，一个是崛起中的世界强国，两国在政治经济上有着广泛的共同利益，但在长远战略上却存在着本质的分歧。因此，两国必然存在着石油资源的激烈竞争，但目前两国在保障石油进口的形式上各不相同（见表3.2）。美国海外石油战略的军事化特点明显，主要美国进口石油地均有美国驻军；美国通过其大型石油公司进入产油国开采石油后，供给世界市场，并

---

① 何帆、覃东海：《面向未来的中国能源政策，寻找内外平衡的发展战略》，上海财经大学出版社，2006年版，第313页。

通过市场控制保证其石油供应。中国根据前述特征则采取海外石油设施建设等方式进入产油国，确保石油供应；通过国有石油公司获得开采权或冶炼权，开采石油直接运回国内，不进入国际市场①。这两种战略的差异就导致双方寻找的产油国存在差异，意识形态或政治因素牵扯其中，容易引起双方的摩擦产生。竞争和摩擦在未来随着中国的持续发展是不可避免的，但也是不应回避的。因此，中美双方应就双方能源消费展开对话和协调，减少对双方都有较大危害的举动或行为。同时，中国作为正在发展中的大国，也应正确理解国情，避免与美国过分进行针锋相对的能源

表 3.2：中美石油竞争方式和国别差异比较

	美国			中国				美国			中国		
	出口石油	购买武器	军事基地	出口石油	购买武器	基础投资		出口石油	购买武器	军事基地	出口石油	购买武器	基础投资
沙特阿拉伯	●	●	●	●		●	尼日利亚	●	●		●		●
伊朗				●	●	●	阿尔及利亚	●	●			●	●
伊拉克	●	●	●	●		●	埃及	●	●	●		●	●
科威特	●	●	●	●			利比亚	●			●		●
阿拉伯联合酋长国	●	●	●	●	●	●	苏丹				●	●	●
卡塔尔	●		●	●			哈萨克斯坦		●	●	●	●	●
阿曼	●	●	●	●			乌兹别克斯坦		●	●	●	●	●
也门	●	●		●	●		俄罗斯	●			●		●
安哥拉	●	●		●		●	印度尼西亚	●	●	●	●		●

资料来源：根据 Yeomans，Matthew，*Crude Politics：The United States，China，and the Race for Oil Security*，The Atlantic Monthly，2005.4，pp. 48 -49。有关内容结合近年情况调整整理。

① 何帆、覃东海：《面向未来的中国能源政策，寻找内外平衡的发展战略》，上海财经大学出版社，2006 年版，第 310 页。

争夺，在经济实力增强的同时，尽快提升全球军事投放能力和非对称军事技术发展，有效的国防力量是确保本国的海外长期利益的根本之一。

（三）继续加强石油商业储备和战略储备，推进战略性跨国石油供应渠道建设

在对外石油安全战略中，除了确保稳定的石油供应外，还需要有相当储量的石油储备作为石油价格波动的稳定和缓冲机制，以防天灾人祸对国民经济正常的石油需求带来巨大冲击。为此，中国从“十五”期间开始筹建国家战略石油储备体系，同时国有三大石油公司也相应建立各自商业石油储备，形成双重储备机制。

根据美国能源信息办公室（EIA）数据显示，2009 年底中国完成一期战略石油储备建设，库存能力为 1.03 亿桶，按照 2008 年中国石油消费水平，相当于 25 天石油进口数量。待 2016 年二期、三期战略储备建成后，预计战略储备库存可达到 5 亿桶。此外，根据国际能源署（IEA）2011 年 1 月统计，我国各类商业石油产品总储备增加 180 万桶达到 3.45 亿桶，各类石油产品涨跌各有不同，而战略石油储备可满足 30 天中国石油消费使用。

而根据发达国家石油储备的基本情况，一般维持在供本国 60—90 天石油消费数量。目前西方主要经济大国均建立了完备的石油储备体系，根据国际能源署（IEA）2011 年 1 月统计，经合组织（OECD）国家商业石油储备增加 320 万桶，达 26.95 亿桶，可满足全部成员国 58.2 天的石油消费使用。可见我国石油储备总量仍需增加和完善，在国际油价相对较低时，尽量大量采购补充战略石油储备，同时合理布局，设置和建设石油储备基地，尽量降低运输成本，实现储备平抑市场价格和应急需求。

除了维持相当的石油储备外，在中国进口石油的交通渠道和运输方式上，也应当遵循多元发展的思维，利用地缘政治和经济优势，推进与周边邻国能源合作，确保石油供应和安全。

目前，中国已经进行或可以进行的能源地缘合作主要有三个方向：东北面，从俄罗斯建立跨国石油输送管道进入中国东北黑龙江省，目前管道铺设已经进行，但石油运输费用和价格问题仍未谈妥，预计2011年中期可以实现合约正式签订。这一渠道可以实现中俄两国的“共赢”结果，俄罗斯不再单一依靠欧洲市场，转而有机会进入经济增速最快的东亚地区。中国则可以通过这一渠道获得稳定石油供应，实现原油进口多样化和便利化，同时可预期未来中国石油企业进入俄罗斯远东地区与俄方展开生产合作。西北面，石油和天然气资源丰富的中亚地区，留给中国一片潜力巨大的能源供应区域。经过多年的谈判和共同合作，中国中亚石油和天然气管道项目已经全面铺开，经过中国的基础设施投资，乌兹别克斯坦、土库曼斯坦和哈萨克斯坦的石油和天然气资源经过管道连接都可以经过新疆阿拉山口进入中国，预计到2015年这条管道的进口原油数量将占到中国进口总量的6%。更重要的是，中国在中亚地区影响力巨大，通过上海合作组织的政治影响和中国投资对中亚地区的经济带动，中亚和中国的发展已经形成极强的互补性，对双方都构成了帕累托改进，这实属难得。也为未来中国通过中亚管道延伸至伊朗留下了空间，使之可能成为欧亚间的能源大陆桥，既保障了石油供应，也摆脱了单纯依靠海运的石油进口局面。西南面，根据中国与缅甸签署的能源管道建设协议，从缅甸西部的皎漂港到中国云南修建一条1200公里石油管道，初期运力24万桶/日，最终达到40万桶/日，实现中国进口石油不经过马六甲海峡的新原油运输通道，同时至少每年为缅甸带来10亿美元的收入。目前，中国从非洲和中东进口石油占全部进口量的77%，这部分原油运输必须经过马六甲海峡，无论是经济性、风险性还是地缘安全性，单一使用这一通道严重影响中国的能源安全，必须寻找新的路径，这既是战略选择也是现实所迫。

（四）推进能源技术研发，优化国内能源消费结构，实现能源使用的有利转型

对于石油安全的维护和石油供应的保障，归根结底主要取决于中国能源消费结构的转型。因此为了更好地实现未来中国经济可持续的发展，确保能源安全，必须先从国内入手，不能单纯向外部要资源，只有逐步实现能源消费结构的升级，对于石油等稀缺资源的高度依赖才能得到缓解，中国石油安全的维护应该坚持标本兼治，一方面稳定和保障外部石油供应，另一方面，推进能源技术研发，提升能源使用效率，优化能源消费结构，最终实现能源消费结构的有利转型。

目前煤炭和石油仍然是我国能源消费的基础，占全国一次能源消费的80%以上，短期内两者基础性作用无法改变。但是，可以通过技术和政策手段逐步调整它们在能源消费中的比重。例如随着太阳能、风能、水能和核能等一次能源转化电能的技术成熟，可以考虑使用清洁发电的能源应用在产品和服务中。同时，通过税收政策，对资源消耗大、使用效率低、环境污染严重的生产或服务征收高额的能源税，对使用清洁能源或能源使用效率明显提高的企业予以税收补贴和技术推广，推动社会共同向节约能源、提高能效的方面努力。总之，一旦形成新的能源消费结构下的产品和服务体系，在市场力量的作用下，石油等资源的消耗必然随之减少，石油安全问题也就随之缓解。

四、观点与结论

经过对当前全球石油供应形势和中国对外石油需求现状和发展趋势的认识，思考了中国对外石油安全政策的战略的可能，认为对当前国际局势动荡下中国的石油安全维护与相关政策的战略分析可以有如下观点和结论：

第一，从全球市场上来看，各国实体经济的发展决定着石油需求多少。尽管近期国际局势动荡，但全球经济仍处在金融危机后的恢复期，石油需求稳中有升，石油价格具有上涨趋势，但短期内上涨有限。

第二，利比亚局势仍不明朗，其本身石油供给对全球影响有限，但可能对中东国家带来的动荡传导因素会引起石油市场担忧，也为全球石油供给增加不确定性。而日本的危机将使其对石油需求暂降后升，随核危机局势恶化，继续增加对石油的需求。此外，市场投机因素会在一段时期内频繁炒作，加大全球石油价格波动。

第三，中国当前的能源消费结构中，石油消费仍然是能源消费的核心。在能效没有较大提高的情况下，未来中国的石油需求会持续上升。中国海外石油进口开始出现明显的进口地多样化，海外石油投资持续增加，实际风险和收益都很大。如果国际油价持续上涨，对于当前中国国内的通货膨胀形势会产生非常不利的影响，政策调节的力度势必加强，国民福利会受到损失。

第四，在维护中国石油安全上，继续推进双边导向的石油供给合作机制，坚持石油进口地多样化方针是中国对外石油安全政策的基本和核心。

第五，中国在未来经济发展中不断协调与包括金砖国家在内的新兴经济体间的关系，并且与美国寻求石油利益的相互平衡，这是维护中国石油安全的现实选择。

第六，中国应继续加强石油商业储备和战略储备，这是确保石油供应之外，平抑价格波动和满足应急需要的基本手段。推进战略性跨国石油供应渠道建设，从东北、西北和西南寻求新的石油供应渠道，是未来中国保障石油供给和破解当前供应渠道瓶颈的有效方法。

第七，推进能源技术研发，优化国内能源消费结构，实现能源使用的有利转型是维护中国对外石油安全之本，只有标本兼治，才有可能保证中国经济的可持续发展。

军事安全篇

我国参与国际核军控活动的战略问题研究

杨承军*

近年来，国际核军控形势快速发展、不可逆转。我国参与相关的国际活动越来越多，这种形势下，亟需我们按照国家既定的基本核政策、核思想统一思路，科学确立并适时调整我国应对国际核军控活动的基本思想、战略指导，更加紧密地配合国家的政治、外交斗争，有效维护我国国家安全及国家核心利益。

一、当前国际核军控形势特点及发展趋势

2010 年 4 月 13 日，胡锦涛主席在华盛顿举行的世界核安全峰会上，重申了我国在核扩散和核安全问题上的一贯立场，对维

* 杨承军，某研究院研究员、教授，博士生导师，享受国家政府特殊津贴。国家安全特聘研究专家，导弹技术专家，核战略专家，核军控专家。长期从事国家安全、核战略、核军控等问题研究，提出的建议多次被军地高层采纳。出版《高技术与战略导弹》等 12 部专著，获军队科技进步奖 5 项，军事科学成果奖 6 项，发表军事学术论文 600 余篇，多次应邀在军内外讲学。

护国际核安全提出了“五个切实”建议和主张，即切实履行核安全的国家承诺和责任，切实巩固现有核安全国际法框架，切实加强核安全国际合作，切实帮助发展中国家提高核安全能力，切实处理好核安全与和平利用核能的关系。胡主席的重要讲话，为我们研究确立应对国际核军控活动的战略策略提供了基本的理论依据。

（一）当前国际核军控形势的主要特点

国际核军控进程在缓慢进展多年后，从2007年底开始进入了新的快速发展阶段，呈现出了许多鲜明特点。美俄先后签署了新的双边核削减条约，召开了新的世界核裁军峰会；《不扩散核武器条约》第八次审议大会成功举行，会议就核裁军、防扩散、和平利用核能等一系列问题达成共识，通过了包含64项行动计划的文件。国际社会核裁军的呼声持续升温，世界核军备态势有所调整，核力量在有关国家安全战略中的地位和作用出现变化。但有核国家核军备现代化步伐和部分地区核扩散势头并未停止，特别是许多带有一定程度的欺骗性宣传，一旦在国际社会形成共识或正式签署，将对世界安全形势、对我国国家安全带来更多的不确定因素，也将增大对我国核力量建设的束缚和制约。该阶段国际核军控形势动向及特点主要体现在以下六个方面：

一是政要名人发起。2007年1月4日、2008年1月15日，美国前国务卿舒尔茨、基辛格，前国防部长佩里，前参议院武装力量委员会主席纳恩等政要，在《华尔街日报》先后发表了《无核武器世界》和《迈向无核武器的世界》文章，提出要消除核武器对世界的威胁，呼吁全球应该大规模削减军备，减少核武器数量，最终建立无核世界。对此，美国及西方盟国对此大肆宣传，积极造势。奥巴马在竞选期间及上台后对此均予以积极呼应，宣称要“抛弃冷战思维”，降低核武器在确保美国安全战略中的地位，大幅裁减核武库，高调倡导“零核世界”主张，此举也得到了多位世界知名政要的积极回应和支持。2008 年 12 月，来自 9 个国家的 100 多名政要云集巴黎，声势浩大地提出了要在全球实现“零核世界”及“核不扩散”的倡议，迅速得到了世界许多国家领导及国际社会的积极呼应。2009 年 3 月 9 日，美国前总统卡特给胡锦涛主席捎来亲笔信，希望中国参加并主导 2010 年初在美国召开的“零核世界”大会，明确提出希望胡锦涛主席在这次大会上进行主题发言，并接受国际电视媒体专访，立场鲜明地要把中国拉上由美国驾驶的核裁军战车。

二是国家政府主导。2009 年 4 月 5 日，美国总统奥巴马在捷克首都布拉格发表演说，表示支持“零核世界”倡议，再次提出了新的核裁军主张，明确提出要“建立新的核政策，向世界展示美国坚持其在《核不扩散条约》中的承诺，并为最终消除所有核武器而努力”。他表示“美国首先带头致力于建立一个无核武器的世界”，并督促英、法、中参与核裁军，将印、巴、以色列纳入到多边军控中，按照美俄深度裁军、所有核国家多边裁军和建立严格核查监督机制等三个步骤，逐步完成“全球零弹头”的计划。核军控形势出现了由双边裁军谈判向多边裁军协作方向发展的趋势。2009 年 8 月 27 日，美国政府向我国政府发来了“核不扩散与核裁军峰会决议草案”初稿，提出了核裁军的具体日程表。对此，胡锦涛主席要求我军要尽快深入研究，尽快拿出符合我国国情的对策。2009 年 9 月，联合国安理会举行“核不扩散与核裁军峰会”，积极推动《全面禁止核试验条约》的签署。2009 年 10 月 15 日，美国政府代表团在联合国大会上公开宣称，预计到 2012 年美国的核弹头数量将减至冷战结束后的最低水平，即 5000 枚。这些做法都鲜明地表现出了核大国在核军控问题上前所未有的高调与主动。

三是核大国空前积极。2008年，美国宣布提前实现实际部署核弹头减半的目标，并将进一步实施核武器削减计划，俄罗斯也随之提出大幅削减核武器计划。2009年5月，美国国会战略委员会在提交的《战略态势评估报告》中，提出要与我国进一步开展核战略对话，力图把我国纳入在不公正起点上的世界核裁军进程。2009年7月，美俄总统在莫斯科签署《关于进一步削减和限制进攻性战略武器共同谅解备忘录》，提出7年内双方将各自核弹头削减至1000—1675枚。2009年11月奥巴马访华时，再次提出了要与我国建立核裁军对话机制问题。2009年4月8日，美俄在捷克首都布拉格正式签署了新的《削减战略武器条约》。该条约称，在今后十年内，双方将核弹头数量减少至1550枚以内。2010年5月3日，美国五角大楼公布，截至2009年9月30日，美国的核弹头储量为5113枚。此后，美又公布了核力量调整计划，称最多将拥有420个洲际弹道导弹发射井，战略轰炸机不超过60架，战略核潜艇保留14艘，部署的潜射导弹不超过240枚。美国国务卿希拉里称，美国此举旨在提升核武透明度，激励其他有核国家效仿，也有助于增进国与国之间的信任。2010年5月12日，俄罗斯外交部发言人涅斯捷连科也表示，华盛顿做出的上述举动将提高核武器状况的透明度，并将有利于巩固有核国家与无核国家之间的信任。在削减进攻性战略武器新条约签字生效后，“俄罗斯同样能够从实际层面上考虑公开俄现有战略核力量运载工具以及与之相对应的核弹头数量的问题”。

四是核力量在武装力量中的结构发生变化。一些发达国家根据安全环境、自身综合实力和战略需求等变化，对核力量在本国安全政策中的地位作出了各自的策略性调整。第一，美国战略力量的构成出现多元化趋势。他们先后利用两轮有利于自己的国际核裁军活动，在核打击及核报复能力上重新获得了优势。美常规作战能力已远远超过包括其盟国在内的其他国家，目前世界上尚无任何一个国家有能力对美国发动占有优势的常规战争。美军还加紧发展常规战略打击和防御手段，建立新的“三位一体”战略威慑力量。在这种综合战略威慑体系中，美国的战略核力量已从战略威慑的主体转变为组成部分之一。奥巴马政府之所以接受“零核世界”的倡议，正是基于美军同时具备核与常规双重绝对优势，拥有更多可供选择的战略手段的现实。第二，核力量在俄罗斯国家安全体系中的核心地位更加突出。苏联解体后，俄军常规作战力量元气大伤。作为大国，俄只有战略核力量能够与美军相抗衡，因此俄不得不更加倚重战略核力量。近年来，每当俄美矛盾加剧时，俄也通常采取试射洲际弹道导弹等一系列“核动作”作为示强的主要方式。在俄近日公布的新版国家安全战略中，对战略核力量的作用刻意模糊，似欲进一步提升威慑效能。第三，英、法正为其战略核力量寻找新的定位。冷战后，英、法的军事战略重心已从原先的集体防御向更多地参与海外军事干预行动转移，两国因而更加重视建设适于远程投送的常规作战力量。但两国仍视俄罗斯战略核力量为潜在威胁，继续将战略核力量作为支撑其世界和欧洲大国地位的手段，同时作为美国核力量的重要补充。随着美核力量规模的减少，英、法核力量的补充和“杠杆”作用愈加凸显。第四，一些新兴核国家仍在扩充核武库。印度将发展“三位一体”的核力量作为实现大国梦想的重要支撑，其核战略已开始由“最低限度核威慑”提升为“有限核报复”。巴基斯坦的常规作战能力逊于印度，其核武库主要随印度核力量的发展而不断进行相应扩充。第五，朝鲜、伊朗将拥有核武器作为确保国家安全的保证。两国都长期受到美国的打压，伊拉克的前车之鉴使两国领导人更加坚决地认为，在整体军事力量与美国悬殊过大的情况下，掌握核武器技术乃至拥有核武器是确保国家安全的唯一出路。

五是核扩散势头仍在加剧。以色列、印度、巴基斯坦和朝鲜等事实有核武器国家，继续扩充规模、完善配系、提高效能。印度将战略核力量视为国防安全战略的基石，1998 年确立了新的核发展战略，2003 年正式出台了建立“最低限度可靠核威慑”的核政策，认为不仅要有可靠的“二次核打击”能力，而且还要确保其“二次核打击”具有“不可抵抗的毁灭性”。根据 2006 年《原子科学家公报》估计，印度目前可能已经装备了 50—60 枚核弹头，在未来 5—7 年里，印度的核武器数量还将有新的发展。1998 年 5 月，印度在连续进行了 5 次核试验之后，巴基斯坦迅速做出回应，于同月在其西南部的贾盖沙漠地区连续进行了 6 次核试验，此举表明巴基斯坦核武器的研制由秘密转向公开，标志其核政策发生了巨大变化。据瑞典斯德哥尔摩国际和平研究所 2005 年《全球年度军备调查》估计，巴目前拥有 30—50 枚核弹头。2006 年 10 月，朝鲜进行了首次核试验，标志着其核武器研制能力已达到一定水平。特别是随着 2009 年朝再次进行核试验，表明其可能已经具备制造具有实战化核武器的能力。日本核技术研究起步较早，20 世纪 30 年代即成功进行过人工碰撞原子核试验，1945 年成功分离铀 -235，并在朝鲜进行过原子弹研制。经过几十年的研发，日本核能技术日臻成熟，加之工艺精湛，核原料储备充足，日本发展核武器的能力已经具备。从技术及核原料储备情况看，日本已成为最有实力的“核门槛”国家。伊朗经过数十年的科研努力，可能已掌握了提炼高浓缩铀的技术。

六是无核国家积极参与国际核军控活动。截至 2010 年底，《全面禁止核试验条约》批约国数量已达到 153 个，签约国数量达到182个。美承诺将继续寻求批准《全面禁止核试验条约》。印度尼西亚、危地马拉、巴布亚新几内亚、伊拉克和泰国也于近期作出批约积极表态。国际社会普遍对此表示欢迎，并强烈呼吁尚未批约的国家立即无条件批准条约。作为核武器国家和条约生效所必须批约的国家，我国批约问题备受各方关注，不少国家在不同场合点名呼吁我国应尽快批约。美欧等西方国家将启动《禁止生产核武器用裂变材料公约》（简称《禁产公约》）谈判作为下一步多边核裁军的优先议程，大力推动日内瓦裁军谈判会议启动相关谈判。由于巴基斯坦独家阻挡，裁军谈判会议至今未能开展实质性工作。为此，美欧企图绕开裁军谈判会议启动相关谈判，并力推2011年9月由联合国秘书长召集举行高级别会议，讨论多边裁军机制的有效性，以期能够有效排除启动条约谈判的障碍。

（二）国际核军控形势的发展趋势

2009年9月24日，联合国安理会通过了美国策划的推动世界无核化的第1887号决议。奥巴马总统在联合国呼吁，世界各国都要为防止核扩散和最终无核化共同努力。他还承诺，美国将与俄罗斯通过谈判达成一项新的核裁军协议，大幅削减双方的战略核武器及其运载工具。作为世界上第一个核国家，作为世界上唯一在实战中使用过核武器的国家，美国的这一举措具有重要的意义和耐人寻味的战略考量。

一是围绕核优势的竞争与较量仍将继续。有核国家在削减核武库的同时，仍在不断改进和研发新型的战略核武器，以维持其无可比拟的核霸权地位，确保自身核威慑继续有效，甚至进一步提升核威慑效能。首先，继续推进核武器现代化进程。美、俄、英、法仍极其重视实现核力量的现代化，长期进行“次临界”

和计算机模拟等相关试验以及其他替代试验技术的研究；从未中断基于反物质弹头、纯聚变弹头、激光点火弹头和原子核同质异能素武器等第四代核武器技术的研究进程。其次，不断强化核武器突防能力。美发展常规反导系统以来，有核国家想方设法提高战略核武器突防性能，措施主要集中在弹头隐形、弹头加固、末段机动变轨、多弹头分导以及提高助推火箭速燃技术等方面。再次，持续提升核武器打击效能。手段主要包括提升导弹系统快速反应能力，提高核武器打击精度，以及提高核武器投送距离等。美、俄现役洲际弹道导弹的系统反应速度和弹头命中精度已有明显提高。美“民兵－Ⅲ”导弹系统反应时间已经压缩至2分钟以内，成为当前全球反应最快的洲际弹道导弹，其命中精度由90—120米提升至10米以内。俄“白杨－M”洲际弹道导弹命中精度已小于60米，在机动突防条件下命中精度不超过100米。印度、巴基斯坦、伊朗、朝鲜则致力于发展中远程弹道导弹。最后，更加注重核武器发射平台的机动性和隐蔽性。各有核国家重视发展公路机动型弹道导弹或潜射弹道导弹。核潜艇在机动性、隐蔽性和部署的灵活性等方面的优势更加突出。美俄等国围绕北极权益展开争夺，重要原因之一就是北极对实施战略核打击具有重要地理价值。

二是有核国家姿态积极，无核国家呼声增强。美国在《不扩散核武器条约》中表示，将降低核武器在国家安全战略中的作用，不再发展新型核弹头，承诺不对遵守《不扩散核武器条约》并履行不扩散义务的无核武器国家使用或威胁使用核武器。美俄签署新的双边核削减条约，承诺将各自部署的战略核弹头数量上限削减至1550枚。英国宣称支持无核武器世界的主张，并提出相关六点计划，呼吁有核武器国家削减核武库并将其维持在最低水平，建议五个有核国家展开战略对话，讨论最终彻底销毁核武器相关的政治、军事、技术和机制问题。法国继续标榜其核裁军成就，宣称其经过努力已裁减一半的核弹头，取消了陆基核武器并裁减了30%的空基和海基核武器。无核武器国家对多年来国际社会特别是核大国在核裁军问题上的进展缓慢表示不满，强烈要求核武器国家制定核裁军进程时间表，切实降低核武器在国家安全战略中的作用和核武器警戒水平，增加核武库透明度。不少发展中国家强烈呼吁有核国家彻底销毁并停止研发新型核武器，减少处于戒备状态的核武器数量。

三是在核裁军进程中大国都有着自己的战略利益考量。美国在大声疾呼“零核世界”的同时，仍然在投入巨资研制新型核武器、改造升级现役核武器及大力发展导弹防御系统，更不愿放慢在外空部署武器的步伐。这是自核武器问世半个多世纪以来，首个国家谋求攻防兼备的全面战略优势，是以普遍减损别国安全的方式在全球范围谋求自身战略优势地位的典型做法。对此，俄总统梅德韦杰夫申明，俄对于核裁军的条件是：必须防止在外空部署武器系统；不得通过扩充常规战略武器系统补偿削减的核武器系统；确保不建立可恢复的核力量；必须排除在别国领土上部署的进攻性战略武器。俄总理普京表示，俄将把达成新的核裁军条约与美在欧洲部署导弹防御系统问题相联系。

四是实现“零核世界”的目标任重而道远。两极格局解体后，美俄通过达成一系列核裁军条约，削减了1/2至2/3实战部署的战略核弹头。对美国而言，随着战略目标和战略打击力量的调整，尤其是常规战略打击能力和战略防御能力的发展，没有必要维持过于庞大的核武库。2009年5月，俄发表《2020年前俄联邦国家安全战略》，首次将消除全球核武器纳入视野。鉴于美国在欧洲的反导计划，俄罗斯要求维持与美国的核均势。美俄作为拥有全球95%以上核武器的国家，对于实现全面核裁军负有不容推卸的主要责任。首先，美、俄、英、法并未从根本上改变核武器在其国家安全战略中的作用，在今后相当长一段时期内，他们将继续依赖核武器的战略威慑作用。在当前复杂多变的国际关系和安全形势下，不排除这些国家重新强化核武器作用的可能。其次，美俄新的双边核削减条约实际意义不宜高估。双方都存在裁而不减、削而不毁的现象，仍保留大量拆卸的核弹头转为库存，可以随时重新进行实战部署。此外，美俄均在继续投入资金和技术力量，维持和强化其核威慑效能。再次，美俄达成新的双边核削减条约，促使启动多边核裁军进程的呼声上升，然而，目前远未达到多边核裁军所需的均衡合理前提。英、法等国仍在继续推进核武器的改进、改装和延寿，两国对本国参与核裁军进程设置了诸多远难实现的前提条件。同时，美国政府也认为，"零核世界"是一个长远目标，在核武器彻底销毁前，仍将确保其核武器的安全有效，继续发挥核武器威慑对手、保护美国及盟国安全的重要作用。总之，美国、俄罗斯这两个核大国，英国、法国这两个中等核国家，均还未下定决心走向"彻底清除核武器"的裁军道路。它们实际上是在"核裁军"的口号下，搞核武器状态的转换游戏，即从"待发、整装"状态转向"散装、贮存"状态，而没有销毁。一旦需要，就可以重新使之武器化，重新可以用于作战，对此我们必须清醒认识。

二、世界主要核国家核军控基本立场及分析

世界主要核国家对于核军控问题虽然有着相近的立场，但是由于各个国家的利益不同，追求的目标不同，核实力不同，军事斗争的对象不同，因此在对待国际核军控问题上的基本立场和做

法也大不相同。主要特点是：一是在外交上，都做出了积极支持核裁军的姿态。二是在口头上，对本国核力量都做出了进行裁减的承诺。三是在做法上，对于核武器的数量都进行了一定程度的裁减。四是在发展上，都在继续研制新型核武器或对现役核武器进行技术升级改造。

当前，世界核战略格局的结构没有发生实质性变化，尽管美、俄这些年来都先后进行了多轮核裁军，处于高戒备状态的核弹头数量有所减少，但两国所拥有核武器的数量仍占全球核武器总数的95%以上，其实际作战能力并未发生大的变化。而且，均继续对核武器及运载工具进行升级改造，美、俄在世界核军备格局中的决定性地位并未改变。英国、法国中等核国家地位则继续得以维持，既保留现有的规模数量，同时也在不断改善其技术及作战性能。世界区域性核扩散势头并未得到遏制，南非、以色列、印度、巴基斯坦和朝鲜等已成为事实有核国家，其中有的国家在努力扩大规模、完善配系、形成了实战能力。

（一）美国核军控基本立场

近年来，美国坚持“全面威慑”核战略，并不断调整和优化战略核力量结构，同时将以往单纯的核威慑转变为核常结合、攻防兼备的复合型军事威慑。奥巴马上台后，即要求国防部重新审议美国的核政策，评估核武器在国家安全战略中的地位与作用，并着手充实美国的核战略内涵。预计调整后的核战略将确保可靠核威慑与全面核优势，保持核力量运用的模糊性，重申向日韩提供“延伸威慑保护”的立场，坚持“新三位一体”发展战略，同步改进和发展核常兼备的军事力量；积极推动全球核裁军，遏制和削弱战略对手，确保其在核裁军问题上处于主动和有利的地位，以保持全面军事和政治优势。

一是美国当局核军控政策的调整动向。奥巴马上台后，利用不同场合宣示美国核军控政策的基本走向，积极倡导建立“零核世界”。透过美国当局对核裁军问题的主张和做法，我们可以看出美国核军控政策的大致轮廓主要包括三个方面：第一，积极推动美俄双边核裁军谈判。2009 年 4 月 1 日，奥巴马与梅德韦杰夫在伦敦举行峰会，一致同意启动新一轮双边核裁军谈判。4 月 22 日，美俄在罗马就谈判工作计划进行磋商。5 月 18—20 日，俄美首轮正式谈判在莫斯科举行。后经过多轮艰苦谈判，一直在三个方面存在着难以协调的分歧：首先，美国坚持将削减战略进攻性武器谈判与反导问题脱钩；其次，美国坚持把改装常规弹头的潜射弹道导弹排除在战略运载工具统计范围之外；再次，美国坚持认为双方均未在其他国家领土部署进攻性战略武器，新条约没有必要包含相关限制条款。2010 年 4 月 8 日，美俄在捷克首都布拉格正式签署了新的《削减战略武器条约》，这是美俄核裁军合作的阶段性成果，反映了美俄关系的现状，也将对未来美俄关系及世界核战略形势发展产生重要影响。第二，更加注重发挥多边核军控机制的作用。奥巴马积极推动国会批准《全面禁止核试验条约》，并使该条约尽快生效，这一点已在 2010 年 12 月得以实现。此外，美国还积极利用《不扩散核武器条约》的审议过程，大肆渲染其核裁军成果，以转嫁国际压力，继续把握国际核军控主导权。2009 年 5 月，美国和平研究所公布了由国会战略态势审议委员会撰写的《美国战略态势报告》，明确提出核战略对话的进程不应该只局限于美俄之间，美国应该努力将中国、印度，以及美国的盟国纳入这一进程。目前，美国有关核军控政策主张已得到国际社会的积极响应，多数无核武器国家及非政府组织的核裁军呼声不断高涨，西方大国在制定核裁军及防扩散国际议程方面正加强协调，其中，法、英、日政府先后就核裁军等提出了与美国高度一致的政策主张。第三，不断强化国际防扩散措施。奥巴马政府一再声称要防核扩散，强调恐怖分子获得核武器是全球安全面临的最紧迫和最严重威胁，积极推动加强国际原子能机构（IAEA）保障监督机制，并寻求将“防扩散安全倡议”和“打击核恐怖主义全球倡议”转化为长期性机制，提出举行全球核安全峰会。为让国际原子能机构发挥更大作用，美国已决定在今后 4 年内将该机构预算增加一倍，并力促各国接受该机构“附加议定书”。奥巴马政府还提出了一些防核扩散措施，包括建立新的国际核能体系，成立国际核燃料银行，建立乏燃料贮存中心等。以期借此修补防核扩散机制存在的漏洞，封堵核扩散源头，同时打掉无核国家获取核燃料的理由和借口，截断核武器级核燃料的再生渠道。在处理伊朗核问题上，奥巴马政府一改小布什政府的强硬政策，表示愿与伊朗直接接触和谈判，全面参与六国会谈机制。

二是对美国当局积极推进世界核军控进程的动因分析。在当前的国际核军控浪潮中，美国当局表现出了前所未有的积极姿态。这既是奥巴马政府对布什政府单边主义外交的反思与检讨，也是兑现自己在竞选总统时做出的承诺，更是因应新的国际安全环境、维护美国国家利益的战略举措，其更深层次的战略企图主要体现在五个方面：首先，企图打着核裁军的大旗重塑自身国际形象。二战结束后，虽然没有爆发世界性的大规模战争，但是局部战争一刻也没有停止过。回顾二战至今爆发的每场战争，可以说都与美国有关，或者是主动发起和直接参与，或者是主要的支持者和主导者，美国的好战形象和好战性质在国际社会是公认的。尤其是近十多年来，由于美国肆意阻挠，使得国际军控谈判进程停滞不前。美国单方面退出《反导条约》，又导致了国际核军控形势的严重倒退逆转，国际社会包括美国的一些盟国对美的强权霸道行径强烈不满。作为推行“巧实力”外交的措施之一，奥巴马试图通过支持“零核世界”倡议、承诺裁减核武器以及加强国际防扩散机制等主动措施，改变美国好战这一不良形象。在其《核态势审议报告》中也明确指出：“美国通过降低自己核武器的作用和数量，显示恪守《不扩散核武器条约》第六条的义务，推进核裁军，可使我国能够更有力地说服《条约》缔约国和我们共同努力采取必要的措施，使《条约》焕发活力并确保全世界核材料的安全。”企图重新赢得道义的制高点，赢得国际社会对美国的信任和支持，树立起美国爱好和平的正面形象。其次，力图进一步增强美国自身国家安全。他们认为，现有国际防核扩散机制和冷战时期形成的核威慑战略已不能确保自身安全。多年以来，尽管有《不扩散核武器条约》的制约，但是，核技术及核材料的扩散，事实有核国家的不断增加，恐怖组织获得核武器的可能性增大。加之一些国家缺乏核安全机制及保障技术，导致发生核事故、核误判或非授权发射核武器的几率增加，使美国不仅面临着多种传统威胁，而且还受到多种军事斗争形势的严峻挑战。由于美国现行的核威慑战略对作为非国家因素的恐怖组织并不构成直接威慑，美推动裁减核武器不仅可以削弱敌对有核国家的威慑实力，而且可以迟滞和阻止朝鲜、伊朗等敌视美国的国家以及国际恐怖组织拥有核武器，帮助美国巩固和强化国际核军控领域的领导地位，进而影响和主导世界防核扩散、核反恐活动的进程，解决当前美国面临的最现实、最紧迫的所谓核恐怖威胁等问题。再次，力求重新经营谋划大国关系。奥巴马上台后，把“重启”美俄关系作为打开外交局面的重要标志，针对俄罗斯不堪维持庞大陈旧核武库的现状，积极推动美俄核裁军进程，期待以双方共同关注的削减战略武器谈判为突破口，争取主导两国关系发展的控制权和主导权。通过推动与俄罗斯新一轮的双边核裁军谈判，影响俄罗斯核政策的调整与核力量的发展方向，在《第一阶段裁减进攻性战略武器条约》失效后，以新的条约继续维护与俄罗斯的核战略关系稳定。与此同时，美还试图利用开展中美核战略对话，建立双方核战略互信，迫使中国进一步实现核透明，以达到准确掌握中国核实力、遏制中国战略核力量发展的目的。《美国战略态势报告》认为，在美国削减核武器的同时，由于中国核力量的发展，美国的优势将会受到一定的削弱，而且中国的发展还可能导致地区军事力量的失衡，使美国对盟国提供延伸威慑保障的负担增大，影响其与俄罗斯的双边核裁军。在这种形势下，奥巴马政府必然会进一步加大与中国的核裁军对话力度，以确保其战略优势地位不会降低。又次，把金融危机对美国综合国力带来的负面影响降到最低。世界金融风暴对美国国民经济带来了极大冲击，当前虽然金融危机已经过去，但是所带来的经济压力和对美国综合实力的负面效应并没有完全消除，特别是还要应对国内日趋高涨的各种经济问题的反对呼声。在这样的形势下，美国应大幅减少核力量维持军费，而这种极其高昂的投入虽然有必要，但是真正使用核武器打仗的情况仍然十分渺茫。更加现实和紧迫的是，必须把更多的军费应用到更需要的地方，如用于实现战略东扩的目标、用于打击所谓恐怖主义、用于应对日趋紧张的东北亚军事形势、用于应付正在进行的几场局部战争等。这也是美国竭力宣扬并积极推进核军控、核裁军的主要动力之一。最后，进一步巩固美国一超独霸的军事地位。为谋求降低对传统核力量的单纯倚重、强化“新三位一体”战略力量体系建设，加快“全球快速打击”力量发展进度，完善外空支援系统。通过促进军事转型，美常规军事优势已遥遥领先其他国家，有些常规武器系统具备远程、快速、精确打击效能，已能起到核武器的战略威慑作用，从而使其他新型军事能力在美国军事战略中的地位作用相对上升。奥巴马积极推动多边核裁军，其中固然有应对核形势发展变化、减少专项军费开支等考虑，但更重要的意图是，促成俄罗斯等核国家深度削减核武库、冻结核武器材料生产并彻底禁止核试验，从而大幅削弱这些国家的核威慑能力。与此同时，美国近年来调整过度倚重核力量的战略，利用核裁军淘汰老旧核武器节省了大笔维护费用，可进一步优化常规军事力量，谋求核常并举，以更加灵活多样的手段进一步巩固全球战略优势。核武器制造技术的进步使得美国无须依靠数量来取得预期效果。多种新型常规武器在打击精度、突防能力及杀伤威力方面的显著提高，又促使了美国加速淘汰过时的核武器，继续有效地巩固和保持了自身国际军事霸权地位。

2010 年 10 月 12 日，我国外交部与国家军控与裁军协会在北京组织召开了国际核军控形势小型研讨会，重点对美国核军控政策调整进行了深入研讨。会议认为，美国通过精心策划和缜密部署，充分体现了其“巧实力”新的外交手法和更加灵活的策略运用。美国核军控政策调整的重要背景之一，就是其常规武器装备的高新科技水平不断提高。多年来，美国在维持核力量规模和能力的同时，大力研发非核武器系统，包括导弹防御、远程快速精确打击、外空军事能力、信息战能力、新概念武器等等，没有任何其他国家能够与之相匹敌。美国在非核军事力量方面的快速发展，使其即使大幅度裁减核军备，也不会影响与其他国家极度悬殊的军事优势。当前美国核军控与裁军政策的调整，虚多实少，只是换了包装，对其核武器政策的两大战略目标——核威慑及核实战能力，并无大的影响。奥巴马政府一面表示不研发新型核武器，同时又计划在未来 10 年内投入 1800 亿美元巨资用于升级现有核武库及相应运载工具。美国当前的核军控基本立场，其实质是制约别人、发展自己。

（二）俄罗斯核军控基本立场

长期以来，俄罗斯强调依靠强大的军事实力、特别是能够与美国势均力敌的核力量，来降低对俄罗斯的各种军事威胁，强调要时刻保持高度战备，确保对任何潜在敌人进行战略遏制，尤其是以战略核遏制来应对可能遭到的入侵。俄罗斯在与美国进行削减战略核武器谈判的同时，继续加强核力量建设，降低使用核武器“门槛”，增加核运载工具试验次数，扩大战略轰炸机巡逻范围，加大核导弹部队演练。俄罗斯在2009年5月出台的《2020年前俄联邦国家安全战略》中，修订了军事学说，再次明确了俄面临的主要军事威胁，强调了加强国家安全支柱力量建设的极端重要性，并对其核军控与核裁军政策作了进一步阐述。

一是俄罗斯核军控政策调整的主要动向。俄罗斯当局关于参与国际核军控活动的基本政策调整动向主要体现在三个方面：首先，坚持将核武器削减与反导等问题挂钩。随着俄战略核武器部署规模的逐步缩减，美全球反导体系对俄战略威慑能力的削弱、抵消作用持续凸显。同时，由于核打击和防御日渐倚重军事航天力量，俄还将在核裁军谈判进程中继续反对美国逐步推进的外空武器化进程。俄官方对谈判进程态度谨慎，这是因为俄美在削减战略武器细节方面存在诸多难题，特别是在反导问题上分歧严重。俄外长拉夫罗夫曾表示，双方谈判的最终结果应保障“平等的安全”，而要保障双方“平等的安全”，就必须考虑美国在东欧部署反导系统的问题。俄总理普京表示，新条约的一切进展都取决于奥巴马政府在导弹防御方面的立场。俄方认为，东欧反导计划对俄国家安全构成严重威胁，两国要签署条约需要克服种种困难，其中美俄能否在反导问题上达成一致意见最为关键。其次，坚持与美进一步扩大核武器削减范畴。美在削减核武器问题上通过将实战部署的核弹头转为库存的方式回避实际裁减，从而为自己保留了恢复大规模部署核武器的有利条件。为改变美俄“不对等核裁军”的不利局面，防止美进一步拉大与俄在核弹头数量上的实质优势，俄罗斯将继续加大对削减库存核弹头问题的关注力度，推动将核弹头的不可逆削减纳入新一轮核裁军的谈判议题。同时，俄还坚持新条约不只是限制核弹头，还要限制战略运载工具，如洲际导弹、潜射导弹和战略轰炸机等。俄罗斯之所以这样做，一方面是因为在总体上美国的运载能力超越俄罗斯，另一方面也是俄罗斯试图通过新的条约限制美国将弹道导弹改装加载常规弹头，执行其全球打击任务。再次，俄要求实施严格有效的核查机制。俄提议基本沿用现场视察加综合侦察手段的模式，同时为核查增加有实际意义和可操作性的相关规则，也就是核武库的透明性问题，这也是俄罗斯军控议程的核心。俄计划主要靠销毁运载系统来减少它的库存，因为它缺乏资源来使现存的导弹现代化或在足够的数量下生产新的导弹。俄方认为，销毁应是绝对销毁，即物质上的销毁；美方所说的裁减核武器不是销毁，而是将核武器从部署状态转为储存状态，需要时可以恢复部署，这与俄方提出的销毁不可逆是抵触的。俄方坚持，双方的核裁减要通过条约形式确定，有相关措施保证确认、可核查，确保双方真正履行达成的协定。最后，俄还坚持将常规战略武器问题纳入谈判范畴。俄认为，现有的导弹预警系统尚不能有效识别来袭导弹携载的是核弹头还是常规弹头。一些新型常规战略打击武器的效能已接近战略核武器，增加了对俄固定部署型战略核武器的威胁，加大了防御和反击的难度。同时，俄提议与美共同限制他国发展和部署反导系统，或推动将英、法、中3个有核国家纳入核裁军进程等，以继续维持俄美在世界核力量格局中的主导地位。

二是俄罗斯核军控政策调整的动因分析。俄罗斯核军控政策的调整，有着深刻的国际国内背景因素，主要体现在三个方面。首先，通过核裁军维持与美对等核大国的地位。目前，俄军战略核力量老化严重，新型战略核武器尚未形成体系，有的型号还在试验阶段，已经部署的也未形成足够规模，使其在核裁军问题上相对被动。尽管俄美两国一致决定通过一系列谈判来进一步削减进攻性战略武器，但俄高层认为，美企图通过核裁军削弱俄核打击能力，使俄失去与美抗衡的重要资本，从根本上降低俄对美的直接威胁。因此，俄在核裁军问题上的关切重点，是最大限度地保存战略核力量的威慑实力和持续发展，维护与美对等的核大国地位，并迟滞美发展新型战略威慑体系。其次，通过核裁军牵制美反导等常规力量建设。俄罗斯总统梅德韦杰夫将“零核世界”与《欧洲安全条约》联系在一起。他在赫尔辛基大学说：“关于《欧洲安全条约》的努力还会促进另一项重要任务，即推动‘无核武器世界’的进程。在这个过程中，五个大国特别是俄罗斯和美国肩负着特殊责任。”2009 年 5 月公布的《2020 年前俄联邦国家安全战略》，再次提出彻底消除全球核武器，但强调现阶段俄仍将在维持战略核力量的同时，实现军事现代化。文件指出，如果美国部署全球反导系统并实施全球快速打击计划，俄将在 2020 年前采取一切必要努力，以最小开支维持与美国在进攻性战略武器领域的力量均衡。另外，俄罗斯在与美国的核军控谈判中提出，进行核裁军必须要与反导系统、常规军事力量的发展挂钩，其意图也是通过核裁军增大对美常规军事力量发展的牵制和制约。再次，通过核裁军减少庞大的核武库维持费用。在长远的未来，俄需依靠发展环境的战略稳定来获得国家快速发展的有利条件，而保障战略稳定的途径包括逐步推动世界“无核化”进程，建立所有国家平等的安全条件。俄罗斯在进攻性战略武器领域遵循“维持稳定和可预见性原则”。根据美国权威专家的估计，即使没有裁减措施，俄罗斯的运载工具也会因费用问题自然缩减，虽然俄罗斯经济有所好转，但长期维持数量庞大的运载工具、特别是核武器的维护费用仍是一笔巨大的开支。在以上背景下，俄罗斯才会如此积极地与美国一次又一次地进行核裁军谈判。

（三）英国核军控基本立场

英国致力于保持独立的核威慑，力图继续保持完好的核威慑力量，维护其核威慑国家地位，满足自身更富进攻性的核政策要求，并采取了多种更新核武器的措施，使核力量建设不断加强。英国政府坚持保留核武器，认为核武器是保护国家安全的重要支柱；同时，也高调支持核裁军，在英国国内和其他国家中建立道义优势。近年来，英国政府在国际核军控及防核扩散领域较为活跃，在深入分析未来国际安全形势的基础上，先后提出了一系列核军控与核裁军政策主张。

一是英国核军控政策调整的主要动向。英国在参与国际核军控活动中，其政策调整主要呈现出三个方面的突出特点。首先，高调宣示单边核裁军。2009 年 9 月，英首相布朗在联合国安理会核不扩散与核裁军问题峰会上宣布将现有的 4 艘“三叉戟”核潜艇削减为 3 艘，已部署的近 200 枚核弹头进一步裁减到 160 枚以下，核弹头库存规模裁减 20%，同时还呼吁其他核国家共同推动核裁军。届时，英核武库的总爆炸当量将比冷战时减少大约 75%，核威慑力量将低于全球核武器数量的 1%，从而成为世界五个核国家中核武器数量最少的国家，也是唯一一个只有海基核威慑力量的国家。其次，积极推动核不扩散和多边核裁军。英国愿意参加国际多边核裁军进程，但主张有核国家应坚持全面销毁核武器的目标，采取具体步骤，逐步裁减核弹头数量，特别是美俄作为世界最大的核武器国家，应率先进行大幅度核裁军。英国呼吁所有国家尽快批准《全面禁止核试验条约》并使之早日生效，尽早启动《禁止生产核武器及其他核爆炸装置用裂变材料条约》的谈判。对于核裁军核查新倡议，英国希望成为国际“核裁军实验室”，并且在2010 年主办了由 5 个核国家实验室参加的核查技术会议，促进了有核国家建立互信、共同解决裁军核查中的一些技术问题的进程与发展。再次，坚持在 2050 年前继续保持核威慑力量。英国认为，在未来 20—50 年间，对英国或北约盟国的重大、直接核威胁可能重新出现，核国家有可能较快地改变其使用或威胁使用现有核武器的意图，并有可能严重威胁英的重大利益。未来存在国际恐怖势力获得核武器的风险，英国的核威慑不是用于威慑非国家实体，而是要影响可能会将核武器或核技术转让给恐怖势力的国家，并对支持向英重大利益进行核攻击的国家实施相应的核报复。英国继续拥有核威慑力量，可确保重大利益不受威胁以及外交和安全政策选择不受限制。

二是对英国核军控政策调整的动因分析。英国的核军控、核裁军长期以来坚持两个原则：威慑和阻止原则，英国的核武器不是在发生冲突时用于军事目的，而是用于威慑和阻止核讹诈以及对英国重大利益的侵犯，英国只有在自卫的情况下才考虑使用核武器。英国政府刻意采用了模糊性原则，有意在何时、以何种方式和以何种规模考虑使用核武器上保持模糊。不对可能的侵略作简单化判断，不过分精确地确定可能考虑使用核武器的情形，既不确定也不排除首先使用核武器。对于英国核军控政策调整的动因，我们分析主要有两个方面。首先，认为目前只能部分减少而并非彻底销毁核武器。英国致力于实现不需要核武器、更安全的世界，并将继续在国际军控、阻止生化和核扩散中发挥作用。但因核扩散威胁继续存在，其他国家仍保持大规模核武库，保持最低限度的核威慑能力仍将是英国安全的必要因素。当前，英不能全面核裁军，主要理由有：世界上大规模的核武库继续存在，其中一些国家正在进行核武器现代化建设，并在扩大其核武器库；核扩散在继续；弹道导弹技术在扩散；大多数工业化国家有能力发展生化武器。其次，英国当前亟需有效缓解自身核压力。英国政府对2020—2050年的国际核安全形势进行了深入分析和判断，决定继续保持独立的核威慑力量。英国虽然赞同建立无核武器世界的设想，但认为自身仍然受到许多传统和非传统威胁，要真正实现彻底核裁军所需要的更安全和更可预测的全球政治环境当前还不存在。英国提出一些推动国际多边核军控和裁军的主张，旨在缓解无核国家要求核国家裁军的压力，特别是减轻英国在世界核不扩散问题上面临的压力。

（四）法国核军控基本立场

法国一直致力于保持一支独立的现代化核力量，强调核威慑的唯一目的是遏止任何国家对法国国家关键利益的侵犯，并明确表示支持和积极推进世界核裁军进程。

早在1993年12月，法国就在联合国大会投票支持关于核禁产协定的建议，并于1995年在核不扩散会议上支持“早日结束关于不歧视和普遍适用的禁止生产用于核武器或其他核爆炸装置的裂变材料公约谈判”。1996年，法国总统希拉克宣布，法已于1992年停止了军用钚和高浓缩铀生产，其相应生产厂家于1996—1997年关闭并清空。然而，法国的裂变材料库存量仍然较大，法国政府将现有库存视为停止生产武器级裂变材料的一个重要理由，这些库存在近期或较长时期内非军事化或大量转入民用的可能性不大，虽然法国“可能已把从武器上拆下的一些数量保密的钚转入了民用项目”。

萨科齐就任总统以后，法国政府在核军控与核裁军政策上出现了重大调整。2008 年 12 月，萨科齐致信联合国秘书长潘基文，代表欧盟提出了防止核武器扩散以及核裁军的一系列新建议，希望各国批准《全面禁止核试验条约》。建议包括：世界各国普遍批准《全面禁止核试验条约》，建立有关核查机制；尽早通过公开、透明的方式拆除所有核试验装置；尽早无条件开始谈判一项关于禁止用于核武器的核裂变材料生产的国际条约；同时尽早暂停生产上述核裂变材料；将减少和销毁有关国家拥有的战术核武器问题纳入全球核裁军进程；就禁止地对地中短程导弹条约问题展开磋商。

（五）“核门槛国家”核军控基本立场

我们把事实上已经拥有核武器、但是还没有得到联合国及国际社会认可的有核国家称为“核门槛国家”或“准核国家”，主要有印度、巴基斯坦、南非、以色列和朝鲜等。其中，印度将发展“三位一体”核力量作为实现大国梦想的重要支撑，其核战略已开始由“最低限度核威慑”转变为“有限核报复”。巴基斯坦的常规作战能力逊于印度，其核武库主要随印度核力量的发展进行相应扩充。朝鲜、伊朗长期受到美国的打压和封锁，伊拉克的前车之鉴使两国当局认识到，在综合国力、军事力量与美国悬殊极大的情况下，掌握核武器技术乃至拥有核武器是确保国家安全的重要途径。

一是印度核军控基本立场。印度承诺不首先使用核武器，积极发展中等规模、以陆基导弹为主、具有较高可靠性和较强生存能力的“三位一体”核威慑力量。首先，大力发展战略核力量，提升国家军事实力。印度把发展核武器作为巩固国家安全、提升国际政治地位的战略举措。多年来，印度一直致力于建立由战略战术导弹、核潜艇、战略轰炸机、导弹预警卫星、侦察卫星及指挥控制系统等组成的核力量作战体系。早在1998年，印度政府就确定，到2030年制造储备350~400件核弹头，构建以核导武器为核心的战略威慑力量体系。2009年7月，印度第一艘核潜艇“歼敌者”号下水，这使印成为继美、俄、英、法、中之后的第六个拥有核潜艇的国家。核潜艇的建造成功，使印“三位一体”核力量建设朝前迈进了一大步。2010年12月，印度当局决定，今后三年内将投入1112亿美元用于军购，其中相当大的部分用于与核力量有关的技术、材料及武器装备发展。其次，消极对待国际核军控活动，借助外力发展自身核力量。目前，印度在核裁军问题上的政策取向主要表现为消极对待、借助外力、趁机发展。印度目前是世界各大战略力量竞相拉拢的对象，在外部环境、原料供应以及技术发展方面得到俄罗斯、美国及其盟友的特殊“关照”。2006年3月，美印达成《核技术合作协议》，在一定意义上默认了印度核国家身份。2009年12月，俄罗斯总统梅德韦杰夫与造访的印度总理辛格举行会晤，签署了民用核能合作协议。俄罗斯在协议中将核技术转让与印度核试验脱钩，保证即便在签署协议后印度进行核试验，俄罗斯也会不间断地向印度提供浓缩铀等核燃料。与2006年美印达成的核能合作协议相比，俄印核协议走得更远，是俄罗斯彻底对印度发展核技术、进行核试验的“放行”。再次，以核禁试姿态争取政治和军事利益。印度是最早提出就禁止核试验达成国际条约的国家之一。1954年印度总统尼赫鲁致信联合国秘书长，呼吁达成停止核爆炸的国际协议。在此后相当长的时间里，印度一直是推动国际社会达成禁止核试验条约最为积极的国家之一。1963年印度成为《部分禁止核试验条约》的最早成员之一。1993年印度仍然支持日内瓦裁军谈判会议通过的就尽早达成一项全面禁止核试验条约进行谈判的决议。但是，到了 1995 年印度开始改变在这一问题上的立场，表示不支持绝大多数国家支持的《全面禁止核试验条约》草案，理由是“该草案没有对核国家规定核裁军的时间表，不符合印度的最高国家利益”。1996 年，印度以同样的理由，在世界绝大多数国家支持这一条约的情况下，成为该条约的三个反对国之一。我们认为，在 1995 年之前，政治利益要求印度与不结盟国家在国际核裁军问题上的基本立场总体保持一致，在与本国利益联系密切的形势下，印度才转为反对全面禁止核试验的国家立场。

二是巴基斯坦核军控基本立场。巴基斯坦强调建立“最低限度的核威慑”力量，不承诺放弃首先使用核武器，积极发展以陆基为主，空基为辅的核力量体系。近年来，巴基斯坦安全形势动荡，其核武器及核设施的安全性备受质疑，巴核安全问题引发国际关注。美媒体宣称，巴政局动荡，政府面临内忧外患，特别是国内恐怖势力抬头，使巴安全形势更趋严峻，巴核武库安全风险上升。首先，以应对印度威胁为目标发展核威慑能力。巴基斯坦没有公布完整的核武器政策，但从巴基斯坦政府战略计划司等部门的有关报告中可以看出，无论是全面常规战争、有限战争，还是低强度冲突，其面临的威胁主要来自印度。巴基斯坦当前的主要做法是：不追求与印度在核武器数量和当量上的完全对等，但要拥有可靠的核威慑力量，保持最低限度核威慑，谋求与印度保持核力量的大致平衡；不承诺“不首先使用核武器”，不放弃继续进行核试验的权利，不放弃核选择权；以印度大中城市、工业中心及武装部队集群为打击目标；加紧构建核力量体系，建立并完善核战略指挥机构，缩短反应时间，努力建设第二次核打击能力。其次，拒绝参加有关禁止生产核武器裂变材料谈判。2009 年 5 月，日内瓦裁军谈判会议成员曾提议，提出应尽快通过旨在停止生产用于制造核武器的高浓度铀和钚的《禁止生产核武器裂变材料公约》，巴基斯坦以拥有核武器的印度对其构成“明显且迫在眉睫的威胁”为由，拒绝参加有关禁止生产核武器裂变材料的全球谈判。巴基斯坦的立场对于致力于重启全球核裁军进程的奥巴马政府来说是个打击。面对美国的种种责难和技术封锁，巴基斯坦驻日内瓦大使阿克兰称，“该条约将把巴基斯坦置于一个永远不利的局面，巴基斯坦不能接受一份仅仅禁止未来生产裂变材料的协议，”他告诉记者，“这只能扩大不平衡，这是我们无法接受的。”阿克兰表示，巴基斯坦最初对奥巴马政府的核裁军意愿感到乐观，但这种意愿很快就令人大失所望。其他国家还在向印度出售武器，而根据美国与印度 2006 年签订的民用核协议，印度已与美国等国家就购买核技术及核材料展开了合作。

（六）日本核军控基本立场

日本既不是有核国家，也不是核门槛国家，但其贮存着大量核材料，具有研制和发展核武器的能力，加之日本与我国相邻，又对我国有过侵略的历史，对于日本的核动向、核立场，我们必须随时予以高度关注。

2009 年 5 月 30 日，日本前防卫相浜田靖一在新加坡“亚洲安全会议”发表演讲表示，坚决支持美国总统奥巴马的“零核世界”提议，并要求中国也进行核裁军，还暗指中国国防预算增长问题，称“军备情况、武器转移和国防费用的不透明是引发不信任和猜疑的原因”，要求中国提高透明度。当前，日本当局对国际核军控问题的基本立场主要体现在三个方面：

一是对“零核世界”主张假欢迎真反对。不论是日本外相、防卫相，还是驻有关国家的大使，都曾表示坚决支持美国总统奥巴马的“零核世界”提议，但一旦谈到核裁军实质问题时，立场就出现180度变化，强烈要求美国持久保持对中国的核优势。日本要求奥巴马政府不要过快制定大规模裁减核武器计划，理由是：美国如果大幅度裁减核武器，将削弱在亚洲的延伸威慑效能，将削弱美国核力量对中国的绝对优势，结果可能导致中国改变最低限度核威慑战略，导致中国在核战争时有更多更好的自由和选择。日本不希望美国与中国在核力量上达成平衡，不赞成美国与中国形成相互确保摧毁的战略关系。

二是日本积极谋求发展核武技术和原料储备。日本一再声称，自己是无核国家，坚持无核三原则。但真实情况并非如此，日本在享有美国核武器保护伞的同时，还在努力发展核武器相关技术和原料储备，日本通过引进、再加工等方式积极储备铀、钚等核原料，且数量充足；具备先进的离心浓缩铀以及钚提纯技术，可满足生产武器级铀及钚的需要；不断研制各种新型火箭，发射卫星的火箭只需稍作改变，即可成为投掷核弹头的弹道导弹。

三是日本民间要求发展核武器的呼声日趋高涨。日本右翼力量以朝鲜发展核武器威胁本国安全为借口，近年来、特别是在2010年，通过游行、静坐、上书等多种形式，竭力呼吁日本当局研制、发展核武器。据2010年10月份的一次媒体民调显示，日本民间赞成发展核武器的比例达到了65%，这一民众诉求虽然多为右翼势力，但其一定的民意基础及发展前景应引起世人的高度关注。

三、我国参与国际核军控活动的指导思想与基本理念

党的历代领导核心始终高度关注世界核军控形势的动态与发展，围绕确保国家安全，先后形成了一系列具有中国特色的核军控思想，为研究并确立我国应对国际核军控活动的战略与策略提供了基本依据和重要遵循。

2009 年 9 月 24 日，在纽约世界核裁军峰会上，胡锦涛主席作了题为《共同缔造普遍安全的世界》的演讲。他指出：当前，国际安全环境复杂多变，核扩散问题突出，核裁军任重道远。提出了五点主张：第一，维护全球战略平衡和稳定，积极推进核裁军进程。所有核武器国家应该切实履行《不扩散核武器条约》规定的义务，公开承诺不寻求永远拥有核武器。拥有最大核武库的国家应该继续率先大幅度实质性削减其核武器。《全面禁止核试验条约》应该早日生效。应该尽快就“禁止生产核武器用裂变材料条约”进行谈判。条件成熟时，其他核武器国家也应该加入多边核裁军谈判进程。为最终实现全面彻底核裁军，国际社会应该适时制订一项切实可行的分阶段的长远规划，包括缔结《全面禁止核武器公约》。第二，放弃以首先使用核武器为基础的核威慑政策，切实减少核武器威胁。所有核武器国家应该明确承诺无条件不对无核武器国家和无核武器区使用或威胁使用核武器，并就此达成有法律约束力的国际文书。同时，核武器国家之间应该谈判缔结互不首先使用核武器条约。第三，巩固国际核不扩散机制，防止核武器扩散。所有国家应该加入《不扩散核武器条约》，切实维护和加强条约权威性和有效性。强化国际原子

能机构保障监督职能。所有国家应该严格履行防扩散义务，不搞双重标准，加强和改进防扩散出口管制。第四，充分尊重各国和平利用核能的权利，积极开展国际合作。发达国家应该积极帮助发展中国家为和平目的开发利用核能。国际原子能机构应该加大投入，推动核电、核安全、核技术应用等方面技术合作和援助。第五，大力加强核安全，切实减少核风险。各国应该严格遵守核安全领域各项国际法律文书，采取切实措施，确保其核设施和核材料安全，有效防止核材料流失。国际社会应该加强合作，共同打击核恐怖主义。随着国际核军控形势的快速发展，党中央高瞻远瞩、审时度势、着眼大局，提出了一系列重要战略思想，对于我国参与国际核军控活动具有重要的指导意义。

（一）基本依据

我国应对国际核军控活动的战略与策略，特别是党的历代领导核心先后提出的战略指导思想，是确保我们在相应国际活动中维护国家核心利益及国家安全的重要依据，具体体现在五个方面：

一是党的历代领导核心的基本思想。党的三代领导核心和胡锦涛同志关于我国战略核力量的建设与发展的重要思想和指示，是指导我国参与国际核军控活动的思想与理论基础，我们必须在此基础上深入研究和确立我国参与国际核军控活动战略、策略的指导思想。

以毛泽东同志为核心的党的第一代领导集体，作出了创立我国战略核力量的伟大决策。1956 年 4 月，毛泽东同志在《论十大关系》中指出，我们“不但要有更多的飞机和大炮，而且还要有原子弹。在今天的世界上，我们要不受人家欺负，就不能没有这个东西”。1958 年 6 月，毛泽东主席在军委扩大会议上再次强调研制核武器的必要性和可能性。他指出，“原子弹就那么大的东西，没有那个东西，人家就说你不算数。那么好吧，我们就搞一点吧。搞一点原子弹、氢弹，我看有十年功夫，完全可能。”毛泽东主席强调，“原子弹要有，但是搞起来也不会多。搞起来吓吓人，壮壮胆”。“原子弹、导弹无论如何也不会比别人做得多”。后来，毛泽东同志还提出了我国发展核武器要“有一点、少一点、好一点”的方针，以及“我们从防御上发展”等一系列重要思想。毛泽东核战略思想的核心是，我国必须要有核武器，而且必须要顶用。

邓小平同志历来对我国战略核力量的建设发展高度重视。1983 年 11 月，邓小平同志在同外宾的一次谈话中，阐述了我国核政策的基本理论。他指出，“我们多次讲过，我们那一点核武器算什么！只是体现你有，我也有，你要毁灭我们，你自己也要受到点报复。”“我们现在还是这个立场，我们还要发展一点，但怎么发展，还是有限的”。核力量有限发展但要精干有效，他指出，“武器要更新，方针是少而精。‘少’是数量，‘精’是一代代提高。量不要求大，有吓人的力量”。邓小平核战略思想的核心是有限和有效。

江泽民同志高度关心我国核力量的建设与发展。1990 年 2 月，江泽民同志为某部题词：“加强战略导弹部队建设，保卫祖国安全维护世界和平”等等。江泽民核战略思想的核心是协调发展。

胡锦涛同志担任军委主席后，高度重视我国战略核力量建设。他要求这支力量要“努力做到在思想政治上非常过硬，在军事技术上非常过硬，在作风纪律上非常过硬，在遂行任务上非常过硬”。这“四个非常过硬”，为我国战略核力量在新世纪新阶段的建设和发展指明了方向。胡主席还提出，要用科学发展观统领我国核力量的建设发展，统筹协调各方力量，充分调动各方积极性，积极推动我国的战略核力量又好又快发展。胡锦涛核战略思想的核心是科学发展。

二是我国所受到的重大核威胁。分析2030年前后的国际核战略形势走向，我国所面临的军事威胁主要来自美国及其同盟。首先，它们将我国作为潜在核作战对手。在2002年美国公布的《核态势审议报告》中，公然把我国列为核打击对象，并将台海发生战事作为使用核武器的时机之一。其次，美国加紧研制和部署针对我国的导弹防御系统。近年来，不断加快导弹防御系统研制和部署的进程，目前除与以色列、德国、意大利、日本等盟国合作外，还针对我国导弹来袭的方向部署了导弹拦截器。随着美国导弹防御技术的不断发展，激光武器、粒子束和高功率微波等定向能武器也将进入实用和部署阶段。再次，美国积极推进核武器系统的升级换代。为继续保持其核"霸主"地位，美国大力加强"实战型"核武器研发，继续提高命中精度、毁伤控制和突防能力，注重增强运载工具的通用性，注重对核武器系统的升级换代和信息化改造，这些都对我们的国家安全带来了直接和现实的重大威胁。

三是我国周边核环境不断恶化。我国周边事实有核国家已达到5个，被包围的程度在世界大国中最为严重。南亚地区，印、巴军事冲突不断，两国都将核武器作为制衡对方的砝码，且该地区恐怖势力和极端势力活动猖獗，核武器或核装置落入极端恐怖组织手中的可能性不能排除。印度为谋求亚洲军事大国及核大国地位，不断加快核武器实战化进程，努力扩大核武库规模。在东北亚，朝鲜半岛核问题波折不断，危机频发，严重冲击着东北亚地区的安全形势。日本、韩国国内要求发展核武器的呼声不断高涨，且两国早已具备发展核武器的能力。伊朗已具备发展核武器的条件，该国的现状也极有可能成为一些国家发展核武器的理由和借口。

四是国际核裁军进程快速推进。世界核裁军进程在缓慢进展多年后，目前出现了快速发展的局面。自 2008 年 12 月，来自 9 个国家的 100 多名政要在巴黎提出“零核世界”及“核不扩散”的倡议后，迅速得到了国际社会 160 多个国家的普遍呼应。主要核大国核裁军姿态积极，美国 2008 年宣布提前实现实际部署核弹头减半的目标，并称将进一步实施核武器削减计划，俄罗斯也提出大幅削减核武器计划。核大国积极推进核裁军进程有着各自的战略意图，美国是为了尽快改变其好战形象，重新赢得国际社会的信任和支持；俄罗斯是为了减少巨额核军费投入，进一步优化武装力量结构组成。国际核裁军进程的加快，对我国核力量的透明度问题带来了新的压力。

（二）指导思想

我国参与国际核军控活动的战略与策略，应以党的历代领导核心的核战略思想为指导，以我国核政策为依据，以有效维护国家安全和利益发展为目标，积极适应国际核裁军形势和军事斗争需要，加快建设，稳步推进，确立“积极参与，为我服务，坚定立场，灵活应对”的指导思想。

积极参与，即我国应积极参加国际社会的核军控及核不扩散活动，让世人更多地熟悉我国的基本核政策，了解我国发展核武器的最终目的是为了彻底销毁核武器的国家立场。同时，积极参与也符合我国要最终“彻底销毁核武器”的基本国策和奋斗目标。为我服务，通过参加国际核军控活动，达到有效维护我国国家安全、维护日趋拓展的国家利益的目的，并争取宝贵的时间和机遇，确保我国核武器、核设施的安全与可靠。坚定立场，根据维护国家安全及国家核心利益的需要，不断提高自身的能力潜力。灵活应对，在参与国际核军控活动中，必须讲究高超的运用谋略，通过扎实的努力和阐述，让国际社会特别是发展中国家正确理解我国的基本核政策、核思想，这是提高我国参与国际核军控活动可信度的基础和前提。

（三）基本原则

我国参与国际核军控活动，在上述指导思想指引下，应确立并遵循“维护利益，树立形象；着眼全局，科学规划；突出重点，把握关节；健全机制，政策配套；可信可靠，机动灵活”的五项基本原则。

一是维护利益，树立形象。我国是联合国常任理事国之一，是负责任的政治大国，但同时也是世界最大的发展中国家，国民的人均收入水平和人均消费水平仍然处于国际平均线以下。整体军事能力比较薄弱，核力量的综合实力在世界五个有核国家中数量最少、实力最弱。在国际核军控形势快速发展的情况下，我们应通过努力，树立起爱好和平的国际形象。

二是着眼全局，科学规划。着眼维护国家安全的最低需要，着眼有效应对国际核军控形势快速发展的新情况，科学统筹建设需求与实际可能、扩大规模与提高效能、巩固现有能力与新的能力生成等方面的关系，周密进行需求论证，加强顶层规划设计，使我们确立的应对战略与策略，建立在科学、合理的基础上，形成有理、有利、有节的应对之策。

三是突出重点，把握关节。坚持有所为、有所不为，突出理论指导、形势分析、团队建设、应对策略、健全机制等参与国际核军控活动的重点问题，深入研究论证，并从理论和实践的结合上找出带有规律性的关键环节，抓重点带全面，抓关键带一般，分清轻重缓急，抓紧解决存在的“瓶颈”和短板问题。

四是健全机制，政策配套。积极吸收借鉴发达国家的做法和相关政策，紧密结合我国实际，强化国家机关相应管理机构的职能权限，尽快建立或完善组织计划、理论研究、内外协调、谈判组织、资料管理等机制，形成顺畅的工作合作及协调关系；尽快研究制定、补充完善我国参与国际核军控活动的相关法律、法规和规章，使参与活动的政府官员、国家机构、军方代表和专家学者，都能做到有章可循。

五是可信可靠，机动灵活。在参与国际核军控活动中，多年来我们基本上处于守势，接受质询多，主动提问少，直接影响着我国参与国际核军控活动的效果。针对这种情况，我们应通过深入细致的充分论证准备，在确立议题、谈判重点、把控进程、形成结果等环节上，努力争取主导权和话语权；在与核大国进行会谈和磋商的过程中，机智应对各种疑难问题和话题，既不咄咄逼人，也不随意妥协，把坚定的原则性和会谈的灵活性紧密结合起来。

（四）基本理念

我国参与国际核军控活动，参与者不论是国家领导人，还是政府官员、军方或军地学者等，都应从不同的层面和角度，充分做好维护国家安全、捍卫国家核心利益的事，这应成为我国参与国际核军控活动的基本理念。

一是尽快确立我国参与国际核军控活动的理论指导。我国至今还没有形成明确的、系统的、针对性和操作性很强的参与国际核军控活动的理论指导。当前，在国际核军控活动中，我们所遵循的基本上还是领导人的有关讲话、参考借鉴以往的做法、临时性找来相关专家进行咨询和研究等，这种应急式的方式，直接影响着我国在核军控领域与国际社会交流的质量和效果。我们必须尽快形成论证周密、科学合理、具有长效性的应对指导。当前，我们应重点抓好四个方面：首先，要组织相关官员和专家尽早论证。主要是由外交、军控领域的官员，核领域的有关专家如核战略、核材料专家，富有丰富谈判经验的、已经退居二线的官员组成论证小组，在有关部门的组织下，进行专题研究论证。其次，是要形成指导思想、运用原则和多种情况下的应对举措方案。在充分研究论证的基础上，形成统一的指导，形成多种预案，形成与友好核国家、敌对核国家、无核国家对话不同的谈判口径和应对举措。再次，是要组织必要的培训和模拟训练。组织参加会谈或谈判人员的强化培训，以达到充分理解我国的核政策与核战略，统一思想和口径。训练的模式可以采用问答式，也可以采用模拟谈判的方法进行，所设置的谈判对象必须真正熟知对手的各种情况。最后，是要在实践中不断修订完善已经形成的研究成果。形成的统一口径不应是一成不变的，因为许多情况都在不断变化，因此，我们的应对战略和策略也应随之进行变化和调整。

二是建议成立国际核军控监督机制。在目前国际核军控活动中，没有建立起权威的监督机制和机构。一些国家的做法是，符合自己口味的就办，不符合本国利益的就拒绝执行，致使在国际社会上已经达成的协议无法贯彻和落实。在这样的情况下，我们有必要提出建立国际核军控活动的监督管理机制和机构的建议。该机构的组成，应是各有核国家的官员、专家和学者；该机构的职责是，在联合国的授权和领导下，担负根据联合国宪章及世界峰会达成的共识，拟制各种条约、公约和协议，征求对该文本的意见和修改建议，对各国的核军控承诺进行检查监督；该机构的工作模式是，每年定期集中，分析研究有核国家履行核军控相关条约、协议及承诺的情况，实地考察、监督落实情况，向联合国安理会提出负责任的报告和建议等。

三是利用国际平台积极宣传我国的核政策。我国拥有核武器迄今已经近五十年，在这段漫长的时间里，我们不遗余力地宣传着“不首先使用”、“后发制人”以及最终“彻底销毁核武器”的理念及基本核政策。然而，在我们与国外高层官员和学者的接触中，特别是与第三世界国家军队的交往中，感到对我国核政策、核思想真正了解、理解、相信和能够正确解读的人并不多。造成这种情况的主要原因，在很大程度上是我们自身的宣传做得不到位、不深入。为了充分展示我国负责任大国的国家形象和真诚期待建立“零核世界”的诚意，我们应当充分运用国际核军控活动及相应组织的舞台，全面阐述我国的核思想、核政策及核立场。对于我国的核理念，我们应更加广泛地宣传中国核政策的基本依据、基础和原因，以增大其可信度；对于我国的核武器，应更加可信地介绍在有核国家中我国的核武器数量是最少的、规模是最小的，我们发展核武器的目的是为了以核制核、以核抑核；对于核武器的使用，我们应更加广泛地宣传我国在任何时候、任何情况下，都不会首先使用，都不会对无核国家和无核区使用核武器，这是我国不变的庄严承诺；对于核技术、核材料的扩散，我们应更加旗帜鲜明地坚决反对，防止流入恐怖组织的手中；对于核武器的销毁，我们应更加热切呼吁，所有核国家都应首先做出不首先使用的承诺，然后逐步封存核武器、停止研发核武器，并逐步实现彻底销毁核武器的目标。

四、我国应对国际核军控活动的战略

战略是指导战略力量建设与运用的方略，是确定和指导策略确立及运用的基本依据。国家参与国际核军控活动战略，是从维护国家安全及核心利益的全局出发，用以指导国家各个层面参与国际核军控活动应对策略确定及运用的方法和艺术，是在该领域活动的基本遵循和理论指导。在当前风起云涌、快速发展的国际核军控浪潮中，我们应明确确立并运用以下八个方面的战略指导。

（一）坚持维护国家的核心利益及国家安全

要有效维护国家的核心利益和国家安全，必须以雄厚的军事实力特别是核实力作为坚强后盾，必须确立正确的应对战略作为我国参与国际核军控一切活动的宏观指导。我国有着2.2万公里的陆地边境线，1.8万公里的海岸线，周边国家29个，直接接壤的有15个。当前，我国的领土、领海主权不时受到周边国家的侵犯和挑战，在与我国存在重大争端的国家和地区中，有的正在积极引进核技术、努力提炼核材料，甚至千方百计地发展核武器。在这些国家的背后，多有美国干预的因素，因此都有着更加深刻的核威慑背景。面对复杂严酷的国际和周边环境，我国参与国际核军控活动，既要积极参与，又要冷静观察、审慎行动，确保我国国家利益不受损害。

当前到2030年前后，我国的国家核心利益及国家安全重点体现在六个方面：一是实现国家统一。主要是维护国家主权和领土完整，防止国家分裂。斗争形式是“制独止独”，斗争对象是美、日支持下的“台独”势力，以及有着海外背景支持的“藏独”、“疆独”等民族分裂势力。二是维护国家地域、空域安全。主要防止周边国家蚕食、侵占我国边境领土，侵犯我国领空；在维护国家主权和争取国家统一的斗争中，防止国际社会及周边国家伺机侵占我国领土；慑止强国对我国实施太空战。三是国家的海洋权益和战略通道安全。保护我国的海洋国土安全及海洋资源不受侵犯、不被掠夺；防范多种势力对我国海上战略通道的袭扰破坏，确保我国海上战略通道畅通。四是境外、海外的国家及公民利益。保护我国在海外的重大工程、援助项目、公民及华侨的生命财产安全。我国已逐步融入国际社会，国家及公民在境外、海外的利益日趋增多，这些都需要得到有效保护。五是国内的安全稳定。安全稳定的社会环境是确保我国可持续发展的重要基础，我们应通过深化政治体制改革、缩小贫富差别，军队重点通过参加反恐维稳、抢险救灾行动等，保护好人民群众的利益。六是国家信息安全。近年来，我国信息安全面临来自多方向、多渠道的重大威胁，我们应通过完善机制和有力的措施，坚决回击敌对势力对我国实施的电子战、网络战及多种形式的信息窃密问题，并有力打击国内的网络恐怖主义和网络犯罪行为。

（二）坚持营造和平稳定的国际环境空间

当前的国际核战略格局日趋错综复杂，而且继续呈现动荡急剧、不断分化和重新组合的形势，给我国安全带来了多种影响。对此，我们必须积极努力营造良好的国际及周边政治环境，特别要重点处理好中美、中俄、中印、东北亚诸国、南海相关各国及欧盟关系，积极拓展合作空间，确保我国国民经济继续高速、稳定的发展。

一是努力保持与主要有核国家的密切联系。近年来，围绕对台军售、贸易争端、要求人民币升值等重大军事、商业问题，特别是随着美国战略东扩步伐的加快，美国积极拉拢我国周边国家反华，使中美关系不断受到负面冲击，这是我们所不愿意看到的局面。我们不能以牺牲国家的核心利益为代价去屈从和迎合西方大国，而应坚持自己的原则，坚决维护国家根本利益，围绕上述这些重大问题进行针锋相对的斗争。同时，在实际交往中讲究策略和灵活性，从长远和大局出发，及时消除一些不必要的误解，使国家的损失减到最低。另外，我们在确定报复举措和参与国际核裁军行动时一定要认真论证，选好突破口，努力避免国家利益受到伤害。

二是努力劝说友好国家不去研制和发展核武器、不提炼和贮存核材料。针对有的国家为了维护自身利益、提高自身在国际社会中的地位，不断加工提炼核材料、甚至研制发展核武器的做法，我们应努力做到动之以情、晓之以理，在承认和平发展权利的基础上，诚心告诫它们走上发展核武器的道路是危险的，这样做的结果很容易适得其反，并会引发周边国家特别是敌对国家的核军备竞赛。努力劝说它们不要走上发展核武器的道路，使它们心甘情愿做到不引进核技术、不提炼核材料、不发展核武器，同时也要防止核材料、核武器落到恐怖组织的手中。

三是努力争取以和平方式解决各种核矛盾及核争端。面对在世界核斗争领域出现的各种矛盾和纠纷，我们应利用联合国安理会这个有利的舞台，积极说服国际社会以和平方式解决问题、矛盾甚至冲突。阐明通过军事打击手段只能解决一时的问题，但必将造成国家之间、民族之间更加尖锐和更加长期的对立，这些已经被多次证实。我们应努力倡导在尊重有关国家和平利用核能权利的前提下，共同努力使其放弃发展核武器的危险做法，使用和平方式解决争端。对于已经爆发的军事冲突，也应力争使之缩短时间、降低强度、减小规模、尽快结束，以减少对无辜平民和生存环境所带来的附带毁伤及污染，更要避免将这种矛盾发展到核冲突及核战争的程度。

四是努力改变西方主导国际核军控形势的现实。多年来，世界核军控形势的走向基本上都是由两个超级核大国特别是美国所控制。冷战结束后，随着俄罗斯综合国力的逐步下降，美国逐步成为国际核军控形势发展的主导，由它们来制定世界核领域的游戏规则并进行评判。美国根据霸权主义的国家战略和出于自身利益的需要，制定了两种不同的是非标准：对盟国，采取了迁就、默认甚至支持纵容的立场，如对印度、南非、以色列发展核武器、对日本大量提炼并贮存核材料的做法就是这样；而对它们认为不听话的所谓“流氓国家”，则是采取了限制、制裁甚至实施军事打击的做法，如对伊朗、朝鲜等国家就是这样做的。国际社会对此久有不满，但又无奈。对此，我们应利用联合国及国际社会日益增强的政治影响力，提出符合公平、公正原则的核军控理念和举措，争取在国际核军控领域取得更多的话语权、主导权和决策权。

（三）明确提出国际核裁军重点是美国和俄罗斯

根据世界核武器总数量情况及其对世界安全的威胁程度，我们应明确提出把美国和俄罗斯列为国际核裁军的重点。

提出这样的战略的理论及事实依据是，美俄拥有的核武器占世界核武器总数的95%以上，它们的核能力可以将世界毁灭数十次。我们应坚持提出将美俄核武器削减至400个左右的中等核国家水平，并不再保有“后备弹头”，然后在此基础上逐步、均衡的与其他有核国家再进行成比例的削减、直至最终彻底销毁。

根据美俄在2010年4月签署的《核裁军协议》，美俄将利用十年的时间，分三个阶段将实战部署核弹头削减至1550枚的水平。但是，这一条约的履行还存在着许多不确定因素，特别是两国除了上述实战部署的核弹头之外，还有大量的备用及处于贮存状态的核弹头，即使这个核武器的数量，也要比其他有核国家高出许多，同时还要考虑它们盟国核武器数量的因素。截止到2010年12月，美国核武库中大约还有2700枚实战部署核弹头，这一数据还不包括大约2500枚储存的核弹头和4200枚等待拆除的核弹头。我们应当清醒地看到，美国一再削减核武器，是建立在核武库过度膨胀、常规军力优势明显、弹道导弹防御系统研制和部署稳步推进的基础之上。目的是通过美国强大的国力和影响力，借助于盟国的支持，推动国际社会建立一个由美国主导的国际核军控机制，以确保美国“一超独大”的国际地位及继续保持绝对军事优势。俄罗斯当前还有5192枚实战部署核弹头和8808枚贮存或者等待拆除的核弹头。显然，目前美俄核裁军是一种可逆的过程，如果需要，仍然可以迅速将备用和库存核弹头转为实战部署。中国参与核裁军应密切关注美俄履行有关协议的情况，提出以可核查、不可逆的方式进一步削减其核武库，并作为我国参与国际核裁军谈判的前提条件。

（四）努力遏制核门槛国家的增多

冷战结束后，除了联合国承认的五个有核国家以外，又有印度、巴基斯坦、朝鲜等成为事实有核国家，以色列、南非等也已经跨过了核门槛，更有多个国家不仅具有研制核武器的综合国力，还有着发展核武器的企图，正在积极引进核技术、储备核材料甚至已经开始研究论证发展核武器，从而使世界核战略格局的前景变得更加扑朔迷离。

上述核门槛国家中，有的国家发展核武器具有针对我国的意图。印度在其核战略中提出“以中国和巴基斯坦作为威慑对象”，印度核专家指出，“印度拥有核武器可以改变对中国的核劣势，同时对其他国家造成核威慑”。[①] 目前，印度制定了庞大的核武器发展规划，同时发展陆基、空基、海基核武器。[②] 印度前国防部长安东尼称，印度将尽一切可能建立一支“与印度在世界上的国力和地缘战略地位相称的‘三位一体’最低核威慑力量”[③]。2007 年 4 月，印度首次成功试射了射程达 3500 千米的“烈火－Ⅲ”型中程导弹；向俄罗斯租借的 1 艘“鲨鱼－Ⅱ”级多用途核潜艇于 2008 年交付，自行建造的核潜艇“歼敌者”号已经于 2009 年 7 月 26 日下水；租借俄罗斯的“图－22M3”中型战略轰炸机的有关问题也已经达成了协议。我国参加核裁军谈判不仅要确保国际核裁军进程向着积极的方向发展，还要借助于国际社会的影响，减缓印度等核门槛国家核武器发展的进程，防止这些国家拥有核武器合法化。

（五）坚定推进防止核扩散运动

世界目前已经有 155 个国家签署了不扩散核武器条约，但一些综合国力并不雄厚的中小发展中国家，仍然把发展核武器看作是提高本国地位的捷径和支撑，看成是向国际社会讨价还价的资本和砝码，认为一旦拥有了核武器，就会大幅增强本国的军事实力，特别是威慑能力，加强维护国家安全和民族尊严的实力基础。因此，不惜投入巨资竞相引进核技术，加速研制和发展核武器。

---

① 王世平：《印度现行核政策及核力量》，《外国军事学术》2005 年第 6 期，第 33—35 页。

② 刘运章、先建平：《印度核力量建设现状及发展趋势》，《外国军事学术》2006 年第 7 期，第 52—53 页。

③ 刘新德：《2007 印度核政策变化及核力量构成》，《世界军事》2007 年第 10 期，第 67—69 页。

核扩散是国际社会始终高度关注的重大问题。出现核扩散现象的根本动因是国家安全利益的失衡，是各国维护国家利益理念及手段的不尽一致。当前发展核武器从技术上实现已非难事，凡是具有中等机械工业能力和相应信息技术的国家都能研发。“9·11”事件发生以后，世界核扩散形势日趋严峻，出现了许多新情况、新问题，防核扩散的难度进一步增大，发展前景充满变数。对此，我们应密切关注、深入研究，确立有利于我国国家安全的对策举措。

一是当前国际核扩散形势特点。当前世界核扩散形势不断发展，日趋严峻，但尚未达到失控程度，主要特点体现在六个方面。

第一，核不扩散已成为世人的共同愿望和发展大势。经过国际社会的共同努力，形成核不扩散共识的国家不断增加，核不扩散的措施在不断细化并逐步得到落实，拥有核能力的国家跨越核门槛的难度不断加大；南非、乌克兰、白俄罗斯等成为主动放弃核武器的国家；巴西、阿根廷、利比亚等国也主动放弃了本国的核武器发展计划并付诸了行动。

第二，核大国是造成核扩散的源头。美俄两个超级核大国以多种形式向国际社会扩散核材料，向其盟国提供核保护伞。首先，不断输出核技术、核材料。核大国竭力向自己的盟国出售各种核材料，帮助其建立核动力工业或能源，如发展核动力潜艇、建设核电站等，成为世界最大的核技术、核材料输出国。其次，导弹武器及防御体系不断扩散。世界导弹武器扩散最多的就是美俄两国，它们研制的“长矛”和“飞毛腿”导弹扩散到了近一百个国家。美国与多个盟国建立了军事协同关系，使导弹防御系统扩散到全世界。再次，大国的常规军事能力已接近核武器的使用效能。美国提出“新三位一体”战略后，注重发展多种先进的常规作战兵器，在动向能、定向能武器的发展上都取得了重要进展，其杀伤破坏效能及精确度不少已接近核武器的部分毁伤指标。最后，核大国对不同国家采取了不同的标准。从2005年起，在对印度核材料输出上，刻意免除对印度从国际社会获得民用核能合作的限制，通过调整立法，大幅提升了印度的国际竞争力，并试图在NSC内部通过对印度的豁免。对于日本大量生产和贮存核材料的事实，也采取了默认的立场。美国的所作所为，在一定程度上助长了国际社会上的核扩散趋势。

第三，事实有核国家力求取得合法核国家地位。印度、巴基斯坦、朝鲜等国先后进行了核试验，成为事实有核国家。南非和以色列也曾经试验过核武器，伊朗也积极引进核材料，它们都在从多方面进行着努力，希望得到国际社会的认可并成为世界核俱乐部成员，特别是印度、巴基斯坦、朝鲜，已明确提出要求国际社会承认它们的核国家地位，从而使核扩散的结果合法化，进一步提高本国在国际交往中的地位和筹码。2005年2月10日，朝鲜外务省在其发表的声明中指出："我们已经采取果断行动退出《不扩散核武器条约》（NPT），并已经制造了用于自卫的核武器，以应对布什政府一贯公然孤立和打压朝鲜民主主义人民共和国的政策……我们的核武器在任何情况下都将是只用于自卫的核威慑力量。目前的现实表明，只有强大的力量才能保卫正义和真理"[①]。

第四，一些国家努力获取核技术、核材料。它们认为，联合国的权利很大程度上被少数西方国家所操纵和控制，国际社会并不能提供充分可靠的安全保障，在此形势下，这些国家就试图通过拥有核武器来提高自身的国际地位和安全防卫能力。日本右翼

① "朝鲜宣布正式拥有核武器"，《国外核新闻》，2005年第2期，第18—19页。

集团多次声称要发展核武器。目前，日本尽管没有实际制造出核武器，但在核武器及相关技术方面的研究与开发，始终处于世界领先水平。日本拥有世界上唯一的大型螺旋形核聚变实验装置，其受控核聚变装置属于世界一流。日本核武器运载技术十分先进，先后发射过多种型号的运载火箭。2007 年 9 月 14 日，日本宇宙航空研究开发机构用 H－2A 火箭成功发射了“月女神”月球轨道探测器[①]，2009 年还成功进行了一箭八星的运载发射。这些都表明日本已经具备制造洲际弹道导弹的能力，已经掌握了分导式多弹头技术。日本航空自卫队的 200 余架 F－15J、F－2 等先进战斗机，可以满足投掷小型核武器的实战需要[②]。日本的核原料储备十分丰富，青森县建设的核废料再处理和钚回收工厂在 2010 年建成后，已成为世界第一储钚大国，除了核电的正常消耗外，可用这些“过剩的钚储存”制造出数千个核弹头。伊朗研制核武器的意图和行动日趋明显，伊拉克曾经有过研制核武器的意图，利比亚在 2003 年美国发动了伊拉克战争后，才于当年结束了秘密研制核武器的计划和行动，当前世界有四十多个国家和地区拥有研制核武器的能力。韩国在 20 世纪 50 年代研制过核武器，具备研制核武器的条件；台湾当局也多次叫嚣要发展核武器，利用“以民掩军”的手段，在发展民用核能的同时，为发展军用核能培养储备了大批技术力量和制造核武器的原料[③]。防止核扩散已经成为国际社会的共识，也有利于改变我国周边日益严峻的核形势。我国参与国际核裁军谈判，应当积极加强与国际社会的合作，进一步遏制核扩散的趋势，净化我国周边环境。

---

① “‘月女神’升空探月”，《兵器知识》，2007 年第 11 期，第 21 页。

② “世界核态势综述”，国防大学“军事理论科学数字图书馆”。

③ “台湾离核武器有多远”，国防大学“军事理论科学数字图书馆”2001 年 9 月 31 日。

第五，核武器与民用核技术互换性增强。西方国家通过输出核材料、浓缩铀及提炼方法，获得巨额经济利益，在客观上促进了核技术、核材料的扩散，这些核材料经过加工可以实现武器化。截止到2009年11月底，世界核电站的反应堆运行的有436座，在建的45座，正在建设中的394座。许多发展中国家都积极购买核材料，寻求获得核加工提炼技术或发展民用核设施，都在竭力强调本国发展核技术的正当性及合法权利。

第六，恐怖组织竭力获取核材料甚至核武器。世界恐怖组织已经对世界安全及人类社会构成了极大威胁，在国际社会的一片声讨声中，其生存压力增大，为了缓解这种压力，他们在近年通过多种渠道获取核材料并窃取核技术。如塔利班扬言已获得了核材料，称一旦需要将对敌使用；"基地"组织早在20世纪90年代就试图获取铀材料，"9·11"事件后，该组织更是千方百计地获取核材料。这些都增大了世界的不安定因素。

二是核扩散对我国安全的影响。核扩散必然会促使多个国家竭力发展自身核能力，也会导致国际安全秩序失衡及核军备竞赛升级。在《不扩散核武器条约》约束下，核扩散虽然不符合世界安全及国际社会的期待，但对于一国而言，自身安全在任何时候都是首要的。当前严峻的核扩散趋势，对我国安全的影响主要体现在五个方面。

第一，将直接危及我国国家安全。我国周边已有5个有核国家，成为核扩散最密集的地域，增大了地区冲突演变为核对抗的风险，也增大了我国处理与周边国家矛盾和纠纷的难度；若朝鲜发生核事故或其核设施遭到军事打击，核污染将直接波及我国；中亚和南亚已成为恐怖主义重灾区，塔利班和"基地"组织与我国境内分裂势力联系紧密，我国面临的核威胁加剧。

第二，使我国政治、外交压力增大。世界核军控形势迅速发展，得到了世界160多个国家的支持。对此，如果我国不积极参与，西方将更有理由渲染“中国威胁论”；如果我国积极参加，将会在客观上进一步拉大我国与西方大国的核实力差距。当前，在国际核军控议题上，西方核大国不断对我国、对我们的一些传统友好国家施加压力，要求我们“负起更大责任”，还借机离间我国与这些国家的关系，使我们承受着前所未有的巨大政治、外交压力与挑战。

第三，核禁产、核禁试协议的达成将限制我国核力量数量规模的发展。2010年4月，在美国纽约举行了世界核不扩散峰会。对于核不扩散问题，特别是核禁产、核禁试形成了新的国际公约。虽然我国还没有正式签署核禁产协议，但是随着国际核军控形势的发展，签约是迟早的事。届时我国的核武器、核材料生产将受到新的制约，库存数量也将逐步接受国际监督，那时我国核力量规模的发展上限将受到限定，只能定格在条约生效时的水平，这是我们未来必须面对和正视的现实。

第四，国际核核查将会降低我国的核威慑效能。一旦我国接受国际核核查，将直接涉及我国的核实力、核器材库存地、核力量部署、核武器状态等方面，我国陆基核力量多部署于国内纵深地域，加之核战略导弹部队武器装备的特征明显、数量有限，作战阵地部署隐蔽，一旦接受国际核核查，我国核威慑的有效性、可靠性将会大打折扣，也不利于我国核力量自身的安全与生存。

第五，将会削弱我国核实力。受美俄双边核裁军示范效应的带动，国际社会、特别是第三世界国家对多边核裁军的期望值不断升高，加之美俄一贯主张对所有核国家的核武器进行同步裁减，如果加入核裁军进程，将会使我国削减核力量的压力增大。还有，核武器自身也受到服役年限及武器自身技术寿命的限制，我国核实力将会进一步削弱。

三是建立国际防止核扩散的长效机制。要使防止核扩散成为不受国际社会约束的行为，有的国家长期游离于国际核不扩散机制之外，有的国家加入《不扩散核武器条约》后又公然退约，对于地下核走私问题采取了默认或不去治理的立场。对此，我们应积极建议成立在联合国领导下的国际防核扩散机制和机构，该机构向联合国安理会负责，在国际原子能机构的指导下展开工作；该机构的组成，由具有核能力的国家官员及相关核专家参加，由有关委员会主任兼任机构领导，以提高权威性；该机构的职能，是制定和完善国际防核扩散的法律法规，监督检查核扩散情况及进行约束限制，劝说核扩散国家收敛直至停止扩散行为，并对一意孤行违反国际公约一再进行核扩散的国家进行必要遏制。

四是积极开展围绕防核扩散问题的学术交流和对话。我们通过参加中美核战略学术交流活动，深感通过学术交流可以实现有核国家之间的信息互通，促进发展，消除误解，增进信任，这种形式也有利于促进国际防核扩散形势的发展。参加对话的可以是政府官员，可以是相关领域学者，也可以是技术专家；进行对话的内容应是全方位、多层面的，可以是务虚的理论、学术研讨，也可以是务实的切磋和操作层面的技术探讨。

我国始终坚持防核扩散立场，特别是近十年中，我国对军民两用技术的出口进行了更加严格的管制，出台了多项关于核生化材料及导弹技术出口的法规，并从 2004 年开始，承担了不与不接受国际全面核安全保障国家进行任何核交易的责任。在当前国际核扩散形势不断恶化的情况下，我们应为维护国家安全在战略层面上确立更加坚定明确的应对指导。

（六）坚持审慎参与国际核军控活动

对于国际各项核军控活动进程，我们应持谨慎立场。众所周知，核大国之间多年的核裁军，只是核武器技术状态的转换，并没有真正销毁，一旦需要，很快就可以恢复戒备状态。在这种形势下，作为有核国家中核武器数量最少的我国，要确保具有有效可靠的核反击作战能力，在今后一定时期内就不能盲目跟进。

一是不做领头羊。在核斗争领域，我们没有资格也没有必要领导这项运动。从核实力角度看，我国在有核国家中的规模数量是最少的，不具备参与领导国际核军控活动的实力和能力；从国家安全需求角度看，我国仍然需要在今后相当长的一段时期内保持一定数量的核力量。因此，在国际核军控斗争领域，我们应保持低调、审慎跟进，避免充当领头羊的角色。

二是不与国际社会对立。对于核军控这个议题，西方核大国的欺骗性很强。它们做出姿态，既呼吁有核国家进行同步裁减，同时自己也做出姿态不断减少核武器数量。在这种形势下，我们在斗争战略上稍有不慎，哪怕出现微小的战略失误，就极有可能把自己置于国际社会和多数发展中国家的对立面上。对此，我们应加大对本国核政策的宣传力度，让国际社会真正了解和理解我国拥有适量核武器的最终目标是为了彻底销毁核武器。

三是不轻易销毁核武器。核大国在多年先后形成的核裁军协议中，不断“减少”着自己的核武器数量，其实这只是核武器技术状态的转换。我国生产核材料规模小、速度慢、产量低，设备和手段也相对落后，即使我们将来参加签署了核裁军协议，在起步阶段，我们要做的也仅是核武器状态的转换，而不能一下子彻底销毁，一旦军事斗争需要，能够很快恢复核武器的高戒备状态。

四是保持警惕，留有余地。我国参与各项国际核军控活动，一定要保持适度警惕，防止坠入核大国预设的陷阱。特别在涉及国家核心利益、保持国家核力量数量规模等重大问题上，在确定对某些国家进行制裁的问题上，在提出防核扩散的重点问题上，在通过容易造成国家之间尖锐对立的决议问题上，还有在参与进行的核核查过程中，我们都应慎重决策，不说过头话，不做过头事，不把自己置于多数国家的对立面上。

五是密切关注国际核裁军趋势。我国不与任何国家做核交易，仅仅这样是不够的。我们还应密切关注世界核军控活动的发展动向，特别是输出和引进核材料国家、地区这样做的目的动机、交易时机、数量规模及运输方式等，通过多种手段予以监视跟踪，及时洞察、随时分析是否有针对我国的企图，如果出现这种情况，就要迅速形成有针对性的应对举措，并呼吁国际社会予以关注和制止，防止陷入战略被动。

（七）坚持确保我国战略核力量的有效性

核裁军谈判是一种限制与反限制、削弱与反削弱的博弈过程，参与国际核裁军、核军控谈判，必须着眼于我国核力量的现实情况，审时度势，以确保我国战略核威慑能力、核反击作战能力不受损害。

一是将国际核军控活动进展与制约核大国反导武器系统研制结合起来。美国在 2001 年的《核态势审议报告》中指出：“防御技术的进步将使美国的非核和核能力与主动和被动的防御系统相结合，以便为应对攻击、确保美国的行动自由以及增强美国对盟友承诺的信誉提供威慑和保护”。“导弹防御正以能对潜在敌手的战略和作战思想产生影响的系统崭露头角，它们现在能够为对付短、中程（导弹）威胁方面提供主动的防御。”[①] 美国退出反导条约后，加大了对弹道导弹防御系统的技术开发和实战部署的力度。按照计划，美国弹道导弹防御第二阶段的研制完成后，已在阿拉斯加部署100枚拦截导弹，可以拦截25枚来袭的洲际弹道导弹。第三阶段研制完成后，将在阿拉斯加和北达科他州各部署125枚拦截导弹[②③]。同时，美国还在积极研发新型预警卫星系统、天基动能拦截器系统和激光拦截系统等新型反导武器系统[④]。美国导弹防御系统的研制与部署，不仅对世界核裁军造成了消极影响，而且严重削弱了我国核力量的实战效能和威慑能力。美国有关部门评估认为，中国远程弹道导弹数量极为有限，一旦美建成导弹防御系统，中国可能完全丧失对美的核威慑及核打击能力。因此，中国参与多边核裁军、核军控活动，应明确将美国反导系统纳入军控谈判的范畴，并以此作为我国参与核裁军谈判的重要前提条件。

二是将核裁军、核军控活动与降低美俄战略导弹戒备水平结合起来。核大国自拥有核武器以来，一直奉行“首先使用核武器”的作战原则，战略核力量始终保持在较高的戒备水平，在接到作战指令后，数分钟内即可迅速发射核武器（参见表1）。

---

① 黄柏富：“9·11”事件后美国国家安全战略文件选编之核态势审议报告，北京：军事谊文出版社，2002年版，第101页。

② 沈伟光：《信息时代的核裁军》，北京：中国工人出版社，2003年版，第143页。

③ 孙景文、李志民：《导弹防御与空间对抗》，北京：原子能出版社，2004年版，第8页。

④ 陈坚：《图说美国弹道导弹防御》，北京：解放军出版社，2001年版。

表 1　美俄战略核力量戒备率比较①

类　别	美国		俄罗斯	
	正常戒备状态	临战戒备状态	正常戒备状态	临战戒备状态
陆基洲际弹道导弹	80—95%	80—95%	80—90%	90%
潜射弹道导弹	55%	80%	20%	70%
战略轰炸机	—	80%	30%	80%

2000年，布什在竞选总统时提出："美国应当解除尽可能多的核武器高度戒备和一触即发的状态。"这一主张虽然得到了国际支持核军控活动的积极反应，但是，美国军方对此并不赞同，认为"降低核武器的戒备水平会破坏美国对付第一次核打击的现有稳定性"。我国战略核力量戒备程度一直保持在较低水平。降低世界各国战略核力量的戒备水平，不仅可以削弱美俄两个超级大国第一次核打击的能力，而且会对我国战略核力量的生存能力带来有利影响，同时也可以增强我国核反击作战的有效性。因此，中国参与国际核军控谈判，应将"缔结一项不首先使用核武器的国际公约及关于保证不对无核武器国家和无核武器区使用或威胁使用核武器的国际法律文书"作为基本原则，以督促世界各有核国家，尤其是美国、俄罗斯降低其战略核力量的戒备水平。

三是将国际核裁军、核军控与反核核查斗争结合起来。在国际核裁军、核军控活动的进程中，制定完善的核核查措施、加强核核查工作是保障核裁军条约或协议得到有效履行的重要环节，

① 也有资料显示"苏联战略导弹的平均常规戒备率为53%，平均临战戒备率为82%；美国战略导弹的平均常规戒备率为80%，平均临战戒备率为90%。"（据《国外导弹与宇航》1981年6月）。本文表中数据主要参考自：核科学技术情报研究所军工组编写，"美苏核力量的现状与发展趋势"，1990年，第34页。

美国军控与裁军署把军控与裁军条约或协议的核查称为“军备控制的决定性因素”。为了适应美俄核裁军以及防止大规模杀伤性武器扩散的需要，美国利用本国雄厚的科技实力，发展和完善了一系列的核查技术，核查的可靠性、有效性不断提高。

我国针对核试验、核设施定位与监控、核武器销毁、核查技术水平与核查手段，与其他国家、尤其是核大国存在着巨大差距。一旦进入核裁军的实质性进程，美国就可以利用其先进的技术手段对我国核力量、核设施进行全方位、全天候、全时段的监控，甚至可以通过核查获取平时无法获得的情报，而我国则因为核查技术手段的落后难以查出对方的违约行为。对此，我们应高度重视反核查斗争，积极研制发展我国多种核核查技术和手段，组织核核查演练，特别对经过了严密伪装、屏蔽、转移等手段的核设施，更要具有准确识别的能力。

（八）坚持确保我国战略核武器的绝对安全

确保国家核安全，已成为国际社会高度关注的重大问题，也是有核国家参与国际核军控活动的基本要求。1945 年以来，美国发生过 50 多起核事故，俄罗斯也发生过以切尔诺贝利核电站为代表的 30 多起大小核泄漏事故。我们应高度重视核安全问题，当前我国核安全工作的重点，是尽快完善核材料、核设施、特别是核武器系统的安全控制机制，做好核化应急救援研究论证和力量建设，尽快形成并不断提高快速反应及应急救援能力。

2009 年 3 月初，胡锦涛主席在一份报告上批示，要确保我国的核设施、核武器在“任何时候、任何情况下都要做到绝对安全、可靠和有效”，为我国加强并做好核安全工作提供了根本遵循。目前，我国战略核武器正处于转型时期，核能力不仅与核大国存在很大的差距，也难以适应维护国家安全的需要。结合我国的现实情况，出现意外突发核事件的可能性是存在的，其中可能有技术原因，也可能是人为破坏因素，一旦发生意外，就会造成重大国际影响和对国民经济及生存环境的灾难。对此，我们应尽快制定多种应对意外突发核事件的方案预案，搞好预想预防，组织演练，不断提高应对意外突发核事件的能力。

结合我国核武器、核技术发展的实际情况，当前我们应从六个方面加强对核武器、核材料的研究、使用和管理，以更加有利于参加国际核军控活动。

一是完善核武器管理及使用的安全制度措施。严格落实现有的相关法律、规章，充实完善亟需的各项制度，严防出现人为疏忽、人为破坏造成的核事故。特别要对核设施、核武器的日常管理做到制度规范，严格落实好登记、检查及进出库制度；在使用操作中的分解、贮存、检测、组装等环节上，切实加强核安全技术控制，在每一个环节上都要确保万无一失。

二是加强核事故应急救援问题研究论证。组织相关核专家学者，深入研究核武器、核材料出现意外核事故时的应急救援行动特点规律，系统论证健全的核专业应急救援力量体系、装备体系和组织指挥与保障体系的规模、职责、指挥权限、行动方式、协同问题及保障事宜等，形成系统完备、操作性强的理论体系和行动遵循。

三是强化技术检测管理手段。主要是防止出现核泄漏等意外突发情况。重点完善核武器安全管理及使用机制，特别是健全完善从核武器的接收、贮存管理、技术测试到核材料的输送及安装等各个环节的技术安全控制手段，提高核设施、核武器安全管理的信息化水平；改善核安全管理监督的技术手段，特别对人员出入核设施、核武库的环节要加强全程安全监督管理，并逐步实现管理手段的智能化、自动化和远程化。

四是组织核事故应急处置演练。当前国外对意外突发的各种核事故问题非常重视，美国和俄罗斯都组建了国家级的专业核化应急救援力量，平时编制在军队中，接受国家和军队的双重领导；每年都要设置逼真的核事故背景，从难从严组织核救援训练和演习。我们也应强化应急核救援力量建设，加大训练演练的科技含量和力度，逼真设置演练情况，抓好对核武器、核材料突发意外情况的专业应急救援。

五是加强核材料、核武器在机动运输中的安全控制。在公路行军、铁路输送、空中运输过程中，确保在静电处理、防核泄漏等技术环节上安全控制的绝对可靠和万无一失；还要注重搞好警戒警卫，防止人为破坏问题的发生；对于核材料的存放与使用，所使用的置放容器也必须做到绝对可靠。

六是注重提高核设施、核武器本身的抗信息干扰能力。在核武器管理与使用的各个环节上，都要建立可靠的屏蔽和有效的抗干扰措施，防止敌对势力使用信息攻击或干扰手段破坏我国核设施、核武器系统的稳定性与可靠性。

对当前世界核形势热点问题的分析与展望

王海燕*

当前，世界战略形势急剧动荡，金融危机的影响仍未彻底消除，大国之间围绕国际秩序、综合国力、地缘政治、战略空间的竞争更加激烈，安全风险和变数增多，军事斗争形式更加多样化，强度进一步提升。特别是表现在世界核战略领域的博弈更加激烈、更加多元化，世界核军控形势在缓慢平静多年之后，进入了快速发展时期。这些都对世界战略格局发展走向及各国的国家安全产生着重要和深远的影响。

随着我国综合国力进一步增强，国际社会对我国的关注度和期望值日趋提高，在军事领域特别是核军备控制问题上，我国的核心利益和国家安全受到来自更多方向、更多领域的挑战。分析世界核形势的特点，预测未来核形势的走向，对于我们更有效地维护国家安全、及时制定有效对策、科学规划今后一个时期国家战略核力量的发展，具有重要的意义。

* 王海燕，装备技术指挥学院，博士。主要研究方向为军事装备管理与发展。主笔、参与完成军事理论研究课题20余个，编写教材专著6部，多次参与总部组织的全军装备建设实践活动。

一、当前世界核形势的六个热点问题

当今世界，核武器仍然具有无可替代的地位和作用，有核国家都把核武器看成是维护国家利益和安全最重要的支柱，准核国家把拥有核武器看成是提高自身地位的重要捷径。虽然国际核军控、核裁军形势发展迅速，但是当前世界核形势的现状及走向仍然不容乐观。回顾近年来世界核形势的发展演变，有六个热点问题值得我们密切关注。

（一）国际核军控形势快速发展

世界核军控进程在缓慢发展多年之后，目前出现了快速发展的趋势。一是世界核裁军进程加快。2008 年 12 月，来自 9 个国家的 100 多名政要重提在全球实现“零核世界”及“核不扩散”的倡议。2009 年 4 月，美国总统奥巴马发表讲话，表示积极支持“无核武器世界”倡议，并提出新的核裁军主张，很快得到了 160 多个国家的积极呼应。2009 年 9 月，联合国安理会在纽约举行“核不扩散与核裁军峰会”，进一步推动《全面禁止核试验条约》。2010 年 4 月 8 日，美国和俄罗斯在捷克首都布拉格签署了新的《削减和限制进攻性战略武器条约》，双方规定在今后的七年中，将各自的核武器数量缩减到 1550 枚以内。2010 年 4 月 13 日，一些主要国家在华盛顿召开了世界核安全峰会，就许多重大问题达成了共识。2011 年 5 月，我军总长率团到美国访问，就核军控问题与美方进行了广泛会谈。二是核大国核裁军姿态积极。2010 年 4 月，美国在《核态势评估报告》中，提出要与我国进一步开展核战略对话，最近，又提出要我国的核力量部署进一步透明化，极力把我国纳入核裁军进程。三是核大国竭力推进核裁军进程动机复杂。在这场国际核裁军浪潮中，美国表现出了前所未有的积极姿态。我们分析其动机是：政治上努力改变美国的好战形象，经济上减少庞大的核力量维持军费，军事上限制俄、中等国家核力量的建设发展，进一步巩固和扩大其常规威慑与实战能力，加快推进核力量向“新三位一体”转型，继续维持其一超独霸的地位。

但是我们应清醒地认识到，美俄核裁军并不是真正销毁核武器，只是将核弹头技术状态（待发、整装、散装、贮存）进行了转换，一旦需要，这些转入散装和贮存状态的核武器很快就可以重新启用，实现武器化并用于作战。当前世界核武库还有约2.5万多个核弹头，美国和俄罗斯仍占95%；中等核国家中，法国现役的有288颗核弹头，英国现役的有185颗核弹头；我国核武器数量在5个有核国家中仍是最少的。核门槛国家中，以色列有100颗，印度70颗，巴基斯坦约60颗。

（二）世界核扩散形势严峻

当前世界核扩散形势日趋严峻，虽然还未达到失控程度，但发展前景让人忧虑。主要体现在四个方面。

一是核大国成为世界核扩散的源头。美俄两个超级核大国以多种形式向国际社会扩散核材料，并向其盟国提供核保护伞，已成为世界最大的核技术、核材料输出国。核大国不断向盟国出售各种核材料，帮助其建立核工业实体，如建设核电站、发展核动力潜艇等。它们对不同国家采取了不同的标准。从2005年起，在对印度核材料输出上，刻意免除其从国际社会获得民用核能资源的限制；对于日本大量贮存核材料采取了默许立场。

二是事实有核国家力求取得合法核国家地位。印度、巴基斯坦、朝鲜等国先后进行了核试验，成为事实有核国家。南非和以色列也试验过核武器，伊朗也在积极发展核技术，都希望得到国际社会认可并成为世界核俱乐部成员，力图使核扩散的结果合法化，进一步提高本国的国际地位。

三是一些国家努力获取核技术、核材料。目前有近 30 多个国家竭力通过拥有核武器来提高自身地位和安全防卫能力：伊朗研制核武器的意图和行动日趋明显，利比亚在 2003 年美国发动了伊拉克战争后，才于当年结束了秘密研制核武器的计划和行动。当前世界约有 40 多个国家具有研制核武器的能力。

四是恐怖组织竭力获取核武器。为提高国际影响力，世界恐怖组织近年来通过多种渠道获取核材料并窃取核技术。如塔利班扬言已获得了一些核材料，称一旦需要将对敌使用，“基地”组织早在 20 世纪 90 年代就曾试图获取铀材料，“9・11”事件至今，他们更是千方百计地获取核材料。2010 年 5 月，“基地”组织声称已拥有核装置。

（三）核武器质量不断提高，核力量结构继续优化

在积极倡导构建“零核世界”的同时，各有核国家特别是核大国从未停止本国核武器的研制进程，不断使其向实战化发展。

一是有核国家仍在继续提高核武器质量。美国在 2010 年 2 月 1 日颁布的《四年防务审查报告》中，提出要在 2020 年前对现有核武库进行全面技术改造，加速发展小当量核弹头，建设规模小、更安全、更可靠的新型核武库。2010 年 5 月，奥巴马在将新的核裁军条约送国会批准的同时，又申请 800 亿美元用于升级核武器，进一步提高核武器系统的高技术含量。俄罗斯继续保持着每年部署 6 枚“白杨 M”导弹的进度，加紧发展“RS－24”

和“圆锤”等新型导弹核武器。英国仍在加速研制高精度微型核武器。英法核武器贮存、管理和使用联盟初步形成。有核国家都高度重视提高武器突防能力，不断加强核材料储备。

二是世界核力量结构继续优化。2010 年 2 月 1 日，美军将空军航天司令部所属的部分航空联队纳入空军司令部编制，新的美空军全球打击司令部于 2010 年 9 月实现了全面运行。2010 年 4 月 22 日，美国成功发射了首架 X－37B 型无人空天飞机，可在距地面 203—926 公里的低轨道上持续飞行 270 天，可对别国的卫星、空中及地面目标实施快速精确打击。2010 年 5 月 26 日，美成功进行了 X－51A 型高超音速巡航导弹试验，具有了在 2 小时内对全球目标快速打击的能力。导弹防御系统已经初步形成作战能力，2010 年完成的“空海一体战”理论使其空、海军形成一体化作战能力，相应的空间和网络军事力量建设快速推进。我国周边的一些国家或加入了美国导弹防御系统，或接受了美国的核安全保护。日韩国内要求发展核武器的呼声日趋高涨。印度不断加快核武器实战化进程，力求尽快形成“三位一体”的核力量体系。

（四）东北亚地区核形势依然紧张

近期由于日本地震及核泄漏，东北亚地区的安全形势紧张程度似乎有所缓和，但由于实质性问题都没有解决，各国的基本立场都没有改变，该地区复杂的核形势依然紧张。

朝核问题要真正彻底解决绝非易事。朝鲜发展核武器，不仅为了提高其国际地位，也意在提高其综合军力。这些国家先后签署过《不扩散核武器条约》，与韩国发表过《半岛无核化共同宣言》，与美签署过《框架协议》，多次参加国际及地区会谈，但朝鲜从未真正停止过核武器的研制。美国重在强化自身影响力并遏制中国。朝鲜发展核武器不足以对美构成威胁，美之所以如此重视朝核问题，根本在于强化在亚太地区的政治影响力和军事存在，进一步密切与日韩关系，强化对中国的战略包围。日本扩张野心急剧膨胀。日本以“世界唯一原子弹受害国”身份博取同情，积极推动对朝鲜的制裁，刻意营造地区和平主导力量的形象。打着“应对朝鲜威胁”的幌子大肆扩充军力、修改“和平宪法”，积极加入美导弹防御系统。日本一直存在发展核武器的愿望，也有研制核武器的能力，并且大肆储备核材料。近期日本由于地震和海啸引发的核泄漏事件，进一步加剧了该地区核形势的复杂化。韩国对朝持强硬立场是为扩大其政治影响、发展军力及加强与美合作。可见，要真正解决朝核问题，其道路将艰巨而漫长。

（五）我国面临的核威胁有增无减

尽管世界核军控形势发展迅速，但是我们要清醒地认识到，我国所处的国际环境在短时间内不会出现大的改变，所面临的核威胁甚至有增无减。

一是美国因素。我国任何方向的军事斗争，背后都有美国背景，我国的核威胁主要来自美国。在 2002 年《核态势审议报告》中，美国把我国等 7 个国家列为核打击对象，并将台海发生战事作为使用核武器的时机之一。2005 年 10 月，美国再次把中国、朝鲜、伊朗等国家列为核打击对象。美国在日本海部署了“宙斯盾”驱逐舰，还在 2006 年 10 月提出，要以每年生产 125 枚新型核武器的速度对现有核武器进行更新换代，在 2030 年前完成核武器的现代化。二是印度因素。印度为谋求亚洲军事大国地位及核大国地位，不断加快核武器实战化进程，努力扩大核武库规模，力求尽快形成“三位一体”的核力量体系。目前，处于戒备状态的核弹头有70枚，“烈火”系列弹道导弹已部分交付部队使用并加紧新型号核武器研发，具备了对我国实施核打击的能力。到2013年，印度还将部署25枚战略洲际导弹，100枚射程可覆盖150—6000公里的“烈火”和“大地”系列导弹。印度和美国签署的民用核能合作协议在2008年3月也已经启动。三是周边因素。我国周边核形势严峻。有核国家已达5个。南亚地区，印、巴军事冲突不断，两国都将核武器作为制衡对方的筹码，且核武器或核装置落入极端恐怖组织手中的可能性不能排除。日本、韩国社会要求当局发展核武器的呼声不断高涨，韩国民调呼声已超过了65%。四是国家核战略因素。所有有核国家中，目前只有我国明确表明了“在任何时候、任何情况下都不首先使用核武器，不对无核国家和无核区使用核武器”的严正立场。除此之外，其他有核国家都没有承诺不首先使用核武器。美俄奉行的核战略都强调“先发制人”，不仅降低了核武器的使用门槛，还增加了核武器使用和选择的灵活性。英、法等国虽表示只有在自卫的情况下才考虑使用核武器，但两国均不承诺“不首先使用核武器”，不排除“先发制人”，刻意保持核力量运用的模糊性。

（六）世界核安全形势不容乐观

建立“零核世界”的倡议得到世界各国的认同和赞成，美俄达成新的核裁军协定，核军控前景似乎一片大好。但是，我们绝不能盲目乐观，近期的核安全事故一再敲响警钟，我们要清醒地看到，世界核安全形势依然严峻。

一是核武器安全隐患不容忽视。2010年10月23日，美国部署在怀俄明州夏延市城外的空军沃伦基地所管辖的50枚“民兵－Ⅲ”洲际核导弹因故障与发射控制计算机失联45分钟，使整个发射系统陷入混乱。对此，军方和当局做了轻描淡写的解释，但曾担任过发射控制官的布鲁斯·布莱尔指出，美陆基核力量在那一刻实际被削弱了1/9，该系统设备技术落后，是20世纪50年代的水平，出现误指令的可能性严重存在。

二是世界民用核设施可靠性亟待提高。2011年3月12日，位于东京220公里的福岛第一核电站1号机组及3号机组相继发生氢气爆炸，15日晨2号机组发生爆炸，部分核反应堆的辐射防护罩已经破损，发生了核辐射、核泄漏事故，事故等级达到7级。虽然日本这次核危机扩散范围较小，对我国带来的影响由于距离远、海风消散、海水稀释等因素作用而不会很大，但对日本国内的影响不可低估。日本核泄漏事件带来了极大的社会恐慌，增大了民众对当局的不信任，将长期严重污染当地的水源、大气环境，影响动物、植物的生长，并且给当地居民带来长达数百年的核放射后遗症。

三是世界外空形势逐渐呈现军事化趋势，甚至出现了核斗争迹象。现行的外空国际条约存在明显缺失，为一些国家钻空子制造了机会。缺乏权威制约，大国积极投入外空争夺，使现有法律无力约束。缺乏有效监督，对外空军事化趋向无法有效限制。各军事大国竭力发展外空军事能力。美国从2006年到2010年用于外空的投入超过6000亿美元，在轨420颗卫星中，军事卫星就有110多颗，2010年5月27日发射的首颗第二代全球定位卫星大幅提高了其全球定位能力，2010年8月14日发射的首颗“先进极高频”军事通信卫星为全球美军提供了高速、加密和跨任务领域的安全通信能力。2010年，美国依托现有体制，用外空军事手段对三军进行了明确分工。俄罗斯2010年对航天兵的投入比十年前增加了数十倍，还积极研制和试验反卫星卫星等新概念武器，并已经开始论证在卫星上预置核装置问题。

二、世界核形势发展对国际社会安全的影响分析

动荡不定的世界核形势对世界战略格局及国际社会安全都带来了深刻影响。

（一）将削弱对超级核大国的制衡力量

美国利用自身在武器装备上的领先地位，利用军控来维护其军事优势，通常先于其他国家发展尚未受到限制的新型武器，形成优势后再利用国际军控平台去限制其他国家的发展。随着世界核军控活动的深入，一旦达成了新的国际公约，如核查协议，其核查范围将涉及所有签署国的核作战部队、核武器库存地、核力量部署、核武器状态等方面，别国的核武器、核材料生产及库存数量都会受到严格限制和国际监督，从而使制约核大国的力量大幅减弱。

（二）直接威胁多国安全

核大国在保持其自身核优势的情况下，在 2010 年多次提出由其主导制定核裁军协议。之所以这样做，既是为了改变自身的好战形象，顺应日趋高涨的核裁军浪潮，同时更是为了限制别国发展核武器。美国一直将国家性质不同的发展中国家视为核遏制的主要对象，在这些国家核武器数量少、力量规模小的情况下，如果大幅进行核裁军，对于维护这些国家安全的战略核力量生存及有效运用，都带来了不利因素。另外，当前核大国的核武器继续向实战化、小型化、隐形化、机动化和高精度方向发展，其不断提高的核实战能力也加大了对发展中国家安全的威胁程度。

（三）使相关国家的政治、外交压力增大

世界核禁产、核禁试、核裁军谈判紧锣密鼓，有可能达成新的国际公约。2010 年 4 月，美俄达成的核裁军协议，把“零核世界”活动推向了新的高潮，此举先后得到了 160 多个国家的积极支持。在这个形势下，一些发展中国家如果不积极回应西方大国发起和主导的核裁军倡议，必将使其受到的国际压力进一步增大，西方也将加大对其制裁力度或在外交领域使其更加孤立。如果这些国家积极参与，势必将削弱有限的战略核力量，更加无力对核大国形成有效的制约和牵制。

（四）导弹发射通报机制将削弱别国的运用效能

建立导弹发射通报机制，利于大国借助侦察技术优势，获得他国导弹武器系统的重要信息，从而准确地掌握他国战略导弹发射准备时间、武器技术状况和弹道飞行的特点规律，一旦需要，就可实施干扰甚至拦截，这对技术水平薄弱的国家是极为不利的。

三、未来世界核战略形势的预测与展望

由西方大国发起和主导的“零核世界”运动，将会继续发展。总体趋势虽然符合国际社会的期待和美好愿望，但其发展进程不会一帆风顺。

（一）有核国家仍将继续提高核武器质量

世界核武器将继续向小型化、低当量和高精度的方向发展，

实战化程度、可靠性和安全性都将继续提高。美国将继续落实《2008—2012 年核安全战略规划指南》中提出的对现有核武器更新换代的规划和 2010 年 2 月颁布的《四年防务审查报告》中提出的对现核武库进行全面改造的计划，加速发展小当量核弹头，并建设规模小、更安全、更可靠的新型核武库。俄罗斯总统梅德韦杰夫在年度国情咨文中提出，“2011 年我们需要部署超过 30 枚陆基和海基弹道导弹，5 个‘伊斯坎德尔’导弹系统”等。从近年来的情况看，大国裁减的核武器大都是超期、发生劣变或过剩的核弹头，它们对提高核武器质量的努力从未停止过。

（二）核大国将继续优化核力量结构

在未来很长一段时期内，核大国将继续优化核力量结构，使之更加便于管理、适应作战。美国将按照核安全战略规划所确定的目标，陆续进行陆基核武器更新、重新调整作战力量编成；继续论证天基核作战平台实施方案，到 2012 年空基核力量将由 66 架 B－52H 和 21 架 B－2A 隐性轰炸机组成。俄罗斯将加紧研制新一代战略洲际核导弹武器系统，积极发展新型战略轰炸机和高精度巡航导弹。法国将继续加紧研制潜射、空射巡航导弹和小型核弹头。印度将加速发展“三位一体”的核力量，抓紧研制远程弹道导弹。

（三）国际核军控潮流不可逆转

维持核武器戒备状态需要投入巨大的人力和财力，随着大国常规武器毁伤效能及综合杀伤破坏能力的提高，一些常规兵器已经能够接近核武器的作战效能。在这种形势下，核大国已没有必要耗费过多的财力维持庞大的核武库。另外，世界多数国家都不愿生存在核威胁的阴影下，期待建立“零核世界”，它们发出的

"去核化"呼声是推进世界核裁军进程的强大动力。

（四）世界核裁军形势发展不会一帆风顺

尽管世界核裁军形势发展迅速，但要在国际社会真正实现"零核世界"的目标还有很长的路要走。

一是核大国不会真正放弃和销毁核武器。美国作为世界经济能力和军事实力最强的国家，实际上最不需要核武器。但是它深知只有核武器才能把战略威慑发挥到极致，因此在这些年中的所谓裁减，也只是核武器在"待发、整装、散装和贮存"这四种技术状态上的转换，并没有真正销毁。

二是美国的双重标准是实现"零核世界"的最大障碍。美国出于自身利益考量，将继续对世界核军控采取不同标准，如对巴基斯坦、朝鲜、伊朗等继续进行制裁和打击，而对印度、以色列、日本提炼核材料的行动，却予以默许甚至合作。

三是有核国家已把核武器看成是维护本国利益、提高国家地位的重要基石，看成是自身国家形象的重要标志，因此不会轻易放弃经过千辛万苦发展到今天的国际核地位。

四是一些中小国家把拥有核武器当成提高自身国际地位的捷径，看作与国际社会在国家利益上讨价还价的砝码，以获得更多的实惠和利益，因此也不会轻易放弃研制发展核武器。

总之，核大国保持核优势立场不会改变，发展导弹防御系统的步伐不会停止，核门槛国家不会放弃拥有的核武器，恐怖组织也不会丢弃到手的核材料，核军控未来形势的发展不可能一帆风顺。

（五）和平利用核能将成为重要发展趋势

核能用于动力能源具有能量大、效能高、投入少的优点，和平利用核能，已成为许多国家所追求的目标。当今世界，进行核材料提炼和加工，已经不需要付出很高的代价，也不涉及高深的科学技术，是一般国家都能承受和达到的。因此，当前许多国家都在积极加工核材料，引进或发展核技术，大力发展核电站、核动力工业、核动力舰（潜）艇。这个趋势必将在未来较长时期内得到延续。

世界核军控形势复杂多变，要真正实现无核化目标，任重而道远。当前形势下，我们应抓住机遇，在国防现代化进程中，不断提高自身核能力，在激烈的国际战略博弈中夺取并保持战略主动，为维护国家核心利益和国家安全发挥应有作用。

实现“全球零核”目标是我国的基本国策和不懈追求

赵兴盛*

近年来，世界“零核世界”的呼声日渐高涨，核大国积极推进并作出了前所未有的主动姿态，特别在2010年4月8日，美国与俄罗斯在捷克首都布拉格签署了新的《削减和限制进攻性战略武器条约》，双方规定在今后的七年中，将各自的核武器数量缩减到1550枚以内。这是国际社会从2008年12月发起倡议至今，为实现“零核世界”这一目标取得的第一次重大实质性进展。

在国际社会中，我国是第一个提出建立无核世界的国家，彻底销毁核武器，是我国的基本国策和既定目标，是我国政府的一贯立场。为了展示我国作为一个发展中的、负责任大国的形象，我们积极参加了国际社会与此相关的各项重要活动。这样做，符合我国的国家利益，也符合我国乃至世界和平与发展的长远战略利益，对于确保我国的国家安全有好处，对于在国际社会上巩固

* 赵兴盛，某部高级工程师，从事特种车辆维修的领导与技术工作。组织研制了多种用于维护国家安全的机械装备，组织和参加编写了多部实用技术规范文献，撰写并在国内、行业技术及学术期刊上发表论文约50余篇。

和提高我国的国家形象有好处，对于促进并尽早真正实现世界的无核化也有好处。

一、对当前世界核形势及核军控形势的主要特点分析

西方大国这次率先提出了在全球实现“零核世界”的目标，此举先后得到了世界绝大多数国家的认同。但对于现实的国际核形势，我们必须有一个清醒认识，特别要看到世界核形势特别是核军控形势依然十分严峻，仍然存在许多难以逾越的障碍和值得世人关注的动向和特点，主要体现在六个方面：

（一）核武器仍具有无可替代的战略地位和作用

世界有核国家都把核武器看成是维护国家安全最重要的支柱和砝码。美国把核武器视为国家安全的基石，俄罗斯把核武器作为保持其大国地位和军事实力的基础。俄国防部认为，火箭部队是最廉价的一种武装力量，它能解决60%—100%的战略战斗任务，而所需费用仅占国防预算的5%—6%。因此，俄罗斯把战略核力量作为国家安全的基础。英国加速更新战略武器系统，法国对发展“两位一体”的核武器规划作了进一步的修订和完善。另外，印度、巴基斯坦、以色列、南非、朝鲜、哈萨克斯坦和日本等国都把核武器看作是提高本国国际地位的重要支撑。总之，世界核形势在变化，新型核武器装备日新月异，核武器的高技术含量在不断提高，但是，核武器无可比拟的战略地位始终没有改变。

（二）世界核力量仍保持“两超多强”的基本格局

截至2010年12月底，世界核武库中还有近2.5万个核弹头。其中，美国处于戒备状态的战略核弹头是3342颗（含陆基核弹头764颗，海基1728颗，空基860颗），此外，还有约500件战术核武器，爆炸当量从300吨至20万吨TNT不等。美国核力量发展的趋势是：压缩规模，优化结构；对现有核武器进行技术升级改造；继续研发新型核武器及运载工具。俄罗斯拥有5493颗实战型核弹头，另有9500颗处于备用或拆卸状态。现役陆基核弹头1677颗，占53%；海基614颗，占19%；空基872颗，占28%。2010年5月3日，美国国防部再次公布了其核弹头库存的状况，称截止到2009年9月30日，美国储有5113枚现役核弹头，包括作战部署的战略核弹头和库存核弹头。当前虽然美国现役的、库存的战略核弹头略少于俄罗斯，但两国的综合核实力大体平衡，在冷战时期形成的“相互确保摧毁”态势得以延续。英、法两国的核弹头总数均在400颗左右，继续保持了中等核国家的地位。印度、巴基斯坦、南非、以色列和朝鲜等核门槛国家也分别形成了有限的核威慑、核实战能力。

（三）世界核军控形势依然严峻

世界核不扩散机制受到严重冲击，有核及潜在核国家不断增加，有的恐怖组织也开始染指核武器。西方核大国出于自身利益需要，对一些国家如印度、以色列、日本等所进行的发展核技术、贮存核材料，甚至研制核武器的做法采取了默认、纵容甚至支持的立场，实行了双重标准。对此，在2006年6月由外交部和总参外办组织的“中美战略核关系与战略互信论坛”和在2008年3月军委法制局组织的《空战与导弹战国际人道法手册》

征求意见座谈会上，我方专家两次就此问题向美方提出了质询，与会的美国将军及专家对于这个问题都无言以对。印度现已装备50—60颗核弹头，拥有一定的中、近程核投送能力，可携带核弹头的飞机约290架，能够携带核弹头的导弹已有三个型号。日本贮存着能够生产数千个核弹头的核原料，可以在一夜之间成为“核大国”。韩国在20世纪50年代就研制过核武器，目前已具备研制核武器的条件。巴基斯坦、南非、以色列、哈萨克斯坦和朝鲜，都已成为事实有核国家，德国、加拿大、伊朗和叙利亚等近30个国家也不同程度地掌握了核技术，具备研制核武器的能力。

（四）有核国家继续发展并不断优化其核力量

美国在2010年2月1日颁布的《四年防务审查报告》中，提出要在2020年前对现有核武库进行全面技术改造，加速发展小当量核弹头，建设规模小、更安全、更可靠的新型核武库。2010年5月，奥巴马在将新的核裁军条约送国会批准的同时，又申请800亿美元用于升级核武器，力图进一步提高核武器系统的高技术含量。俄罗斯在竭力保持与美核力量战略平衡的同时，逐步淘汰陈旧核武器，加速更新核武库，研发部署生存和突防能力更强的新一代核武器，继续保持每年部署6枚“白杨-M”导弹。英国投入巨额资金加速研制微型核武器，法国正在发展新型潜射弹道导弹、空射巡航导弹和小型核弹头，英、法核力量向机动灵活、提高突防和生存能力的方向发展，不断增强核武器的可靠性。印、巴等国积极扩大核武库规模，努力构建“三位一体”的核力量。

（五）核大国争夺核优势的斗争紧锣密鼓

美国由过去强调保持核大国战略平衡，转向积极夺取全面核优势，美俄争夺核战略优势的角逐主要围绕反导问题展开。美积极发展并加紧部署导弹防御系统，构筑攻防兼备的战略力量体系，力图夺取并保持核战略优势的国际地位。俄罗斯采取了多种手段，积极研制发展新型的反导武器，以有效突破美导弹防御系统。此外，俄还在国家经济实力艰难的条件下，仍然投入巨资积极发展新型“白杨－M”、“RS－24”和“圆锤”等导弹核武器。

（六）有核国家“先发制人”的核运用指导仍在延续

核武器的使用门槛在不断降低，美国和俄罗斯都在继续坚持“先发制人”的核武器运用指导，不仅使核武器的运用具有极大的突发性和随意性，同时也大幅降低了国际社会核武器的使用门槛。英国、法国虽然表示只有在自卫的情况下才考虑使用核武器，但两国均不承诺“不首先使用核武器”，不排除“先发制人”，刻意保持核力量运用的模糊性。

二、我国应更加鲜明地宣示实现世界无核化的既定目标

邓小平同志曾经讲过“韬光养晦，绝不当头”，在禁核这个问题上，我们仍然应该遵循这个思想。当然，能够实现“全球零核”目标，对于打破少数核大国实施的核垄断局面、加快实现“全球零核”战略目标进程、建立和平稳定的国际政治、经济和军事秩序等，都是有利的。但是，由于各有核国家的利益不

同，政治制度不同，所追求的目标不同，因此，要真正实现“零核世界”的目标还将十分遥远，但这并不影响我们积极促进实现这一目标的行动。

（一）有利于向国际社会进一步阐述我国的基本核立场

利用参加世界峰会的平台，我国政府可向国际社会全面阐述我国的基本核政策，表明我国不首先使用核武器的严正立场，再次明确我国反对核技术、核材料特别是核武器的扩散，以有效措施确保最终销毁一切核武器并实现“全球零核”的战略目标，可以充分展示我们期待世界和平的行动及诚意。同时，我们还应利用这个平台，对国际社会发出呼吁：各有核国家都应承担不首先使用核武器的国际主义义务；提出各有核国家在数年内逐步封存现有核武器、停止研发新型核武器、停止继续发展核力量的建议；提出彻底销毁核武器的日程进度时间表；同时也提出各有核国家在实现“全球零核”及“核不扩散”目标中应承担的责任和义务。

（二）有利于形成相应的国际核监督管理机制

该机制应在联合国的授权下，由主要核国家的官员、专家和学者组成，其职责是根据联合国宪章有关条款及国际社会先后达成的共识，对各有关国家的抑核行动承诺及进程进行有效的、可信的和科学的监督，对涉及核武器、核材料领域的各种动向，定期向联合国有关部门及国际社会发布相应公告，促使“全球零核”及“核不扩散”逐步实现各阶段指标，以循序渐进地在全球达到彻底销毁核武器的美好愿景。

（三）有利于制约核大国继续发展核武器

实现“全球零核”的重点和关键是美国、俄罗斯。这两个核大国的核武器总数占到了世界核武器总数的95%以上。当前虽然世界有核国家不断增加，但是在核武器的数量、质量、特别是核作战能力上，都无法与美俄相比。我国应鲜明地提出，首先将美国、俄罗斯的核武器数量削减至500枚以下，使之与中等有核国家的核武器数量处在非常接近的水平上，并不再保有更多的“后备弹头”，然后再逐步实现其他有核国家按比例、均数量地合理压缩、削减，直至最终销毁。在此过程中，我们应建议国际社会通过明确的法规和有效的监督，禁止所有国家进行军用浓缩铀活动。

（四）有利于打破西方国家杜撰的“中国威胁论”敌意宣传

目前一些西方国家及其媒体在这个问题上大做文章，对我国的形象和外事工作带来了一定的负面影响。我国应逐步在核力量发展的投入、实力规模、战略核武器的战术技术性能、核导弹部队的训练与演习、核战略领域的国际学术交流等方面扩大开放程度和透明度。因为在这些领域，世界有核国家大都比较透明。我们这样做，不会从根本上影响到我国的国家安全，不会影响到我国战略核力量的建设、威慑及作战运用的现状及能力，同时也可有效抵御西方核大国多年来对我国的各种诋毁和攻击。

三、客观认识并随时关注实现“全球零核”运动的历史进程

经过40多年的努力，我国已初步建立起具有一定规模的战略核力量，形成了洲际、远程、中程衔接的核反击作战及核威慑能力。但我国战略核力量的现状，与世界核军事斗争形势的发展变化、日趋拓展的国家利益和有效维护国家安全的要求相比，还有不小的差距，主要表现在我们的核武器数量在有核国家中最少，核力量结构还不够合理，核武器系统的信息化程度还不够高等。尽管如此，我国仍然在核武器的发展上遵循“精干、有限”的指导，采取了极为克制的立场，使我们的核武器数量十分有限。因此在当前和今后一段时期，我国还必须保持一支有限然而必须有效的战略核力量，以加重实现“零核世界”目标的砝码。

（一）进一步明确我国参与国际核军控活动应遵循的基本思想

当前，我国的综合国力不断增强，科研实力、新工艺和新材料水平也不断提高，在实现全球无核化的漫长历史进程中，我们应在核武器的技术改造、核力量的结构优化等方面有所作为，这也是促进实现“全球零核”目标的必要举措。

在实现“全球零核”的历史进程中，我们应建议世界所有有核国家、特别是核大国都应遵循“积极参加，诚信协作，公平合理，务实推进”的基本指导思想。积极参加，是指有核国家都应积极融入国际社会倡导的全球无核行动，为实现真正的世界无核化做出各自卓有成效的努力；诚信协作，是指在国际核军

控机构、媒体及舆论的有效监督和相关规则的制约下，各有核国家之间应对实现无核化目标问题进行磋商，共同探讨实现的途径，形成有效监督的方式、方法和步骤；公平合理，是指在实现“全球零核”的目标上，有核国家特别是核大国应承担起主要的责任和义务，以真诚可信的立场和做法，勇敢、守信地承担自身对国际社会的承诺；务实推进，是指所有的有核国家，都应按照共同规定的实现“全球零核”目标的日程时间表，真正落实到各自的核武器裁减数量与进度上；对于不履行承诺和不执行协议的有核国家，应按照预先规定的惩处措施和办法，使其受到国际组织、国际社会的谴责与制裁。

（二）清醒认识真正实现“全球零核”的目标还很遥远

核裁军的口号已经喊了多年，许多官员和学者也为此做出了极大的、甚至是毕生的努力。然而，现实使我们非常遗憾地看到，一些国家、特别是西方核大国，出于维护自身利益的考量，对于国际社会日趋高涨的“全球零核”及“核不扩散”的呼声，大多都采取了只利于自己的解读和做法，制定了多项与此不和谐的对策，固执地维持着狭隘的本国利益，致使“全球零核”目标的协议一次次成为一纸空谈。如2010年9月15日晚，美国就在内华达州地下约300米的实验室内进行了一次代号为“巴克斯”的亚临界核试验，而这次试验的背景距美国与俄罗斯达成新的核裁军协议仅5个月的时间。美国还对一些国家积极引进核技术、贮存核材料、发展核武器的行径，采取了不同的标准，形成了事实上的不公平，对世界核扩散起到了推波助澜的加剧作用。有的核国家当局实行着“维持现状、保持优势”的立场，在国际核军控活动中保持着消极的立场和做法。现实还使我们看到，当前美俄战略关系的动荡与变化，西方大国战略东扩步伐的加快，美国导弹防御系统的研制与部署，伊朗声称退出《不扩散核武器条约》的行动，东北亚、南亚核形势的日趋紧张加剧等，都注定了要实现“全球零核”的战略目标，必然还有很长、很坎坷的道路要走。

（三）建立核武器裁减核查机制

国际社会应在联合国的领导监督下，根据国际核军控、核裁军进程，结合各有核国家自身的实际情况，在达成的核军控原则、规则和预定的核裁减进度下稳步推进与实施。有核国家应及时快捷地交流核军控行动进程和动向，达到相互监督、互相促进的目的；及时研究磋商在核裁军过程中亟需解决的技术问题，随时消除可能出现的各种核事故及核意外；及时消除有核国家之间的误会和矛盾，防止重大矛盾、军事冲突特别是核冲突的发生。

（四）按照实现“全球零核”目标达成的裁减进度协调、同步实施核裁军

国际社会应清醒认识并鲜明地提出，美国、俄罗斯除应将核武器数量削减外，更重要的是不再保有更多的“后备弹头”，这才是问题的关键。核裁军必须是真正裁减，而不是仅仅把核武器转化为贮存状态，这样一旦需要，它们很快就可以“激活”库存核武器，使之恢复作战状态，这样的所谓“裁减”是没有任何意义的。国际社会应在确认了核大国切实履行了裁减核武器的义务后，再逐步实现其他有核国家合理协调地压缩、削减，直至最终销毁的义务。多年来，我国战略核力量的建设发展，始终坚持了不与西方核大国比投入、比数量、比规模，而是根据我国所处的战略环境、核反击需求及维护国家安全的最低需要来确定我国战略核力量的数量规模，建立了一支能够有效实施核威慑和最

低核反击作战能力的核力量。我们应按照达成的裁减进度，与国际核裁军的进程同步、守信地做到既能够有效维护国家安全并确保实现有效核威慑，又不会对国家财力和物力资源造成浪费。

（五）确保核武器在贮存管理中的绝对安全和绝对可靠

我国的核武器发展起步晚、基础弱、信息化程度低，在实现“全球零核”的进程中、特别是在平时管理、技术测试中尤其要确保核武器系统的安全，确保绝对安全和绝对可靠。在管理环节上，落实好各种安全管理规章，完善严密的岗位责任制；在测试环节上，要严格按照指挥程序和操作规程进行，落实好各级的检查把关制度；在处理环节上，遵照“周到细致，严格认真，稳妥可靠，万无一失”的原则，以高度的事业心和责任感，稳妥细致地搞好每一项操作；在接受核查环节上，认真配合国际核裁军组织所进行的削减核查，认真履行我们对国际社会所做出的庄重承诺。

毛泽东同志说过，“我们是不要战争的，……不要枪杆子必须拿起枪杆子”。邓小平同志在1983年11月29日会见加拿大总理特鲁多时指出：“我们那一点核武器算什么！只是体现你有，我也有，你要毁灭我们，你自己也要受到点报复。”“核武器我们还是要发展一点，但怎么发展也是有限的，要迫使超级大国不敢使用（核武器）。”笔者认为，消除核武器最好、最有效的方法，就是使我们拥有一定规模和数量的核武器，形成可靠可信的核威慑及核实战能力，否则，在世界核裁军的论坛上，我们说话就没有分量，没有资本，也没有力度。我们愿意与世界进步力量一起做出卓有成效的艰苦努力，共同期待着世界“零核时代”的真正、早日到来！

关于加强我国核安全的思考

高广国*

核能作为清洁能源是人类社会未来能源的发展方向，但其巨大的杀伤破坏作用又为世人所恐惧。核安全作为国家安全的重要领域，日益为相关单位所重视。我国既是有核国家，更是核电大国，核安全之于国家安全的重要地位不言而喻，我国面临的核威胁也日趋多元复杂，基于国家安全大局考虑并抓好核安全势在必行。

一、核安全在国家安全领域的重要地位

核涉及国家安全的诸多领域，随着科技的进步，核安全的内涵也在不断拓展。目前我们只有理清概念、理顺关系才能真正认识核安全在国家安全领域的重要地位。

* 高广国，防化学院科研部研究员，大校，军事学博士，硕士研究生导师，战略学学科带头人，获军队科技进步奖三项，在《中国军事科学》、《军事学术》、《国防大学学报》发表多篇论文。

（一）对核安全概念的界定

对于核安全的概念，目前学术界并没有形成完全一致的定论，需要通过考察核安全相关的法律法规和国际社会的相关倡议来对核安全的概念做一个相对客观的界定。

核安全的概念，出现于20世纪90年代国际原子能机构（IAEA）的《核安全准则》（Nuclear Security Guidelines）中。1979年，国际原子能机构制定了《核材料实物保护公约》，该公约针对国家行为体在核材料的使用、储存和运输中安全问题做了较为详尽的规定，但并未涉及非国家行为体及恐怖势力对核材料的使用、储存和运输安全带来的威胁。1994年，国际原子能机构在其总部举行的外交会议上通过了《核安全公约》[①]。公约重点对加强核设施的安全做了规定，通过加强缔约国本国的应对措施与国际合作，在核设施内建立和维持防止潜在辐射危害的有效防御措施，以保护个人、社会和环境免受来自此类设施的电离辐射的有害影响，防止带有放射后果的事故发生和一旦发生事故时减轻此种后果。1986年，国际原子能机构特别大会通过了《及早通报核事故公约》[②] 和《核事故或辐射紧急

① 该公约于1994年6月17日由国际原子能机构在其总部举行的外交会议通过。中国常驻国际原子能机构代表团于1996年4月9日正式向国际原子能机构递交了由江泽民主席签署的中国参加《核安全公约》的批准书，成为第18个递交批准书的国家。

② 该公约于1986年9月24日在维也纳召开的国际原子能机构特别大会通过，1986年10月27日生效。我国于1986年9月26日签署《公约》，1987年9月10日向国际原子能机构交存《公约》批准书，并同时声明对《公约》第十一条第二款所规定的两种解决争端程序提出保留。

援助公约》[1]。这两个《公约》旨在进一步加强核能利用与安全发展方面的国际合作，通过在缔约国之间尽早提供有关核事故的情报，以便将可能超越国界的辐射后果减少到最低限度；通过建立双边和多边的相互援助安排，尽量减少发生核事故或辐射紧急情况时造成的后果。2005 年，国际原子能机构对《核材料实物保护公约》做了重要修订工作，并更名为《核材料与核设施的实物保护公约》，修订后的《公约》增加了对国内敏感材料的运输、储存以及核设施安全等诸多方面的内容。参照国际原子能机构通过的一系列重要公约，结合国际原子能机构的职权范围，国际原子能机构的核安全咨询组将核安全定义为："涉及核材料、其他放射性物质或与其相关设施的偷盗、破坏、非授权进入、非法转移及其他恶意行为的防范、探测和反应。"[2]

对于这一定义，笔者认为有一定局限性。理由一是该定义重点关注了核材料、放射性材料及相关设施的安全，但并未全部涵盖由于核扩散而带来的安全风险，特别是对于核信息、核技术、核专家以及核武器的安全未包括在内；二是该定义中行为主体并不明确，破坏核安全状态的可能是自然灾害等非人为因素，可能是恐怖势力、极端宗教势力、偏执个人等非国家行为体所为，也可能是国家行为体授意某一特定集团蓄意破坏；三是该定义中使用的"防范"、"探测"和"反应"难以涵盖国家通过立法，建立核安全管理、保障体系，形成完备的应急机制等内容。鉴于

---

① 该公约于 1986 年 9 月 25 日在维也纳召开的国际原子能机构特别大会通过，1986 年 10 月 27 日正式生效。1986 年 9 月 26 日中国政府代表作了有待核准的签署，同时声明：①中华人民共和国不受公约第十三条第二款所规定的两种争端解决程序的约束；②在由于个人重大过失而造成死亡、受伤、损失或毁坏的情况下，中国不适用该公约第十条第二款。本公约于 1987 年 10 月 14 日对我国生效。

② 张沱生：《非国家行为体的核扩散与核安全》，《外交评论》，2010 年第 3 期。

此，需要结合国际核安全形势的发展变化，考察一些国家和国际组织提出的加强核安全的相关倡议和政策，对该定义进一步完善。

2004年，联合国安理会通过了1540号决议，主要目的在于在全球范围内防止非国家行为体获取大规模杀伤性武器。2005年，联合国大会通过了《制止核恐怖主义国际公约》，对核恐怖主义活动涉及的放射性材料、核材料、核设施、核装置以及犯罪行为都进行了具体定义。2010年4月，在美国华盛顿召开的世界核安全峰会上，有关国家就防止恐怖分子、犯罪分子及其他非授权行为体获取核材料达成了共识："重申各国根据各自国际义务，对维护各自控制的所有核材料，包括核武器中使用的核材料，及核设施的有效安全，以及对防止非国家行为体获取恶意使用此类材料所需的信息或技术负有根本责任；强调建立强有力的国家核安全立法和监管框架的重要性。"[①] 公报中关于核安全的内容及措施的论述，对于各国形成全面准确的核安全理解大有裨益。

另外，《核生化防护大辞典》中提到，核安全是指"达到适宜的运行工况，预防事故或减轻事故后果，从而保护人员和环境免受过大的辐射风险。"[②] 濮继龙、任俊生的《对核安全若干问题的辩证思考》一书中也提到，核安全是安全的一个特定领域，对象是核能的利用，目标是使得放射性释放的潜在风险可行可控，符合和满足核安全管理政策和法规要求。[③] 这两个概念同样仅限于核事故应急救援的范畴。

① 《核安全峰会公报全文》，http：//25.133.58.8/haq/show.asp？id＝861。

② 《核化生防护大辞典》，上海辞书出版社，2000年7月版，第525页。

③ 濮继龙、任俊生：《对核安全若干问题的辩证思考》，全国放射性流出物和环境监测与评价研讨会论文汇编。

笔者认为，广义的核安全应当包括涉核的军事、社会、工业、生态等领域的安全。具体包括核武器的开发、使用和管理，核材料与其他放射性物质的开采、运输、使用、储存和后处理，核设施的运行管理，核信息与核技术的获取、传输、处理、储存，核专家的交流、使用、管理等上述诸多方面的全过程防扩散问题，确保核武器、核材料与其他放射性物质、核设施、核信息、核技术与核专家处于不受国家与非国家行为体及个人威胁的客观状态。

（二）囿于国家安全的核安全

在人类社会发展的进程中，安全是国家永恒的主题，在核时代如此，在全球化时代更是如此。从广岛、长崎的核爆炸到2011年3月福岛的核泄漏，饱受核污染之苦的日本对核安全与国家安全的关系感受颇深。自从人类进入核时代以来，核就深刻地影响着国家安全。

一是在安全目标上，核安全从属于国家安全。国家安全的目标在于使国家处于没有危险的客观状态，包含了内外两方面的目标，内在目标是保持国内的繁荣与稳定，外在目标是不受外来威胁与侵害。核安全的目标从属于国家安全，同样包含了内外两个方面，内在目标是确保国内核设施、核材料、核信息、核技术和核专家等的安全，一旦出现重大涉核问题，必然直接危及国内的繁荣与稳定。外在目标是确保国家不受敌对国家及恐怖势力的核攻击，免遭跨境核污染。因此，核安全目标的制定要以国家安全目标为前提和依据。

二是在安全内容上，核安全从属于国家安全。在全球化时代，国家安全的内涵已显著扩大，涵盖了国民安全、国土安全、主权安全、政治安全、军事安全、经济安全、文化安全、科技安全、生态安全、信息安全10个方面的内容。[1] 这些方面相互影响、相互制约，构成了国家安全的有机整体。核安全的内容涵盖了核设施、核材料、核信息、核技术和核专家等多个方面的安全，与国家安全的内容多有融合，既存在对应关系，又相互交织影响，任何涉核领域的安全问题，都可能引发多方面的国家安全问题。如福岛核泄漏，不仅严重危害了公众健康，而且影响了日本的生态安全与经济发展。因此，核安全是能影响国家安全的重要一环，是国家安全的重要组成部分。

二、我国面临的核威胁形势及未来走向

我国面临的核威胁来自传统与非传统安全领域两面，且在很长一段时间内面临两面并存的局面，我国的核安全环境不容乐观。

（一）传统安全领域的核威胁有所降低，但威胁依旧存在

在全球化时代，国家间的合作不断加深，但竞争普遍存在，当竞争不能取得共赢结果时，军事手段可能就会被用来维护国家权益。[2] 而核武器往往被视为维护国家安全的终极手段。在核背景下，理性的国家会慎用武力，传统安全领域的核威胁呈减弱的趋势，但不会消亡，将长期存在。这主要源于以下因素：

一是核武器对保障国家安全具有双重作用。核武器的巨大杀伤破坏作用，至今没有任何武器可以与之相比，有核国家倚重核

---

① 刘跃进：《国家安全学》，中国政法大学出版社，2004年版，第52页。

② 沈丁立：《核扩散与国际安全》，《世界经济与政治》，2008年第2期。

武器来保障国家安全，彰显国家地位，无核国家追求核武器以实现安全自助，增加与大国博弈的筹码。然而，安全从来就是相对的。“9·11”事件后，美国深感安全不足，加速研发“可靠的，可替代的”战术核武器，包括钻地核弹头①。世界上军事实力占绝对优势的美国尚且感觉自身不够安全，不断优化核武库，其他国家则更有理由这样认为：拥核才能保安全。但一国为追求自身安全而寻求核武器势必引起其他国家的不安，其他国家通过增强军事实力加以应对，反而使国家安全陷入了更为不利的境地。核武器之于国家安全的双重作用使其威慑作用远远大于实战意义，未来的局部战争可能多为核背景下的常规武器对决。

二是核军控与裁军的有限制约作用。国际社会缔结了《不扩散核武器条约》及《全面禁止核试验条约》，美俄的双边核裁军，对降低和减少核威胁起到了一定的作用。但在当前国际社会状态下，通过“自助”保障国家安全是主权国家的天然法则，履约本质上也是通过合作来寻求国家安全利益，如果继续履约与国家安全利益相悖，那么通过各种手段不再履约才具有“合法性”。因此，国际社会就核军控与裁军达成的条约，只有在国家间达成“权势平衡”② 时，才具有法律效力，其对主权国家的制约作用将十分有限。

三是军事上高技术武器的有限替代作用。科学技术在军事领域的应用，大幅提高了武器装备的性能，改变了战争形态，在一定程度上削弱了军事强国对核武器的依赖。但就弱国而言，核武器依旧是以小搏大的最佳选择。况且，科学技术的发展在一定程

① Dingli Shen, “Up setting as delicate balance,” Bulletin of the Atomic Scientists, Vol. 63, No. 4, 2007, p. 37.

② 李际均：《军事战略思维》，军事科学出版社，1998 年第 2 版，第 174 页。

度上模糊了和平利用核能与开发核武器的界限，降低了“核门槛”，使弱国能够凭借自身力量开发核武器。弱国开发核武器也必然招致军事强国的关注和制裁。因此，高技术武器可以替代核武器，但远不能取而代之。

（二）非传统安全领域的核威胁有所上升，并趋向多元化

冷战结束后，非传统安全对国家安全的威胁日益上升，几乎牵涉了除军事安全与政治安全以外的全部安全领域。胡主席在2010年4月召开的世界核安全峰会上指出：“国际安全形势复杂多变，核安全问题日益引起国际社会关注，主要是非传统安全问题凸显、核恐怖主义潜在威胁不容忽视、核材料流失和非法贩运风险上升。”[①] 随着核工业及核技术的高速发展，恐怖势力的日益猖獗，我国面临的来自非传统安全领域的核威胁增加，并呈现源头多元、形式多样的趋势。

一是核设施受自然力的破坏而引发核危机。2011年3月11日，一场里氏9.0级大地震突袭日本东北部地区，并引发巨大海啸，后者旋即将福岛第一核电站冷却系统破坏。12日起，福岛第一核电站内的4个反应堆机组先后发生化学爆炸，并出现放射性物质外泄情况。4月12日，日本政府宣布将这次福岛核泄漏事故定为7级。福岛核泄漏不仅使日本数十万民众笼罩在核阴影中，而且引发了全球核电安全争议。随着核电的兴起，核设施的增多，由海啸、地震、火灾等引发的核泄漏乃至核爆炸问题，应引起我们高度重视并严加防范。

二是由非国家行为体蓄意破坏而引发的核危机。随着国际上

① 胡锦涛：《携手应对核安全挑战、共同促进和平与发展》，新华网，http://news.xinhuanet.com/world/2010-04/c-1231344.htm。

核武器及核技术的不断扩散，非国家行为体制造核恐怖活动的可能性增加。非国家行为体制造的核恐怖事件复杂、分散、多元，对国家安全造成的影响不可估量，包括国际恐怖势力、民族分裂势力、极端宗教势力。就行为目的而言，可能怀有政治动机，可能是经济利益驱使，也可能是个人情感因素；就行为后果而言，行为方式的隐蔽，行为指向的不确定，导致后果难以预测和消除。

三是由于设计缺陷、人为操作失误等因素而引发的核危机。核设施作为人类工业化进程中产生的新生事物，虽然核技术日臻成熟，但存在着认识和管理上的盲区。1957 年 10 月，英国坎布里亚郡生产钚材料的温德斯格尔工厂因反应堆芯温度过高起火，由于技术人员判断和操作失误，造成了一定程度的核泄漏。1979 年 3 月 28 日，美国宾夕法尼亚州的三里岛核电站，制冷系统出现故障，由于操作人员把通往蒸汽发生器的阀门错误关闭，使核电站第 2 组反应堆涡轮机停转，大量放射性物质溢出，反应堆陷于瘫痪，迫使 20 万人撤出该地区。1986 年 4 月 26 日，苏联切尔诺贝利核电站由于压力管式石墨慢化沸水反应堆存在设计缺陷，加之操作不当，使 4 号反应堆发生爆炸，核泄漏事故直接或间接造成死亡、伤残人数难以估算，后续效应至今还在持续展现。因而，要进一步提高核技术，规范操作流程，避免由于设计缺陷、人为操作失误等因素而引发核危机。

（三）未来的核威胁呈现传统与非传统交叉影响的复杂局面

当今世界上已经拥有、可能拥有和渴望拥有核武器的国家众多，加之国际恐怖势力、民族分裂势力、宗教极端势力在我国周边滋生蔓延，恶化了我国周边的核安全环境，我国未来面临的核威胁将呈现传统与非传统并存且交织的复杂局面。

一是传统安全领域的冲突孕育着非传统安全领域的核威胁。冷战结束后，局部战争有增无减。虽然还没有使用过核武器，但使用的可能性多次出现。在美国新版核态势评估报告中，并未明确不首先使用核武器，而是将其限制在保护美国及其盟国和伙伴至关重要的利益的极端情况下使用。[①] 现代战争多为非对称战争，弱小的有核国家为了达成战略优势，不排除贸然使用核武器的可能，一旦使用则可能引发持久的辐射效应。随着精确制导武器的不断优化升级，利用常规武器打击核设施，从而引发非传统安全领域的核危害也不容忽视。以朝鲜为例，第二次朝核危机期间，美国试图对朝核设施实施先发制人的“外科手术式”打击。朝鲜的核设施多分布在中朝边境的宁边、新义州、江界等地，一旦遭打击，放射性物质扩散到我国境内，必将对我国的生态环境和社会秩序带来极大的负面影响。

二是非传统安全领域的核威胁背后隐藏着传统安全威胁的影子。国家行为体的核扩散导致了“事实核国家”的增加，而这些“事实核国家”多分布于我国周边，这些地区往往也是恐怖主义猖獗的地区，核与恐怖主义的结合使我国面临日益严重的安全威胁。2011 年 5 月，美国以反恐为由未经允许进入主权国家巴基斯坦击毙恐怖组织头目本·拉登，在一定程度上影响了美巴关系。我们也要警惕美国以反恐为由进入朝鲜清除朝鲜核设施，一旦发生这种情况，非传统安全领域的斗争可能引发传统安全领域的对峙。况且，随着国与国之间正面冲突的减少，敌对国家支持恐怖势力、民族宗教势力、分裂势力进行核辐射恐怖活动也不可不防。

---

① 李彬、肖铁峰：《重审核武器的作用》，《外交评论》，2010 年第 3 期。

三、基于国家安全的核安全思考

我们应站在国家安全战略全局高度审视核安全，并明确防范重点，把握建设方向，抓好顶层设计。在传统安全领域正确处理有效核威慑与推动核裁军的关系，在非传统安全领域加大核安全问题研究，强化公众核安全意识，建立完善核安全体系，健全核应急响应机制，有效规避核安全风险。

（一）正确处理有效核威慑与推动核裁军的关系

当前美国主导的国际核军控活动，并没有平衡考虑他国的安全关切。国际核军控的不平衡发展，给我国带来了如何有效维护核威慑和应对多边核裁军的双重压力。

在核力量建设上，我国始终坚持自卫防御的核战略，长期将核武库维持在自卫所需的最低水平，将核武器作为战略威慑手段，而非核战争工具，通过保持最低水平的核报复打击能力来实现威慑作用。我国长期恪守不首先使用核武器，不对无核国家使用和威胁使用核武器。反观美国，坚持核战型战略文化，积极发展导弹防御系统，不断提升空间作战能力，对我国有限核力量的生存构成了现实威胁，我国正面临如何保持核威慑的有效性的难题。

在核裁军方面，作为联合国常任理事国之一，我国应致力于维护国际核不扩散体系的权威性与有效性，积极参加涉及核安全、禁止核试验、防止核扩散等的多边谈判和讨论进程。然而，核大国基于自身安全利益考虑，裁减核武器，增加核透明，并要求中小核国家同样如此，在核力量不对等的前提下要实现对等裁减，必然会打破现有的核平衡。我国在核力量的数量和部署方式上都保持了一定的模糊性，这有助于提高我国核力量的生存力与核威慑的有效性，但同时要承受更多来自核大国要求核裁军、核透明的压力。因此，正确处理有效核威慑与推动核裁军的关系是我国在传统安全领域面临的现实问题。

我们应积极宣传我国防止核战争的核战略文化，呼吁核大国改变核战型的战略文化，敦促美俄继续双边核裁军进程，反对美国在全球发展导弹防御系统，积极参与国际核安全合作，防止核扩散与核恐怖主义，条件成熟时参与所有有核国家参加的多边核裁军，维护全球核战略稳定性。

（二）加大核安全问题研究，强化公众核安全意识

我国是一个有核国家，同时也是一个发展中的核电大国。[①] 核电宛如一把悬在人们头上的双刃剑。随着涉核领域的拓展，核技术的发展，新的核安全问题将不断涌现。加大核安全问题的研究，强化公众核安全意识势在必行。

首先，核安全问题将涉及工业、农业、医疗卫生、公共安全等多个领域，我们应集各级政府、智库、企业、安全问题专家及广大民众的智慧，从多个角度看待核安全，加强核安全问题的研究。对核安全问题的研究来自过往经验，美国的三里岛核事故、前苏联的切尔诺贝利核事故、英国的温德斯格尔工厂核事故以及

① 2007年国务院批准了《核电中长期发展规划（2005—2020年）》，提出到2020年核电装机容量4000万千瓦，在建1800万千瓦的目标。目前，中国在建的百万千瓦级以上的反应堆有20余座，正准备开工建设的百万千瓦级以上的反应堆有10余座。按照积极的估算，到2020年我国拥有的反应堆数量和核电装机容量，将都排在世界第二位，仅次于美国。《核电自主化新征程》，《中国投资》，2009年5月13日，http：//www. chinavalue. net/Media/Article. aspx？ArticleId＝42701。

日本的福岛核事故等给人类留下惨痛教训的同时，使人类累积了处理核事故的经验，对核安全问题的研究应当从事故中吸取教训，从积累经验中提升防范能力。对核安全问题的研究来自国际合作，在世界核安全峰会上，胡锦涛主席强调指出要“切实加强核安全国际合作”。[①] 核安全研究也应当借鉴国外先进的保安技术，汲取最新的研究成果来丰富我国的研究内容，通过超前研究将核事故防范于未然。

其次，核安全涉及全民的安全利益，一旦发生核事故，生态环境及广大民众是最直接的受害者。我国的核电设施多分布在人口密集的地区，核与人民群众的生命财产安全息息相关，要树立群防的观念，强化公众核安全意识。我们应加强对核安全问题的宣传，使核安全从少数部门关注的问题变为多数人有所了解的问题。应注重提高民众的核防护能力，尤其是核设施周边的民众，应当熟悉相关预案，并积极参加针对性演练，只有通过演练不断熟悉预案，才能在遇有事故时做到有条不紊。

（三）加强宏观统筹协调，建立完善核安全体系

目前，我国已建立了较为完善的核安全法规体系，核工业体系以及核安全监管体系。但随着涉核领域的增多，核技术的进步，在现有基础上借鉴发达国家核安全体系的成功经验，强化统筹协调，建立更为严格、科学、完善的核安全体系是确保我国核能发展战略实施的现实需要。

首先，进一步完善核安全法律法规体系。我国的核安全法律

① 胡锦涛：《携手应对核安全挑战、共同促进和平与发展》，新华网，http://news.xinhuanet.com/world/2010-04/c-1231344.htm。

法规包括国家法律、国务院条例、核安全部门的规章等诸多内容。我们应结合我国已出台的核电中长期发展规划，积极开展编制国家原子能法，进一步规范国家、企业、个人的行为；密切跟踪国际核与辐射安全标准发展动态，及时修订完善我国的核安全法律法规，使核设施的选址、设计、建造、安装、调试、运行、试验、维修等有据可查、有法可依。

其次，进一步完善核工业营运体系。我国在核材料的生产、运输，核设备的设计、制造，核电厂的调试、运行，乏燃料的回收、处理等方面已具备了一定的能力，建立了较为完善的核工业体系，在此基础上要进一步完善，提高安全系数和营运效率。积极创造良好的外部环境，深化核能行业体制改革，加强市场环境培育，坚持“政”、“企”职能分离，消除管理上的重叠，强化政府的监督与指导职能；培育良好的核安全文化，加强核营运单位文化建设，通过建立宣传、考核、培训、经验反馈机制，提高核营运单位全员核安全水平。

再次，完善核安全监管体系。美国在核安全监管上设有核安全管理委员会（NRC），NRC设有主席一人，委员四人，均由美国总统任命，负责对全美的民用核设施、核材料实施独立的监督管理，足见美国对核安全的高度重视。我国可借鉴国外的监督管理模式，完善核安全监督体系，建立国家、地方、涉核单位三级核安全监管体系，加强核安全监管力量，扩大核安全监管范围，加大核安全监管力度，最大限度规避潜在风险。

（四）健全核应急响应机制，确保后果管理及时有效

“核事故应急是指为了控制或者缓解核事故、减轻事故后果而采取的不同于正常秩序和正常工作程序的紧急行动，它是纵深

防御的最后一个环节。”[①] 意在使核设施、核活动处于多层次的重叠保护之下，一旦某个预防性应急管理措施失效，可以得到及时的补偿和纠正。应不断健全国家、省市、核营运单位三级应急响应机制，充分发挥各职能部门作用，确保后果管理及时有效。

首先是国家核事故应急管理工作部门[②]组织拟定国家核事故应急工作政策，制定国家核事故应急计划，统一协调国务院有关部门、军队和地方人民政府的核事故应急工作，提出实施核事故应急响应行动的建议，适时批准进入和终止场外应急状态，审查批准核事故公报，及时通报核事故相关情况，提出请求国际援助的方案。

其次是省市级核事故应急管理部门，依据国家核事故应急工作的法规和政策，组织制订场外核事故应急计划，做好核事故应急准备工作，组织支援核事故应急行动，及时向相邻省、自治区、直辖市人民政府通报核事故情况。

再次是核动力营运单位的核事故应急管理部门，要严格执行国家核应急工作的法规和政策，制订场内核事故应急计划，做好核事故应急准备工作，确定核事故应急状态等级，统一指挥本单位的核事故应急响应行动，向核动力厂主管部门、国家核安全部门和省级人民政府指定的部门报告事故情况，提出进入场外应急状态和采取应急防护措施的建议，协助和配合省级人民政府指定

---

① 康慧：《核事故应急介绍》，《中国核电》，2010 年第 2 期。

② 目前负责全国核事故应急管理工作的是国家核事故应急协调委员会。国家核应急协调委员会由其成员单位的领导组成，工业和信息化部的领导任委员会主任委员，国家发展与改革委员会、国防科技工业局、国家环境保护部和总参作战部的领导任委员会副主任委员。其他成员单位还包括外交部、公安部、财政部、交通部、卫生部、国务院港澳办公室、国务院新闻事务办公室、中国气象局、中国海洋局、总参兵种部、总参卫生部等。

的部门做好核事故应急管理工作。

最后要做好各级核事故应急管理部门间的协调配合，消除信息传输壁垒，建立一体化指挥平台，形成定期演习机制，不断优化处置预案，避免指挥重叠与脱节，做到遇到情况能快速响应。

马伦访华与中美军事关系前景展望

魏国安*

中美关系是国际社会中最重要的关系之一，两国在政治、经济、外交和军事领域的关系千丝万缕，相互依赖的程度日益加深。但由于两国在社会制度、意识形态、国家利益、军事战略、文化背景及在维护国家安全的方式方法上存在巨大差异，因此多年来中美关系的发展总是一波三折，既有着共同利益的交汇点，也存在着难以调和的巨大分歧。

应中国人民解放军陈炳德总参谋长的邀请，美军参谋长联席会议主席迈克·马伦上将一行，在 2011 年 7 月 9—13 日对我国进行了访问，这是他就该职后第一次访华，是对 2011 年 5 月陈炳德总长访美的回访。这次访问，可以说有不少历史性突破，双方都给予了积极和高度评价，既在中美两军关系史上写下了新的一页，也给人们留下了很多深沉的回味和冷静的思考。

* 魏国安，某研究院研究员，博士生导师。国家军事运筹学会、军事系统工程学会常务理事，军事战略学会理事，享受国家政府特殊津贴。多次为国家和军队机关提供专题咨询报告，先后撰写出版了《高科技的军事运用》等多部专著，发表学术论文 200 余篇，多次参加词典和工具文献书籍的条目编写或审修。

一、成果显著，意义重大

此次我国对马伦将军访华的安排，充分体现了我们致力于发展中美两国、两军关系的一贯立场，反映了我国维护国家核心利益的坚定意志和决心，表现了我国军事透明程度的不断提升，使这次访问取得了显著成果。

一是表明了我国对发展中美关系的重视和诚意。这次马伦将军的访华，创下了美军高级军官访华历史上的四个第一次：第一次受到中国国家领导人和军队多名高级将领的高规格接待礼遇（以前4位美参联会主席访问中国，其中三位是由军方和外交部会见）；第一次与我军总参谋长当面阐述迥然不同的军事战略理念；第一次安排美军高官到我国高校演讲并接受青年学子的质疑提问；第一次全方位近距离接触了我国现役的先进武器装备。

二是达成了五点共识。即：健康、稳定、可靠的两军关系是中美两国关系的重要组成部分，双方将制定有利于两军关系发展的原则；两军将加强合作，以应对地区及全球性安全挑战，共同致力于维护亚太地区的繁荣与稳定；两军高层交流与对话十分重要，两军高层将继续通过直通电话保持沟通；加强两军联合行动，提高军事海空安全，减少风险；继续开展交流等。

三是强调了我国积极防御的军事战略。通过演讲和会谈，我军的陈炳德总参谋长多次向美方明确宣示了我国多年前确定、至今仍在奉行的“积极防御”军事战略思想，阐明中国发展军力完全是为了自卫，无意挑战任何国家，还充分表达了我国对维护国家核心利益的坚定意志和决心。

四是充分展示了我军的独立和自信。我军向世界最强大的军队高官展示了现役的部分“硬实力”，体现了我们的胆识和智慧，我们坦承自己的武器装备比美国落后很多，但强调了曾以劣势装备打败了优势装备之敌的历史；我国武器装备的发展和使用，完全是立足自力更生和独立决策的。

五是近距离接触了我军现役主战装备。马伦将军在华期间，先后实地观看了二炮“东风11”型弹道导弹和空军苏－27战机及示范飞行。7月13日上午，马伦还在浙江宁波参观了东海舰队某潜艇部队的新型潜艇。

二、巩固成果，继续拓展

发展中美两国、两军的友好关系，是我们以一贯之的理念和做法，因为这样做有利于世界和平及地区稳定，有利于中美两国的根本利益。马伦将军这次访华，对于发展中美两军友谊和增进交往，拓展了领域和空间。马伦本人对此也感到十分满意，他表示：我们认识到，要避免相互揣测意图，最好的办法是两军之间建立深入、广泛和不间断的接触。

一是达成了多项合作意向。马伦将军的此次访华与以往前国防部长拉姆斯菲尔德、众议院中央军事委员会主席斯凯尔顿、国防部长盖茨的先后访问相比，可谓是硕果累累。如达成了年内组织召开海上军事安全会议，两军高级军官的高层互访，组织联合军事演习等协议。

二是确定了2011年两军友好往来的安排。会谈确定，在2011年年底前，我军的一位军区司令员将于2011年第三季度访问美军太平洋总部，美军太平洋总部司令则将于年底前访华。

三是确定了两军年内进行联合军演。双方通过会谈确定，两国海军将于2011年第四季度在亚丁湾举行军舰编队、通讯演练和反海盗联合演练，这次演练具有开创性意义。

三、冷静展望，喜忧皆存

近年来，中美之间可以说是经济关系持续升温，政治关系时好时坏，军事关系时通时断。马伦将军这次访华，国际社会及新闻媒体给予了高度关注，许多知名学者也从不同角度进行了分析和点评，对中美两军关系的前景作了多种推测和展望。以下仅从军人的视角和战略层面谈谈个人的看法。

（一）中美两国、两军关系大势看好

当今世界战略形势的发展主流是和平与发展，这也是包括美国人民在内的世界人民的共同希望和期待。当今世界重大问题的处置和解决都离不开中美两国的参与，两国、两军之间有着许多共同的利益和追求。在国家层面，都需要尽快走出金融危机的阴影，尽快走向经济复苏和高速发展；都需要进行更加紧密的国际合作，以共同打击恐怖组织和各种刑事犯罪活动；都需要发挥世界大国和地区发展中大国的作用，在能源开发、科技发展、金融管理等领域做到合作共赢；都需要在经济建设、改善民生等问题上进行更加密切的合作。在军队层面，两军都应各尽所能，为维护世界和平及地区稳定做出贡献；都应继续加强两军交流，对共同关心的重大国际问题及时交换意见，争取共识；都应通过紧密的合作，发挥好军队在抗击自然灾害、重大意外事件、人为破坏事故中的突击作用等。在以上这些领域，两国、两军都存在许多共同利益和值得合作之处，如果运用得当，双方都会受益。

（二）中美两军关系将受到政治因素的影响和制约

军队是为国家利益、政治制度服务的，中美两国在国家性质、社会制度、政治追求及历史文化领域存在着很大的区别，这就决定了两军的交往不可能一帆风顺。7 月 16 日，美国政府不顾我国的一再交涉，再次违背自己的承诺，执意安排总统奥巴马在白宫接见了“藏独”分裂分子达赖，此举再次破坏了中美关系，伤害了中国人民的感情。类似这种事情如果不能消除，不能在对台军售问题上展示美国政府对发展对华关系的诚意，不能在国际重大问题的决策上放弃故意对华设置的种种障碍和敌意，都将从政治上破坏两国交往的氛围。在这种形势和前提下，要进一步改善和发展中美两军的友好关系，那也只能是一种愿望和空想而已。

（三）中美两军关系深层矛盾不会消除

在理念上，中美两军的建设发展战略指导截然不同。2006 年 6 月举行的中美核战略会谈一开始，前美军太平洋总部司令官克莱尔上将就声称，“我们对维护世界和平负有最主要的责任”，其根深蒂固的“世界警察”意识暴露无遗。我军的军事战略是“积极防御”，发展军力都是立足于更加有效的防御，对于国际军事争端，历来主张各国自己选择解决的方式和途径，别国不应武力干涉。在行动上，美军在世界各地驻扎了几十万军队，设立了数十个军事基地，不间断地发动战争。冷战结束后，积极推进战略东扩，对我国实行战略包围。而我军没有在别国部署和驻扎一兵一卒，没有建立任何海外军事基地，更没有过对别国攻城掠地的规划和设想。由于存在着这些差别，中美两军在理念上、行动上的分歧和斗争就必然是长期的。

（四）中美两军擦枪走火的可能性存在

主要在三个方向存在这种可能性。南海方向。南海历来属于中国，美国对此没有异议，在相关问题的立场上多年来也一直持谨慎态度。但是近年随着其战略东扩步伐的加快，最近美国提出要参与“调停”中国同越南、菲律宾和其他国家的领土争端，公开对相关国家说，如果同中国发生问题就来找我们，还积极参与对菲律宾军队进行现代化改造的计划、积极参与同越南的军事合作以及在该地区举行多国联合军演，一旦事情超出了我国能够容忍的底线，出现武装冲突的情况就极易发生。台海方向。美国希望两岸保持这种不统不独的局面，以牵制中国的发展；还有军售问题，上次向台出售了近65亿美元的先进武器装备，最近美国会还将审议再次向台出售武器的议案问题，对台军售涉及我国的核心利益、国家安全及民族感情，如果美方一意孤行，如果台当局据此铤而走险，中美之间出现军事对抗的可行性将大幅提升。东海方向。东北亚包括我国东北部，还有朝、韩、日及蒙古、俄罗斯的部分地域等。东北亚地区存在许多历史遗留问题，存在着领土主权之争。如果没有美国的插手，该地区的矛盾基本能够控制在一定范围和程度内，即使出现武装冲突也将是局部的、低强度的和有限的。但由于美国的干预力度不断增大，将有可能使一些国家对形势发生误判，甚至出现投机和冒险心理，将来一旦出现冲突就极有可能是较高强度的，甚至可能爆发战争。

中美两国、两军发展友好合作关系，对世界、对本国的发展前景都有好处；但如果美国仍然固执坚持冷战思维，硬要树立一个甚至多个现实的或者潜在的对手，那将是一个不幸的抉择，势必对世界和平、对地区安全形势、对中美自身的战略利益及对中美两国两军关系的发展带来伤害，这是我们所不希望看到的结果。

南海战略形势与对策思考

于相护*

南海是我国的固有领土，拥有丰富的自然资源和极其重要的战略地位。从20世纪70年代初开始，南海周边国家就对南海的部分归属问题提出了无理的主权要求，并不顾我国的强烈反对，肆意勘探、开采掠夺南海的油气资源。出于自身战略目的和经济利益的需要，一些西方国家也越来越深度地介入到南海争端中来，使得南海争端国际化趋势明显加剧。南海主权问题涉及我国的核心利益，直接关系到国家的主权、民族的尊严及国家能否可持续发展，因此，我们应当高度关注并强化应对之策，尽快扭转当前这种对我国越来越不利的局面，有效维护南海主权和领土完整。

一、南海丰富的海洋资源和重要的战略地位

南海地处热带和亚热带区域，位于北纬3度11分至23度35

* 于相护，二炮工程大学在读研究生，助理工程师。多次在国内学术期刊上发表学术论文，先后以论文作者身份参加了国家安全论坛、军事运筹学年会等重要学术研讨活动。

分、东经98度00分至120度15分之间，南北绵延1800公里，东西900公里，水域面积约360万平方公里，其中约210万平方公里属于我国领土。南海是我国最深、最大的海，也是仅次于珊瑚海和阿拉伯海的世界第三大陆缘海，拥有非常丰富的海洋资源和极其重要的战略地位。

（一）南海拥有丰富的海洋资源

南海自然地理位置适中，是我国气候最温和的热带深海，终年高温高湿，长夏无冬，拥有非常丰富的海洋资源。

一是丰富的油气资源。南海地区被地质界、石油界誉为世界“第二个波斯湾”和“四大海底储油区之一”，据粗略估算，其石油资源潜在量约为550亿吨，天然气资源潜在量约为20万亿立方米。

二是丰富的替代能源。南海海底拥有储量丰富的被誉为世界第四代替代能源的可燃冰，这是一种有望取代煤、石油和天然气的新能源。经过初步勘探，我国科学家认为我国南海贮存有数量非常可观的可燃冰，其贮存总量相当于我国石油总量的近一半。2010年12月，中国科考人员发布报告称，仅南海北部地区可燃冰的预测储量就高达194亿立方米。

三是丰富的金属矿藏。南海海底蕴藏的砂矿、金属矿开采前景十分可观，其中含有锰、铁、铜、钴等35种金属及其他稀有金属的锰结核，具有较高的经济价值。

四是丰富的太阳能、风能资源。南海属中国太阳能、风能资源较丰富地区，全年平均太阳辐射总量为190—260瓦/平方米，有效风能密度为300—650瓦/平方米。

五是具有丰富的渔业资源。南海生物种类丰富，仅南沙海域鱼类品种就多达1000余种，其中有30余种具有较高的经济价值，还有多种是世界级动物保护物种。

（二）南海具有极其重要的战略地位

浩瀚的南海北至我国广东、海南、广西、福建和台湾四省一区，东南至菲律宾群岛，西南至越南和马来半岛，最南至曾母暗沙。南海是位居太平洋和印度洋之间的航运要冲，在经济上、国防上都具有重要的战略意义。

一是具有重要的航道战略地位。南海地处太平洋和印度洋的咽喉，两翼为台湾海峡和马六甲海峡，扼守两洋海运要冲，是多条国际重要航道的必经之地，也是扼守马六甲海峡、巴士海峡、巴林塘海峡等的关键所在。

二是具有重要的资源战略地位。能源产业作为国民经济的支柱产业，其安全问题已发展成为关系国家生存和发展的战略问题。改革开放以来，我国经济社会建设取得的巨大成就，在很大程度上是因为有着可靠的能源保障，如果失去了这种保障，那将成为制约我国经济可持续发展的最大障碍。首先，南海油气资源的丰富储量对于保障我国能源安全具有重要战略意义。2003 年，我国取代日本成为世界第二大石油进口国和消费国，而我国的能源利用远景不容乐观。据预测，按目前已知探明储量和开采利用能力，我国主要资源平均可用年限的基本情况是，煤炭约 80 年、石油约 15 年、天然气约 30 年。随着陆地资源的逐步枯竭，我们不得不将目光投向海洋，特别是南海。其次，南海海上航道的重要地位对于保障我国能源供应具有重要战略意义。2009 年，我国原油进口依存度首次超过 50% 警戒线；2010 年，这一数字再创新高，逼近 55% 。目前，我国的原油进口来源，中东地区占 60% ，非洲地区占 20% ，亚太地区占 14% ，欧洲中亚地区占 6% ，其中绝大部分依赖海上运输，而南海作为连通中国与上述地区的重要海上航道，对保障我国的能源供应意义重大。

三是重要的航空战略地位。南海空域，分布有多条重要的国际航线，是世界最繁忙的空中通道之一，最具代表性的有东北亚—东南亚、菲律宾—中南半岛、西欧—东南亚—澳大利亚，以及西欧—中亚—远东、新西兰—远东等航线。

四是重要的安全纵深屏障。南海是中国东南战略防御的前哨和华南地区的海上屏障，恢复对南海属于我国领土的全部支配地位，我国的战略防御纵深可以向南推进数百海里，对于保障经济安全、军事安全、资源安全具有重要意义。此外，美国对我国推行岛链式包围，东海和黄海均处于封锁之中。渤海属于内海，要想打破其岛链包围，只有彻底恢复我国对南海所有所属领土的管辖，才能确保我国今后走向海洋的战略目标，才能确保我国海洋主权的完整和石油进口的安全。

二、南海周边国家肆意侵犯我国国家主权、掠夺我国海洋资源

南海周边国家出于自身现实利益需要，以占领我国南海的部分岛屿、开采油气资源、修建军事基地甚至移民等方式对我国南海进行非法侵占，其中西沙群岛和南沙群岛的情况最为严重。虽然我国与南海相关国家签署了《南海各方行为宣言》，但由于没有涉及主权归属和海域划界问题，潜在军事冲突的可能性存在。

（一）公然侵犯我国海洋主权

从20世纪70年代起，南海周边国家纷纷抢占我国南沙的多个岛屿，其中越南侵占最多达29个，菲律宾9个，马来西亚6

个，印尼2个、文莱1个，而我国仅控制了包括台占太平岛在内的8个岛屿，海洋主权遭到严重侵害。

越南对我国南海主权的野心和侵占由来已久。从20世纪70年代中期开始，越不断蚕食我国南沙岛屿。1973年7月至1974年2月，先后侵占南沙群岛的南子岛、敦谦沙洲等多个岛屿；1975年5月，又将我国南沙群岛划入其版图，并改名为“长沙群岛”；1982年12月，成立“长沙县”；到目前为止，越陆续侵占我南沙岛屿多达29个。为强化对南海占领岛屿的实际控制，越政府大力加强岛上基础建设和军事部署，在一些较大岛屿上，修建了起降场、雷达站、气象站、卫星接收天线、灯塔等军事设施。2010年4月1日，在两艘海军舰艇的护卫下，越国家主席阮明哲“视察”南海白龙尾岛，试图使侵占变为既成事实，为越南在南海取得更大范围的专属经济区和大陆架权利做准备。

菲律宾一直对我国南海部分岛屿存有野心。1971年10月，在南海被探测出蕴含大量油气资源后，菲侵占了我南沙群岛6个岛屿。在《联合国海洋法公约》生效后，菲又以提交外大陆架划界案为契机，加紧瓜分南海海域。2009年2月，菲国会通过了“领海基线法案”，并把我黄岩岛和南沙部分岛礁划入其版图，企图造成既成事实，将争端交由联合国仲裁。当前，菲侵占我南海岛屿9个，并修建小型空军场站2个、陆军兵营3个，以期实现长期占领。近年，菲在侵犯我南沙主权问题上不择手段，驱赶我作业勘探船队，撞沉我作业渔船，抓捕或打死、打伤我作业渔民等事件时有发生。2006年10月21日，我台山M64866A渔船的24位渔民在南海公海正常作业时，遭菲海岸警卫队和渔业局抓扣，船上8台发动机和16000升汽油被抢走。菲国会议员还鼓动日本介入南海问题，日本政府也已承诺将南海问题列入“周边事态”范围，并有权在南海局势恶化时采取所谓的“保护”行动。

马来西亚、印尼、文莱三国一直觊觎我国南海油气资源，并在美、日庇护和纵容下，纷纷宣称对我国南海部分岛礁或海域拥有主权。马来西亚自20世纪80、90年代，先后侵占南海弹丸礁、南海礁等岛礁6个；2009年5月6日，马政府向联合国大陆架界限委员会提交了其在南海南部的200海里外大陆架“划界案”，企图将非法侵占合法化；2009年7月2日，马又鼓吹成立“南沙集团”，试图联合其他国家共同制约我国。印尼自20世纪60年代以来，先后侵占我南海岛屿2个，并不断加强岛上军事存在，倡议所有东盟成员国合作“对抗”我国。文莱一直对我南海南通礁之主权提出无理要求，并企图分割附近3000平方公里海域，但该国是唯一对我南海岛礁提出主权诉求而未派兵进驻的国家。

2002年11月4日，我国与东盟各国共同签署《南海各方行为宣言》，这是第一份关于南海问题的政治文件，对维护南海稳定、增进互信和推动合作产生了重要的积极意义。然而，委屈并不能求全，参与南海开发的外国势力无视我国“主权归我、搁置争议、共同开发”原则，将我国的诚意和友好视为软弱可欺，反而变本加厉，更加肆无忌惮地对我南海权益随意侵犯。随着南海问题的逐步升温，东盟各国借《宣言》不具有国际法律约束力为由，进行大肆炒作，企图把侵占我南海部分岛礁和海域的行动合法化。

（二）大肆开采我国油气资源

南海周边一些国家置我国强烈反对和谴责于不顾，大肆对南海油气资源进行钻探开发，甚至还进行了国际招标。当前，先后有多个国家参与开采我南海油气资源，仅在南沙海域就钻探油气井1200多口，日石油产量达250多万桶，天然气开采量达约3万亿立方英尺。越南作为南沙海域主要的油气掠夺国，先后多次派勘探船在南海进行油气勘探，并将南沙海域划分为上百个油气招标区对外招标，每年从中获利百亿美元以上。菲律宾同样引进外国石油公司参与南海油气资源的勘探与开采。其中，北巴拉望盆地油气田的石油可采储量约达6754亿吨，天然气可采储量约达1226亿立方米；南沙群岛礼乐滩的能源价值，石油高达1990万美元、天然气高达21亿美元、可燃冰高达12亿美元。马来西亚侵占的我国南海海域，油气资源易于开发，储量也极其丰富，近年来疯狂盗采我国油气资源，仅在2008年的石油开采收益就高达30亿美元以上。文莱同样参与了南沙油气资源的大肆掠夺，南海油气资源主要集中在南沙，而储量最丰富、开采成本最低的靠近文莱，其非法侵占的沙巴盆地已连续20年保持日产20万桶原油的生产规模。目前，文莱已非法开发位于我国南海领土上的油田9个、气田5个，其生产规模还在不断扩大。

（三）不断增强其军事能力

南海周边国家大肆侵占我国岛礁，并不断加大油气资源的开采力度，形成了一条覆盖我国岛礁和广阔海域的海上利益链。为了维护在南海的既得利益，南海周边国家视我国为假想敌，不断加大军费投入、更新武器装备，增强与我抗衡的军事实力。

越南近年来大幅提高军费投入、扩充军力以强化在南海方向的军事存在。2009年1月，越南与俄罗斯签署了购买8架苏－30MK2战机的合同，随后又表达了购买更多苏－30MK2的愿望，该机型可长时间在空域巡航，并可挂载多种先进的反舰导弹，具有较强的防区外攻击能力。2009年12月，越南购买了6艘可搭载最新3M－14E型对陆攻击导弹的俄制“基洛”级柴电潜艇。

2015 年前，越南海军还将向俄购买 2 艘最新 11661 型护卫舰、若干艘“基洛”级柴电潜艇及 1 套装配“红宝石”超音速导弹的岸基反舰导弹系统。其金兰湾基地扼守马六甲海峡至巴士海峡的航道要冲，是越南海军南沙物资补给和人员轮换的主要后勤保障基地。鉴于金兰湾的重要战略地位，美、俄曾多次提出租用金兰湾基地的请求，越南也将此视作制衡我国、协调大国关系的一张“王牌”，向美、俄、印等国讨价还价，以期获得更多支持。当前，越南已开始在芽庄建设潜艇基地，该基地更靠近南海，可作为其侵占南海的一线基地。越南还计划在马六甲海峡入口海域建立“潜艇伏击区”，必要时封锁进入马六甲海峡的航线。越南军方还不断加强与美、俄的军事交流与合作。2005 年 11 月 27 日，俄太平洋舰队旗舰“瓦良格”号导弹巡洋舰等 5 艘舰艇停靠岘港海军基地；2010 年 8 月 11 日，美出动包括“乔治·华盛顿”号核动力航母在内的多艘大型舰艇，参加了越南在南海海域组织的联合军演，这在两国结束长达 15 年的战争后尚属首次军事合作。

菲律宾奉行“纵深防御”的战略，重点加强西、北、南 3 个方向的防御部署，并重视提高快速反应能力和机动作战能力，以满足未来在南海方向作战需要。2009 年 1 月 14 日，菲海军正式组建“海军快速反应舰队”，意在提高其南海有事情况下的反应速度。2010 年 9 月 14 日，菲军方宣布复修及提升所占岛屿的军事设施，意在强化军事存在，造成既成事实。此外，菲律宾军队还在其非法占据的中业岛上安装了一套小型卫星通信终端，以提高指挥与控制能力；并计划耗资 1.8 亿美元加紧在以中业岛为主的 9 个岛屿设置防空雷达，以提高防卫警戒能力。马来西亚在其占据的弹丸礁上填海建造了一个小型机场并驻军，另在南海海域部署了 2 艘潜艇，并计划于 2015 年前购入 3 艘多用途补给舰和增加6艘警戒艇部署；马来西亚还多次在南海海域组织举行了大规模联合军演，以检验其海上联合作战的能力。印尼也不断加强与一些大国特别是美国的合作。2010年6月，印尼与美国签署了《防务领域合作活动的架构安排》，进一步强化了两国在军事领域的合作；7月，美国表示有意成为印尼主要军火供应商，印尼随即表达了购买美国F-16和C-130H战机的意图；印尼还计划在2015年至2020年购入俄制苏霍伊战斗机180架，并增加护卫舰和潜艇部署。

三、南海问题呈现越来越严重的国际化趋势

国际战略专家认为，21世纪的国际政治、经济、军事和科技活动都离不开海洋，它已成为今后人类社会可持续发展的宝贵财富和最后空间，成为提高综合国力和谋取长远战略优势的重要领域。

以美国为首的西方发达国家一直觊觎南海的丰富资源和战略地位，出于自身地缘政治因素及向亚太地区军事渗透的考量，不断加大插手南海事务力度，使得南海成为各国利益的斗争焦点，也使得未来解决南海争端的难度日益增大。

（一）美国对南海的军事威胁

冷战结束后，美国对南海问题奉行“中立主义”立场。1994年11月16日，《联合国海洋公约》生效后，美国的南海政策开始向主动介入、实施对华“围堵政策”调整，主要表现为：确保和加强军事存在，强化对中国的侦察监视，突出“岛链”战略的作用与地位，努力争取安全事务的主导权，积极构建多边

安全机制，以南海问题牵制我国的发展。长期以来，美国以间谍卫星、侦察飞机、测控电子船等手段广泛收集我南海资料，定期预报南海次表层水温、密度、海流及水下声场等与军事活动密切相关的水文情况要素，对我南海国防安全构成严重威胁。2001年4月1日，美海军EP－3型侦察机在我海南岛附近海域上空执行非法侦察任务时，与前往监视和拦截的我方战机发生碰撞，引发中美南海撞机事件。2008年9月，“乔治·华盛顿”号核动力航母接替退役的“小鹰”号入驻横须贺，至今一直处于战备值班状态，并将南海作为热点地区重点监视。2009年3月，美海军监测船“无瑕”号擅闯南海海域从事非法水声测量活动，造成中美舰艇对峙事件。当前，美军已建成关岛和樟宜两大军事基地，大幅增强了其对南海的军事干预能力。关岛基地，是美军在西太平洋最大的海空军基地，是西太平洋地区的防御中心和印度洋海军的综合补给站。近年来，美军已赋予该基地支援盟国在南海方向作战的任务。樟宜基地，能够扼守马六甲海峡，控制太平洋和印度洋间的海上航道，由此出发的美国舰队航行至南海中部仅需2天，该基地的建立还填补了美军移交菲律宾苏比克海军基地后在东南亚补给和休整的场地空白。美国的介入使得围绕南海权益的斗争更加复杂，同时也增大了我国维护南海权益的难度。

（二）日本对南海的军事威胁

日本在南海问题上虽与我国没有争议，但出于能源获取与战略通道考虑，近年来，日本不断插手南海事务，运用本国先进的海上勘探、开采手段和能力，越来越多地参加了对我南海资源的掠夺与开发，且有愈演愈烈之势。日本作为一个岛国，其国内70%以上的进口物资经过南海。近年来，日本不断强化在南海的军事存在，1997年发表的《日美防卫合作指针》公然将台湾海峡、南海纳入其防卫合作范围。日本还以打击海盗和维护国际航道安全的名义，派遣军舰前往南海海域巡逻，并竭力插手南海事务。2005 年，日美两国“2 +2”谈判中，又将其防卫范围扩展到马六甲海峡，还成立了相应的军事指挥机构。2010 年 6 月 14 日，日美海军在南海举行了代号为“太平洋伙伴 2010”的联合人道主义救援演习，为未来南海作战进行必要的战前准备。同月，日美海军又组织了代号为“环太平洋 2010”的联合军演，日本派出其最新型 DDG－177“爱宕”号宙斯盾级导弹驱逐舰，借机熟悉南海战场环境。2010 年 11 月 8 日，日本陆上自卫队新组建了“沿岸监视队”，密切关注我海军动向。2010 年 11 月 29 日，日本通过的新中期《防卫计划大纲》提案，提出了加强日军进攻性作战能力及机动防御能力的建设目标，其机动防御能力、加强西南诸岛防卫目标明显针对我国。近期，日菲还发表联合声明重申，要加强两国海军联系，声称两国在南海拥有所谓的共同“重大利益”。

（三）其他国家积极插手南海事务

南海周边国家不顾我国的强烈反对和谴责，大肆对南海油气资源进行国际招标，先后有法国、英国、德国、意大利等多个国家在南海投资，或直接参与了对我南海油气资源的勘探、开采、提炼与加工。早在 20 世纪 70 年代，越南就与苏联合作开采南海油气资源；当前，越南已同日本、美国、俄罗斯、法国、英国、德国等国的数十家公司签订了勘探开采合同，俨然将南海视作一个国际合作领域；近期，越南还欲拉拢印度加入南海油气资源开发的大军，其深层次的险恶用心不言而喻。菲律宾同样引进多国石油公司参与南海油气资源的勘探与开采，1989 年以来，菲律宾与美国、英国、澳大利亚等国石油公司合作，先后在多个油气资源储量非常丰富的海域建立海上钻井平台，大肆开采南海油气资源。马来西亚在1976年之前就与国外壳牌、埃克森—美孚等公司合作勘探开发南海油气资源，近年来还不断加强与巴拿马、日本、英国、美国和新加坡等国的合作，在南海累计安装近百座钻井平台及4条输油管道。据不完全统计，现有多个国家的200余家公司参与了南海油气资源的开发，在南海钻井数量超过了1200口，这些钻井平台还得到了南海周边国家的军舰、直升机等武装力量的保护。多国在南海的利益投资，使得南海问题的复杂程度异乎寻常，给未来我国解决南海问题制造了更大的障碍。

四、应对南海局势的战略思考

当前，我国的南海呈现“岛礁被占领、海域被分割、资源被掠夺、海洋主权和权益遭侵犯”的严峻复杂局面。为有效维护我国南海权益，避免当前形成的这种混乱局面常态化、合法化，我们必须深刻认识南海局势的严重性，以更远的谋划、更大的魄力、更强的手段，尽快确立有效的应对之策。

（一）加大南海海洋资源的开发力度

能源安全是国家政治、经济、国防安全的重要物质基础，南海以其丰富的资源储备，对于保障国家的可持续发展极其重要。我们应加大对南海资源、特别是南海油气资源的开发力度，寻求建立“自主开发为主、合作开发为辅”的开发机制，逐步使其成为陆上资源的“接替区”，甚至“替代区”。

一是加大油气资源开发力度。据报道，未来20年内只要开发30%的南海油气资源，每年即可为中国GDP增长贡献一两个百分点。南海油气资源正在遭受周边国家疯狂盗采，而我国在南海的油气资源开发投入少、规模小，亟需加大对南海资源的开发力度，特别在深海运载技术、深海勘探技术、深海开采技术、深海资源加工技术、深海生物基因技术和深海信息处理技术等方面要取得重大突破。在现阶段深海开采技术尚不成熟的情况下，积极寻求国际合作，通过引进国际合作开采机制、管理方式及先进开采技术，大力提高我国南海油气资源的开发能力。

二是加大矿产资源开发力度。南海海底矿产资源种类繁多、储量丰富，其中最具经济和使用价值的是可燃冰和金属锰结核。可燃冰是一种新型能源，具有很大的能量潜力，是南海最重要的能源材料之一；金属锰结核被视作提炼核能的重要原材料，在南海也有广泛分布。西方大国具备深海矿产资源的商业开发能力，而我国在这方面才刚刚起步，我们应尽快提高自身在矿产资源开发的手段与能力，在这一事关国家经济社会发展的关键领域迈出更大、更快、更坚实的步伐。

三是加大渔业资源开发力度。南海是我国最大的热带渔场，盛产海龟、海参、牡蛎、马蹄螺、金枪鱼、红鱼、鲨鱼、大龙虾、梭子鱼、墨鱼、鱿鱼等热带名贵水产。据概略估计，南海潜在渔获量为650万—700万吨。近年来，由于在南海多国架设的非法钻井平台快速增多，给我国传统海上渔场带了严重的破坏，对我国南海渔业资源开发带来了严重的冲击。我们应加大对南海渔业资源的开发，在强化南海现有渔场规模及捕捞能力的基础上，不断拓展新的作业空间，运用高科技勘察及捕捞技术以大幅提高捕捞能力，在谋求渔业经济利益的同时，进一步宣示我国对南海拥有无可争议的主权。

四是加大旅游资源开发力度。南海的自然风光非常秀美，那里天高海阔，气温宜人，许多岛礁上热带植物种类繁多且生长茂盛，渔业资源种类繁多，特别是地理位置适于珊瑚繁殖，形成了很多风光秀丽的珊瑚礁和珊瑚岛，它们像一颗颗夺目的明珠镶嵌在湛蓝的海面上，这些都是极其宝贵的旅游资源。我们应大力发展南海的旅游观光产业，要求有关部门建立海洋旅游观光和相应激励扶持机制，积极鼓励国家有关部门或经济实体、个人，投资海岛旅游观光产业的商业开发，并鼓励海岛移民，通过完善海岛生活、服务及配套娱乐、休闲等设施，将其建成国际化的旅游、休闲和度假胜地，吸引国内外游客光顾，以此来提高国家在南海地区的主权影响力。

（二）强化南海海上维权的执法力度

南海周边一些国家对我国南海部分海岛的侵占、资源的掠夺，西方发达国家在我国南海的肆意插手，不断冲击着我国国家核心利益、主权与领土完整的法律底线。为有效维护我国南海的主权，保护南海权益及对油气勘探、开采活动、渔民的正常捕捞作业，需要大力加强海上维权的执法力度，使海监力量具备对非法入侵者实施劝阻、干预、驱逐的手段与能力。

一是扩大海上维权职责范围。南海主权事关国家利益，在主权问题上我们不能有任何妥协的余地。面对南海周边一些国家不断扭曲历史事实、持续挑战我国主权利益底线，我们必须采取更为强硬的国家立场。首先，拓展南海维权执法力量的职责权限。新形势下，有必要赋予其更大的权力，在发生海上非法入侵或对峙时有权采取适当的手段加以处置。其次，扩大维权执法力量的执法范围。其执法范围不能仅仅局限于近海或海上利益多发区域，应逐步扩大至整个南海地区，特别是远海被占海岛及钻井平台等敏感海域。

二是强化海上维权力量体制与手段。在南海方向，我国现有维权执法力量与使命任务需求之间还存在明显的差距，为适应海洋利益拓展需要，亟需对我国的海上维权力量体制和手段进行强化。关于扩大人员编制体制。扩建我国在南海的海上维权力量编制一倍以上，使其有能力应对日趋复杂的南海争端，尽快提高在该海域的执法能力。关于提升执法装备手段和效能：升级改造或研制配备性能更加先进的海监、渔政船只，增强相应的侦察、告警、拖挂及火力防护与攻击的手段，逐步淘汰替换服役多年、性能落后的执法装备，增强处置意外突发事件的威慑能力及实战能力。

三是形成海上维权长效机制。当前，我国的海上执法机制还不够健全，远远不能满足南海维权需求，也不具备快速处置海上大规模突发事件的应急能力。我们应积极整合海监、渔政、海事、海警及海关等海上执法力量，建立统一的领导机构和完善的配套协调机制，努力打造一支定位明确、编制统一、装备先进、管理正规的海上高效执法队伍。我们应积极协调现有五类海上执法力量，建立常态的海上维权机制，优化部署现有执法力量，确保在南海、特别是争议海域的威慑力量存在。

（三）提高南海突发事件的军事处置能力

在南海问题上，我国应继续秉承“主权属我、搁置争议、共同开发”的战略指导，积极争取通过协商谈判方式和平解决南海争议。“主权属我”是前提，这一点得不到认可和达成共识，“搁置争议、共同开发”就无从谈起；协商谈判方式和平解决南海争议，并不意味着我们惧怕外部强加的冲突，更不意味着我们没有武力收回被占岛礁的能力。我们应立足最坏的情况发生，做好使用军事手段解决南海争端的充分准备，当前重点是抓好在南海的军事能力建设，确保能够形成战略优势。

一是提高监视预警能力。当前，我国在南海方向海上军事监视预警能力还比较薄弱，突出表现为边海防预警雷达探测半径小、海空军侦察覆盖范围有限、海上侦察巡逻机制不够完善。对此，尽快部署超视距雷达，形成对几千公里、特别是400—3000公里内海上大型慢速移动目标的侦察预警能力，以准确、实时地监视南海动态，并为可能的军事斗争提供可靠的情报资源保障；积极研制发展航程更远、性能更为先进的侦察机、特别是无人侦察机，形成能够覆盖整个南海海域的空中侦察监视及预警能力；尽快形成海上侦察巡逻协调、完善的常态化运行机制，建立实时的情报信息资源共享平台，提高预警及情报保障能力。

二是提高远洋作战能力。南海幅员广阔，潜在作战对手目标分散，而我国现有的海战能力、特别是远洋作战能力还远不能满足远距离作战需要。我们应当有针对性地提高远洋作战能力，首先，增大海军舰艇、空军飞机的航程范围。优先在南海方向配备吨位更大的舰艇、航程更远的先进飞机，提高海空应对南海突发事件的远程处置能力。其次，强化火力配置、增强军事威慑能力。配备性能更为先进的火力打击武器系统，特别是装载、部署导弹武器系统，提高对敌火力威慑强度。再次，提高海上戒备等级。依据战备等级管理规定，在有冲突征候或升级特征时，提高应急处置戒备状态，缩短处置反应时间。最后，提高综合保障能力。“兵马未动、粮草先行”，如果综合保障能力不足，将使我们在南海的维权行动后续无力，无法保持持续的威慑和行动能力，当前我们应重视在情报保障、通信保障、工程保障、气象保障、装备保障、后勤保障及人才保障等各个方面同步形成威慑及维权行动能力。

针对当前在维护南海权益策略和力量上存在的差距与不足，我们必须以时不我待的紧迫感加紧建设、加速发展，而不能继续在无休止的论证研究、外交辞令或反对抗议的范畴内兜圈子、做无用功。在涉及国家主权和领土完整的重大问题上，我们没有任何权力进行让步和妥协，我们将不惜承担最大的民族牺牲和任何代价来强力维护国家权益不受侵犯。

适度增强军事透明度有利国家安全

李 新*

提高所有国家的军事透明度，已成为国际社会和大部分国家的共同呼声，这样做有利于世界的和平与稳定，其发展趋势不可阻挡。顺应时代潮流和发展，我国政府通过一年一度发布的《国防白皮书》及其他多种媒体形式，将我国每年的军费数额及用途分配向国际社会公布，并将多种常规武器发展的情况公布于众。这些，都充分表明了我国在不断增强军事透明度问题上的诚意，充分表明了我国的军事透明化进程在不断加快。

一、提高军事透明度有利于展示我军现代化建设的精神风貌

随着世界经济多极化趋势的发展，各国战略利益的拓展和竞争也日趋激烈。在这种情况下，国家之间、特别是军队间建立可靠的互信机制和稳定的沟通渠道，对于世界的和平与稳定具有非常重要的意义，主要体现在三个方面：

---

* 李新，农工民主党四川省委办公室主任。

一是有利于促进世界和平进程。为了更好地履行“保卫祖国安全、维护世界和平”的重要使命，我军需要向世界展示正义之师、威武之师、和平之师及胜利之师的精神风貌，展示我军发扬优良传统、不断开拓进取及信息化建设的发展成果，是一支值得信赖的、能够为世界安全带来祥和与安宁的武装力量。对于这些，我们有必要以更大的幅度增大我军透明度，同时这也是对世界强权政治及敌对势力的一种有效的警告。

二是有利于增强国家安全。进行国际军事合作、适度提高我国军事透明度，有利于更加有效地维护国家主权、领土完整及核心利益。通过不断增强与发达国家、特别是友好国家之间的军事交流，不断增进军事战略互信、及时消除误解；通过扩大军事透明，进一步了解他国和他军的战略意图，在清楚传达各自的国家立场和相关信息之后，有利于消除可能引发的误解误会甚至武装冲突，从这个意义上讲，也有效增强了国家安全。

三是有利于我军在新形势下的建设与发展。在世界军事变革加速实施的今天，及时融入全球性军事发展潮流，有助于尽快缩小与外军、特别是与发达国家军队在诸多方面存在的差距。目前，我军的现代化、信息化建设程度还不够高，与发达国家的先进武器装备相比，还存在着大约30年的差距。只有不断加速世界范围军事透明度的进程，加强与外军的交流与合作，才能更好、更直接地学习和借鉴外军经验，更好地引进先进的军事思想和科学技术，并为我军建设具有世界眼光、战略思维和信息化的新型军队，提供更好的平台和更加广阔的发展道路。

二、紧闭大门是不自信的表现

军事透明应主要体现在军事思想、军事战略、核战略、军费投入、军队体制编制、规模数量、结构组成、武装力量的使命任务、主要常规武器装备等方面。当前，影响世界军事交流和增进军事互信的障碍，主要来自于世界军事大国，具体表现在三个方面。

一是西方大国的间谍活动及高技术窃密手段的发展使许多国家更加严密地屏蔽自己。超级军事大国赋予了自己“管理全球”的“世界警察”职权，它们所提出的所谓军事交流和对别国提出的增强军事透明度的要求，只是有利于它们能够更加近距离地观察和了解别国的军事力量发展现状；西方军事大国所建设的陆、海、空、天、电和网络一体的情报侦察体系，能够对别国展开全方位、全天候和全时域的情报侦察；发达国家还以无孔不入的间谍手段，运用多种高技术方法竭力窃取别国的军事秘密。

二是许多发展中国家对自身军事落后的状况不自信。面对发达国家编织的“窃密天网”，军事秘密处于单向透明的发展中国家，不得不被迫关上军事交流的大门，不得不对本国的军事秘密进行更加严密的防护，不得不竭力隐蔽好自己的“家底”。这样做虽然在短时间内保住了自己本来就落后的军事秘密，但是也由于从源头上堵住了军事交流的大门，使得本国军事落后的局面无法得到根本改变和扭转。

三是陈旧、保守思想观念的禁锢。在一些政府官员和军队高级军官的思想中，存在着陈旧和保守的思想观念，他们生怕军事家底泄露，采取了多种办法进行消极的防护。在当前国际社会呈现多元化的发展大趋势下，我们应学会区分正常的军事交流与军事机密，减少人为设置的交往障碍和繁琐的程序，以免影响和制约正常的国际军事交流。当然，任何国家的军事透明都不是无限制的，也不是所有领域都会开放和透明的，如军费的具体流向，战略武器装备的战术性能、发展数量、作战部署，对新型武器的研制开发、试验进程等，都属于一个国家的高度军事秘密，在一定时间段内是必须要进行严守的。

三、以多种渠道、多种方式不断增强国家的军事透明度

开展国际军事交流与合作、增强军事透明度，已成为国际社会的共识，成为不可逆转的发展趋势。结合我国国情军情实际，笔者认为，我国军事透明度可从五个领域进行加强。

一是积极参与国际军事学术交流。积极参加国际社会官方、半官方和纯学术的多种军事学术交流活动，特别是对于主题为国际军事战略形势分析判断、世界军事热点问题研究、大国军事战略调整、军事战略力量发展趋势、地区性军事问题及诸军兵种联合作战行动的指挥与协同等重要问题，进行深入分析、研究和探讨。参加者可有我军的高级机关官员，军事院校、军事科研机构的专家乃至部队官兵。这种直接的交流非常有必要。比如，在对“威慑”这一概念的理解上，我国一直强调核力量的威慑作用，因为我们对“威慑”一词的定义是一种并非实战的军事斗争形式，而美国人则认为“威慑”包括实战。这是通过面对面的高层学术交流，中美双方各自坦率阐述了本国在这个问题上的立场与做法，达到了消除误会、增进互信的预期效果。

二是军队高层进行友好互访。除了国家元首级别的交往之外，有必要建立起稳定的军方对外交流渠道，如形成两国国防部、总参谋部及军兵种级别的高层定期互访机制，这样的互访不应仅停留在礼节性的来往上，而应当使其上升到不断增进了解、建立实质合作的层面。近年来，我军高级官员不仅对西方军事大国进行过多次友好访问，也与一些中等发达国家、周边国家及存在领土纠纷的国家军队进行了访问，通过坦率交流、广泛讨论了对国际及地区性重大军事热点问题的看法和立场，有效地消除了误会、化解了矛盾，避免了引发国家间的武装冲突。

三是建立稳定的高层军事热线。国际社会大国之间的军事热线开创于古巴导弹危机之后，当时美苏两国已濒临战争的边缘。在导弹危机解决后，当时的两国领导人肯尼迪与赫鲁晓夫意识到建立直接联系渠道的重要性和必要性，随后即开设了及时沟通的军事热线。经过多年的发展，军事热线已经在多个国家和军队之间建立，有效地避免了重大军事冲突的出现，甚至战争的爆发。我国当前已与美俄等国建立了高层军事热线。但仅此还不够，我们应使其发挥更大的作用，及时对国际重大问题交互意见、沟通信息，避免矛盾激化和可能出现的武装冲突。

四是组织联合军演。近年来，日益频繁的联合军演成为世界各国谋求军事合作的重要形式。通过联合军演，有利于增进国家之间、军队之间的相互了解和熟悉，也有利于各国军队进行相互学习，促进相互信任和提高联合作战行动及联合救援行动的效能。近年来，我军围绕反恐维稳、应急救援、海上搜救和远程投送等课题，先后与周边一些友好国家及军事大国进行了联合军演，有效提高了我军执行多样化军事任务的能力。

五是实施国际军事技术合作。军事技术合作是国际军事交流活动的重要内容和形式，目前国际之间的军事技术合作主要体现在先进武器装备的购买引进、等价交换、技术转让与共同开发等领域。我军多年来一直高度重视开展国际军事技术交流与合作，特别是近十多年来，我国与多国签署了常规军事技术合作备忘录及合作协议，达到了取长补短、成果共享的目的，也有效促进了我军武器装备的信息化转型进度。

在维护国家安全中执行非战争军事行动任务的法律问题研究

许　伟*

近年来，我国的国家武装力量越来越多地参与了国际和国内的多样化军事行动，如国际维和、反恐维稳、应急救援、海外护航等。这些非战争军事行动，是为维护国家利益和国家安全、运用军事力量和手段，采取的非传统战争样式的行动方式。在当前世界战略格局继续动荡分化、和平与发展仍然是形势主流的情况下，非战争军事行动已成为我国武装力量履行使命任务的重要常态形式。

我国武装力量在执行多种形式的非战争军事行动中，将涉及大量国际、国内的诸多法律问题。参与行动的我国武装力量官兵，特别是军队的各级领导机关，平时应重视对各种法律问题进行全面深入研究。只有这样，才能对未来非战争军事行动中可能涉及的各种法律问题做到准确理解、从容应对，才能更加有效地

* 许伟，某研究院工程师，博士。在国家核心期刊《核电子学与探测技术》、《国防科技大学学报》杂志上分别发表了《一种基于神经网络的γ能谱识别方法》、《调制气流声源振动系统参数分析》等论文，先后在有关学术论坛和刊物上发表学术论文多篇。

维护好国家安全、国家利益和官兵的合法权益。

一、不断完善健全我国武装力量在非战争军事行动中的各项法律具有重要意义

非战争军事行动，在完成我国武装力量担负的多样化军事任务中有着重要地位和作用。当前我们应加强对非战争军事行动中可能涉及的各种法律问题研究，这对于我们在新形势下提高军队的综合作战能力，围绕中心、服务大局具有重要意义。

（一）是作为负责任大国价值观的重要体现

我国作为一个世界最大的发展中国家，政府曾经多次做出过对国际社会和人类承担更大、更多责任的承诺。在当前新的国际战略格局形势下，我军将更多地走出国门，承担更多的反恐、维护国际和平、处理突发事件、防止疫情和实施国际救援等多种军事任务。在这些行动中，我们必须做到“师出有名”，要使我们的行为都符合国际法，都具有很强的合法性。

（二）是国家在新时期赋予我军的重大任务

在新世纪新阶段要全面履行我军的历史使命，就必须提高军队应对多种安全威胁、完成多样化军事任务的能力。胡锦涛主席指出，“随着国家利益的拓展和非传统安全威胁的上升，非战争军事行动日益成为国家军事力量运用的重要方式，并对做好战争准备、提升军队作战能力具有重要而特殊的作用”。对汶川、玉树大地震以及舟曲泥石流灾害的应急救援，再次警示我们军队必须具备这种能力的重要性，还有在这些行动中所涉及的大量法律

问题，再次告诫我们军队必须具备相应法律知识和能力。

（三）是新形势下提高我国武装力量军事能力的有效途径

我军长期处于不打仗的社会环境中，在这样的情况下，军队的作战能力怎么提高？我们要通过参与多种形式的非战争军事行动，来全面锻炼和提高军队的果断决策能力、组织指挥能力、应急反应能力、快速投送能力和有效抢救抢修能力，以此提高部队的整体军事能力，并在这个过程中熟悉法律、学习法律、掌握法律，不断强化官兵的法律意识。

（四）是维护官兵及亲属合法权益的重要保障

军队在国家和人民需要的时候，必须做出无条件的奉献甚至牺牲生命。在这样的情况下，军队官兵的合法权益也必须同时得到保障，这就需要相应的法律来进行维护。多年来，相关法律也陆续出台，但是仍然需要随着形势的发展变化，特别是军队参与非战争军事行动的深入，需要我们对其不断进行补充和完善，尽快填补在这个领域还存在的法律空白。

二、我军非战争军事行动的类型、涉及法律特点与指导

我军的非战争军事行动形式多样。当前，应理清所担负任务的主要类型和特点，尽快确立下一步完善法律问题工作的指导思想和基本原则。

（一）我军非战争军事行动的基本任务

我国武装力量的主体是中国人民解放军，我们应综合运用我军技术水平高、装备先进、人才密集和突击能力强等自身优势，单独或协同其他武装力量及社会力量，执行军事威慑、抢险救灾、反恐维稳、军事支援等多样化的军事任务，或保障其他力量顺利展开行动部署，以粉碎或遏制敌对势力的图谋、维持或恢复社会秩序的正常与稳定。我军的非战争军事行动基本任务主要有四个方面。

一是军事威慑行动。在参与维护国家主权、捍卫领土完整、维护国家海洋权益、遏制分裂、制止骚乱等军事行动中，通过展示武装力量实力、组织军事演习、调整军队部署、实施导弹试射等方式，对敌对势力实施威慑和恐吓，迫使其放弃武力对抗企图、停止敌对行动或降低敌对强度。

二是抢险救灾行动。根据军委总部的命令和对受灾地区实施救援需要，组织部队通过空中投送、铁路输送或摩托化行军，迅速到达受灾地域，发挥部队集中突击和装备器材等优势，严密组织对灾区人民的生命和财产实施全面救援、救助行动；协助做好灾民安置、灾后防疫和重建工作。

三是反恐维稳及处置意外突发事件行动。主要是对国内外恐怖和分裂组织制造的意外突发事件进行军事干预。在反恐维稳行动中，通过采取军事戒严、抓捕少数头目和骨干分子等方式，迅速平息社会动荡局势；在处置意外突发事件中，通过发挥军队力量的突击作用，保持社会稳定和人民生命财产安全，行动中要注重区分两类不同性质的矛盾。

四是军事支援行动。我军在参与非战争军事行动中，通常会协助国际和平力量或国内参与该行动的其他力量，执行实施运输、通信、医疗、工程、抢修等多项支援任务。我军将运用自身的力量突击、装备和高技术等优势，支援国际和平组织及国内各级地方政府，达到尽快恢复社会秩序和稳定局势的目的。

（二）我军非战争军事行动涉及法律问题的主要特点

我军实施非战争军事行动中涉及的法律问题，具有“四多”和“三高”七个特点。

一是涉及法律问题多。我军所参与的非战争军事行动，将涉及国家政治、经济、外交、军事斗争的多个领域，涉及社会、民族、宗教等多方面的法律问题，涉及国际法、国与国之间的多种法律，涉及刑事、民事等多种法律关系，还将涉及社会稳定、民心动向以及环境保护等多个领域的法律问题。

二是行动影响层面多。我军实施的非战争军事行动，通常具有政治敏感性强、政策要求高的特征，行动所涉及的问题很多，其中既有国内民众关注的重点问题，也有国内外舆论关注的热点问题，还有与社会发展、环境保护、宗教信仰等相关的问题。

三是意外突发情况多。非战争军事行动多数面临的都是意外突发事件，通常事件突发性强，情况变化快，行动要求快，形势转换快，这就要求我们必须妥善处置行动中遇到的涉法问题，要求我们必须准确、快速和及时地进行处理。

四是现实缺项空白多。完善的法律法规，是我军遂行非战争军事行动的重要依据和必要保障。由于我军遂行非战争军事行动的实践极少，相关法律法规还不够健全和完善，现有的也过于笼统、过于原则，有的操作性不强，还有不少缺项。如在参加维和行动、参加反恐维稳行动时，官兵的职责、权利和义务等方面尚属空白，亟需加速展开立法工作进行填补。

五是决策权限层次高。我军的特殊性质，决定了它的使用和调动决策权限都高度集中在中央军委和总部。由于请示报告及批复的层级多、环节多、时间长，对于部队的快速反应能力和平时的应急行动准备标准都提出了更高的要求。

六是行动效能要求高。我军参加非战争军事行动，其行动方式、强度、动用力量的规模等，在政策和法律层面都不允许出现任何差错，这就要求我们在平时就必须充分做好各种行动方案和预案准备，充分做好相应的法律准备，并适时对部队组织好针对性强的法律知识教育和逼真的研究性演练。

七是行动保密要求高。我军参加非战争军事行动，必将频繁和地方政府及社会上的各种人员、甚至将与国外人士交往，使部队的编制、通用装备、通信手段、投送能力等高度透明化，从而对部队的保密工作提出了更高的要求。

（三）我军相关法律建设与运用指导思想

我军实施非战争军事行动，对于法律问题的建立、修订和运用，应确立“缜密论证，补充完善，准确灵活”的指导思想。缜密论证，就是搞好总体框架的顶层设计，使之符合行动需要和我军的实际；补充完善，就是通过对有关法律的修订和充实，达到完善我军法律体系的目的；准确灵活，就是正确理解法律条文内容，在维护国家利益、人民权益和保障官兵安全的前提下，灵活遵守和运用非战争军事行动法律。

（四）我军相关法律建设与运用原则

我军对相关法律问题的修订、完善和运用，应遵循以下六个方面的基本原则：

一是完善体系。有利于我军法律制度本身的完善，逐步形成具有我国、我军特色，能够确保国家利益及我军合法权益的法律体系，达到补缺填白的目的。二是激励士气。使新补充和完善的相关法律及规定，能够有利于维护国家安全和部队的合法权益，能够有效激发部队官兵在各种非战争军事行动中的斗志和士气。三是便于操作。这些法律规定不仅是理论上的阐述和字面上的解释，更重要的是必须有利于我军在非战争军事行动中的实践，便于官兵理解、贯彻和落实。四是方便协调。有利于密切沟通和协调部队在行动中与国际机构、国内地方各级政府、参与行动的友邻部队等多方面的关系，并保障参与行动各方的合法权益和基本利益。五是强化队伍。有利于我军法律专业队伍和法律咨询队伍骨干的培养、锻炼和提高，充分发挥其主观能动性，使其能够在参加非战争军事行动中发挥积极和主动的作用。六是便于演练。有利于行动中围绕组织计划、行动协调、通信联络、兵力装备投送、物资抢运、战地抢修、方案检验等方面实施法律服务演练，提高部队完成多样化军事任务的临机果断决策能力、组织指挥能力、部队的快速反应、应变能力和自身安全维护能力。

三、我军遂行非战争军事行动任务所涉及的主要法律问题

由于我军的特殊性质，在执行非战争军事行动任务中所涉及的法律问题，也具有许多鲜明特点。我们应据此理清部队可能涉及到的各种法律问题，理清官兵在行动中的权益和义务。

（一）执行非战争军事行动中涉及的法律内容

面对我国当前面临的国内外安全形势和可能发生的各种意外突发事件，结合我军实际，笔者认为，当前主要有六个方面的法

律内容亟需建立或完善。

一是参加非战争军事行动的法律依据。国际学界常用“是否有合法程序”、“是否有价值”、“是否能起到一定功能”，来作为衡量某国军队走出国门的标准。因此，建立健全的法律法规，是各国加强“非战争军事行动”的普遍做法。美国在2001年10月就出台了《爱国者法》，赋予美国各级执法部门和军队更大的活动空间。日本更是在前不久公开宣称，要制定可随时向海外派遣自卫队的恒久法律。我们应在深入熟悉和了解国际有关法律的基础上，及时制定和不断完善相应的法律法规，特别是采取非战争军事行动的时机、责任与义务、各种情况下军事行动的强度、投入力量的规模等，使我们的行动更加合法和师出有名。

二是非战争军事行动中我军的指挥体制。这种指挥体制与作战指挥体制有很大的区别，主要体现在，指挥所组成中会有地方政府领导参与，指挥的层级要更少、更直接，接受指挥的对象如部队、地方机构和社会力量等更多，按照行动性质，需要更多地与地方部门、友邻部队联系及沟通。

三是部队与地方政府的法律协调机制。我军参与非战争军事行动，涉及大量的事务都将与地方有关。可能涉及到部队行动中的权利与义务，可能发生多种法律问题，对此，应由我军各级政治部门有关法律机构与地方有关部门建立密切联系，建立健全关于行动指挥、联络方式的机制，并明确各自职责、协调保障等方面的事宜和规定，并以此为原则及时协调处理行动中可能遇到的法律问题。

四是部队在行动中使用武器装备规定及约束条件。在非战争军事行动中，我军可能将动用多种工程机械、军交运输、车辆修理、通信联络、医疗救护等方面的装备设备，在实施军事威慑行动中，还有可能动用武器装备或佯动装备。对此，应通过建立相关的法律规定，确保军队武器、装备、设备在行动中运行的畅通，并明确相应的安全保障事宜。

五是官兵在执行任务中伤亡、致残和有关福利待遇方面的法律和规定。现有抚恤标准虽然近年有了很大改善，但由于起点低，目前标准还不足以完全解除官兵的后顾之忧；官兵的重病和伤亡保险问题还没有解决，一些需要重大开支的情况还没有法律依据。我们应根据我国的国情，适度参考国外类似情况的有关法律规定，进一步完善相应的法律保障规章，让我军官兵都能够达到伤有所治，残有所养，亡有善后，能够全身心地投入到非战争军事行动中。

六是我军行动中的地面和空域安全保障协议。在执行非战争军事行动中，多数情况下是没有或只有较小的敌情顾虑，但是实施军事威慑行动可能会出现较大的敌情顾虑背景，如果处理或运用不当，就有可能带来更加复杂的形势局面、甚至引发战争。我军对空和对地面防御体系层级多、管理相对分散，这种情况下，就需要有相应的法律规定，积极协调各种可用资源或动用地方武装保障好我军行动的地空安全。

（二）执行非战争军事行动中部队的基本权利

在我军执行多样化军事任务中，部队和官兵应该具有以下基本权利。

一是维护国家根本利益和国家安全的军事行动权利。这是使命赋予的基本权利，也是军队存在价值的具体体现。二是维护自身部队设施、阵地和营区安全的权利。这是保障实现使命任务的基本条件，是部队执行非战争军事行动的起点。三是维护官兵自身安全不受侵犯的权利。这是我军的基本人权，也是完成好使命任务的基础。四是在特定区域和时段实施军事戒严的权利。这是保障行动地区社会秩序稳定的必要措施。五是在国家利益、人民财产安全受到威胁时采取军事行动的权利。这是确保人民生命财产安全的有效举措。六是在紧急情况下优先乘坐一切交通工具的权利。这是确保快速集结力量、快速赶赴集结地域并形成整体行动能力的基本保障。七是部队官兵享有国家和人民给予的荣誉及各种待遇的权利。在得到社会尊重、补助津贴、伤残救治等方面享受相应优待。

（三）执行非战争军事行动中部队的主要义务

我军官兵在执行非战争军事行动中应承担以下义务：

一是在行动需要时，具有放弃个人和家庭利益服从于多样化军事行动的义务。二是在行动中充分发挥主观能动性、采用多种形式和方法千方百计地圆满实现上级意图的义务。三是在非战争军事行动中保护好军队营区、阵地和官兵自身安全、维护军人合法权益的义务。四是在维护国家安全和人民利益的行动中，做出最大奉献乃至牺牲生命的义务。

四、我军执行非战争军事行动任务相关法律问题的实施

我军执行非战争军事行动任务，将涉及大量的国际、国内法律问题，在实施过程中应严格遵守并灵活运用。

（一）运用法律武器的主要形式

咨询服务。通过专家咨询、网络咨询、通讯咨询等多种方式为部队官兵和有关方面提供法律服务。

法律保障。在部队官兵的权益受到侵害时，充分运用相关的国际、国内法律和军队在参加非战争军事行动中的纪律和规章，通过有关仲裁机构、民事机构、军事法庭或人民法院等机构的裁决，最大限度地保护我军官兵的合法权益，真正解除参加各种非战争军事行动的后顾之忧。

（二）我军非战争军事行动法律建设

我军非战争军事行动中的法律建设，按照“超前预测，科学规划，指向明确，便于执行”的要求，组织有关专家和业务部门的同志一起，在对面临的多样化军事任务进行分析预测的基础上，在符合我军实际、便于操作的前提下搞好总体框架的顶层设计，该补充的补充，该完善的完善，该新建的新建，循序渐进地搞好我军非战争军事行动的法律体系建设。当前重点要抓好完善法律体系、硬件环境和软件开发三个方面的建设。

在法律体系建设上，构建并不断完善我军非战争军事行动法律体系框架，在现有国家和军队相关法律的基础上，补充完善我军参加非战争军事行动法律依据的内容，有关指挥体制的内容，行动中与国际相关机构、国内地方政府法律协调机制的内容，部队在行动中动用武器装备规定及约束条件的内容，官兵在执行任务中伤亡、致残和有关福利待遇方面的法律和规定，以及部队在行动中的地面和空域安全保障方面的法律规定等。

在法律硬件建设上，主要是建立完善法律建设的组织机构，充实研究论证法律建设人员，改善法律机构的办公和研究条件。在现有司法机构的基础上，吸取有关专家和研究人员，组成我军非战争军事行动法律研究论证小组，在我军首长和主管业务部门的领导下展开工作，针对我军实际，搞好缺项调研，尽快研究、补充和完善相关法律规定；参与的研究人员，应是具有良好的法律基础知识和熟悉了解我军实际的专家学者，形式上可以采用不列编的形式临时抽组，在基本完成研究任务后再归建原单位；注重改善法律研究的办公和研究条件，建立法律咨询信息库和相关信息服务网络，使我军非战争军事行动的法律建设更加科学、更加高效。

在法律软件建设上，重点是搞好人才培养，素质提高，队伍建设，软件和网络开发等。对于法律知识的人才培养，主要依靠参加各种法律知识培训、在职自学、听取专家讲课等方式，系统培养和不断提高我军官兵的法律意识和能力；法律素质的提高则主要依靠实践环节获得，通过直接或间接参与各种法律活动，在这个过程中锻炼提高官兵的用法能力；法律队伍建设主要依靠各级党委和专业法律机构的帮助有计划地实施，争取在我军每个基层连队都有具备一定法律知识的咨询员，在每个旅团级单位中都有水平较高的法律顾问，随时能够拿出部队可能遇到的各种涉法问题的解决办法，并把有关重要问题及时向上级司法机构反映和报告，请示解决本级无力解决的重大涉法事项。

（三）我军非战争军事行动法律运用

有了相关的法律和规定后，接下来就是要准确地理解和执行，各级司法机构要监督和指导好部队的相应实践活动。

一是对于军事威慑行动。我军主要的威慑对象可能是敌对国家，也有可能是国内反动势力，因此其涉法内容是：我军实施军事威慑行动的国际法依据或国家宪法，对敌实施威慑行动时紧急情况下的自卫和防护法律；实施过程中军队各级对威慑行动规模、强度及遇到意外情况下的临机决策权限等。

在实施军事威慑行动中落实法律规定的方式，主要是根据国际相应法律规范部队的行动范围和威慑强度，使用装备要符合不对环境造成破坏和污染的国际法，同时，在行动中注重按照相关国际法维护好部队官兵的合法权益和生命安全。在这些问题上，现有的国际法仍然存在着一些空白，有的还需要进行补充和完善。

二是对于抢险救灾行动。我国在2005年曾经颁布了《军队参加抢险救灾条例》，对于军队执行抢险救灾任务提供了基本的法律依据。但是其中对于官兵的权利和义务规定、特别是对于中国军队走出国门实施抢险救灾等内容，尚未形成具体法律和法规。

我军参与抢险救灾任务，通常涉及火灾、水灾、地震及其引起的重大自然灾害，还有因矿井坍塌、交通事故、电力事故、燃气事故等引起的重大伤害或破坏，以上以实施国内救援为主。

我军执行以上形式的抢险救灾任务，重点需要建立和完善实施这些抢险救灾行动的职责、任务、权限、义务和对伤亡、伤残官兵的抚恤及安置方面的法律或规定。

三是对于反恐维稳及处置意外突发事件行动。这样的行动通常突发性强、事态紧急，要求部队必须做到快速反应，尽快集结并赶赴事态地域，尽快平息事态的蔓延和发展。

要使我们的相应法律在补充和完善中，有利于严格区分并处理好两类不同性质的矛盾，对于少数敌视、破坏国家和人民利益的头目及骨干分子、蓄意扰乱社会秩序和人民生命财产安全的恐怖分子，进行坚决有力的打击；有利于教育和挽救受蒙蔽的群众，坚持说服教育，避免伤及无辜，最大限度地保护人民群众特别是妇女儿童等弱势群体的利益；还要有利于搞好自身安全防范。这些内容要通过法律条文形式进行规范和规定，使我们行动更加合法合理。

在制定或者修订这些法律内容的同时，我们也要积极参照国际通行做法，制定符合我国实际和惯例的法律，使我军有能力走出国门去担负和平使命。这样有助于国际社会对中国军队的理解，有助于我军与国际社会的交流，也有助于提高我国的军事透明度。

四是对于军事支援行动。我军执行军事支援行动，通常会派出运输、通信、医疗、工程、抢修等力量及相应装备设备，发挥我军人才密集和高技术装备等优势，支援地方政府，使之尽快恢复正常的社会稳定和人民生活秩序。

在这样的行动中，需要建立或完善的法律，主要是支援和被支援双方或多方各自应承担的责任与义务，在紧急情况下的组织、指挥与协调问题，出现严峻战场情况时的应急处置，发生人员伤亡、装备损坏情况下的修复和抢修问题等方面，这些都应在法律规定中予以明确说明或尽快增补。

大陆撤导弹的决定因素关键在台湾当局

牟　乾[*]

国民党重新夺回在台湾的执政党地位已经三年多了，在党中央对台政策的指导下，经过各界的共同努力，两岸关系发生了重大变化，特别在经贸往来、实现“三通”、旅游观光等方面有了实质发展，军事对峙形势更是得到了明显缓解，这是我党及两岸民众多年的企盼和期待已久的局面。多年来，台湾当局和岛内社会舆论及新闻媒体，都高度关注大陆部署在东南方向的军事力量、特别是导弹武器的问题，通过多种方式呼吁，要求大陆尽快撤出部署在该地区的导弹武器，使之成为直接影响两岸关系进一步发展的重大焦点问题之一。

2005 年 4 月底至 5 月初，时任国民党主席连战先生访问大陆，在北京与胡锦涛总书记达成了两岸和平发展愿景，在发表的新闻公报中提出，“促进终止两岸敌对状态，达成和平协议”。其中，提到的关于“终止两岸敌对状态”，我们的理解其中应包括外交休兵、建立互信机制、降低或解除军事戒备状态，也包括

* 牟乾，经济学硕士，国际关系学院科研处副处长。

逐步减少直至最终撤出部署在东南沿海方向的导弹武器，并最终签署双方和平协定。

十多年来，台湾媒体不断宣传大陆导弹对其构成的军事威胁，不断宣称大陆导弹的数量达到了多少，这种情况在陈水扁执政的八年中，表现得更为淋漓尽致，其中不乏肆意的编造、恶意的诽谤和众多的不实之词。即使在国民党重新获得执政地位后，为了不得罪岛内的“台独”势力，持这种观点和论调的人仍然大量存在。似乎大陆成了影响两岸关系进一步发展、制造两岸紧张关系的责任者，似乎所部署的导弹成了影响两岸关系发展的主要障碍。笔者不打算对这种毫无根据的鼓噪发表看法，只是想对当前台海军事战略形势及关于大陆导弹问题，从一个旁观者的角度谈些看法。

一、对当前台海军事战略形势的基本分析

近年来，与陈水扁执政时期相比，两岸关系发生了可喜的变化。但是，我们也不无遗憾地看到，在不少方面特别是在政治体制、和平统一、军事互信等问题上依然进展缓慢，甚至并没有出现任何实质性的发展。

（一）台湾的军事战略及军力拓展无法解除大陆的不安全感

这些年来，不论是民进党执政还是国民党掌权，其当局已形成了这样的惯例，就是每隔一两年都要公布一次大陆部署在东南方向导弹的数量，竭力营造“台湾受到大陆军事威胁”的悲情，并以此为理由和借口，一再从西方大国购买先进武器装备，一再大力发展台湾军力，从客观上加剧了台海的军事紧张局势。

一是在军事战略指导上。1992年年初，台湾当局再次重申，台军“唯一的作战对象就是中国人民解放军”，这个军队建设的指导思想至今没有改变。台军建设的一切领域，包括战略战术、武器装备发展、军队规模、军费预算、军事科研、作战保障、战场建设等都是依据这个战略指导和应对这个既定的作战对手而展开的。

二是坚持大量军购。台湾当局仍在继续坚持从西方国家、特别是美国购买先进武器装备。2010年1月29日，台湾当局再次从美国购买了总额高达64亿美元的军火，包括60架黑鹰直升机、“爱国者－Ⅲ”型导弹系统等。最近，台湾当局再次向美国政府提出了新的军购意向，金额高达60亿美元左右，其中包括F－16C/D型先进战机和新型预警侦察机等，如能实现，必将对大陆构成更加现实的军事威胁。

三是继续提高台军的综合战力。目前，台湾当局仍在积极支持发展具有数百公里以上射程的弹道式导弹和巡航式导弹，加大了引进和研制先进的侦察预警装备力度，军费投入不断提高，还通过组织各种形式和规模的军事演习来提高台军的综合战力。目前，台军已具备全天候、全时域情报侦察预警能力；已研制成功了“雄风－3”型中程导弹并已列装服役，射程为800公里的“雄风－2E”型巡航导弹也已服役；还积极引进或研制先进的侦察预警装备；虽然例行的“汉光”军事演习从以往的每年一次变为了两年一次，但是其演习的想定对手、演练强度等，都是针对大陆而展开的。

综上所述，台湾当局并没有把从大陆得到的经贸利益用于改善民生，而是大量地投入到发展自身军力上；并没有“化干戈为玉帛”的主观愿望，而是不断加快军事能力发展的步伐；并没有放弃与大陆进行军事对抗的武力准备，而是不断加速对外军购或研制新型远程进攻性武器的进度。这些，都不可避免地导致了大陆对台湾的军事顾虑不断增大。

（二）岛内各种矛盾激化的潜在因素严重存在

在民进党执政的八年中，竭力推行“台独”路线，将权力发挥到了极致，导致了自身国际活动空间的日趋减小，岛内经济停滞不前，失业率居高不下，民众生活质量下降，贪腐弊案层出不穷，岛内120多个政党派系争斗日趋激烈。在这个百废待举的废墟上，国民党要让台湾重振当年亚洲“四小龙”的雄风谈何容易。世界金融危机风暴虽然已经过去，但其后续效应仍然存在，台湾经济除从大陆得到的好处之外，其他方面仍然低迷。陈水扁的贪腐弊案尽管证据确凿，且已进入服刑阶段，但岛内的深绿势力至今也没有停止支持他的行动，在台湾社会不能排除为此出现高强度社会动乱局面的可能性。在这样的形势下，怎能对台湾有可能出现的社会动荡视而不见？大陆军队怎么能够“刀枪入库、马放南山”？又怎么能够不讲条件地轻易撤出部署在东南方向的导弹武器？

（三）台湾当局没有对大陆的友好姿态做出真诚回应

近年来，大陆给了台湾很多经济上的优惠和特殊政策的扶持，在许多产品上都实行了零关税，仅2010年，台湾与大陆的贸易额就超过了1400亿美元，贸易顺差达到了860亿美元。除此之外，大陆对台还先后制定了多项利民、益民的经济政策法规。台湾政府提出了“拼经济”的口号后，曾多次声称要与大陆发展经贸关系，但是对于减少自身对大陆的军事戒备和敌意却只字不提，对于针对大陆的作战准备丝毫未减。还针对大陆先后对台军提出了“提高三军联合作战能力”的要求，提出了“为战而训，训后能战”的训练口号，并加强了战场抗压训练。在这样的背景下，大陆怎么可能单方面撤出或减少用于震慑“台独”势力、用于维系台海安全的导弹武器呢？

（四）马英九企图做台湾的“全民领袖”

2007 年 5 月 26 日，国民党为了重新夺回执政权，争取并迎合“台独”势力的支持，在马英九的组织主导下，在国民党代表大会上通过了党章修正案，首次将“台湾”写入党章，删除了“统一”等字眼；7 月 4 日，中国国民党中常会通过了“重返联合国公投案”，并将入会名称弹性纳入“台湾”。获得执政党地位后，国民党为了得到绿营的支持，对奉行多年的“一个中国”立场从此不再提及。纵观世界，任何一个没有坚定信仰的执政党，即使取得了举世公认的治国成就，也不会得到所有人的拥护，因为社会现实中每个政党、每个集群、甚至个人，他们的理想信念及追求的目标都是不同的。要保持国家政权的巩固、社会稳定和经济发展，就必须在争取多数国民理解和支持的同时，还要坚决打击各种分裂势力、破坏势力及刑事犯罪。而对这些恶势力的任何姑息、迁就和让步，都有可能造成更大的族群对立和社会动乱，这种情况决不是大陆所希望看到的台湾社会的未来。

（五）“台独”理念及势力在台湾有所发展

台湾岛内民进党主导的绿营近 40% 的基本盘仍然存在，“台独”势力的活动依然猖獗，民进党的“台独”纲领没有改变。近十几年来，在李登辉、陈水扁这些极端“台独”分子的影响下，台湾民众及军队中的“台独”倾向有所发展。台湾《联合报》前不久进行的民调显示，有 82% 的人认为自己是“台湾人”，而认为自己是“中国人”的从 1989 年的 52% 减少到

19%；这次民调还表明，仍然有超过68%的人同意以台湾名义申请加入联合国。

（六）“台独”势力在台军中的影响不可低估

在陈水扁执政的八年中，先后十多次调整台军军官结构，特别对将官的调整幅度巨大。他共晋升了二十多名上将，一百多名中将，近五百名少将，占台军中将军总数的80%以上，台籍将军也由2000年前的不足20%增加到了40%，本土军官的比例已经超过了80%，在台军中已经形成了一定强度的“台独”基础。这种情况，对于执掌军队大权的书生马英九来说，要彻底改变这种局面绝非易事，也很难在短期内改变。

以上这些的存在，都迫使大陆必须密切关注“台独”势力的活动及发展动向，迫使大陆必须以一定的精力、军力和资源来有效维护国家安全并防止国家分裂。

二、消除军事对立状态、签订和平协议符合两岸根本利益

2008年12月底，胡锦涛总书记在纪念《告台湾同胞书》发表30周年之际，再次向对岸呼吁：“在一个中国原则基础上，协商正式结束两岸敌对状态，达成和平协议，构建两岸关系和平发展框架。”

两岸当局及社会各界为此做了大量有效的工作，大陆先后制定了多项有利于台湾同胞的经济政策，在双方的共同努力下，民间往来日趋频繁，军事紧张局面也得到了一定程度的缓解。在这种形势下，台湾各界多次提出，希望大陆减少甚至撤出该地区的

导弹，对此，我们能够理解。因为从东南方向撤出或减少导弹，也同样符合大陆的利益，这样做有利于降低两岸敌意，促进反独促统大业的实现，有利于台海长久的和平与稳定，有利于对台湾社会包括“台独”势力展示大陆对台湾同胞至诚的骨肉深情，有利于导弹部队把有限的军费用于改善官兵的生活待遇、改善武器装备的管理条件等。因此，我们也企盼着撤导目标尽早实现。

三、大陆撤导应遵循的基本原则

作为多年一直关注两岸和平的学者，我认为，大陆未来从东南方向撤出导弹或减少部署导弹的数量，应确定并遵循以下基本原则。

（一）有利于促进国家的反独促统大业

实现中华民族的伟大复兴和国家统一，就必须与“台独”势力进行坚决和毫不妥协的斗争，大陆从东南方向何时撤出导弹，何时减少部署的导弹数量，减少多少，我想都应该从维护国家安全、有利于加速实现国家的统一大业这个大局的角度进行全面考量。对此，也请对岸的台湾当局及民众进行深入、客观的换位思考。

（二）有利于台海的和平与稳定

大陆的撤导以及撤出多少导弹的时机，必须在两岸围绕同属这个根本问题上达成了基本共识，出现双方思想理念接近、社会形态秩序稳定、族群对立状况得到缓解的形势下才能实施。在军事上，台湾当局应对现行的军事战略指导进行明确调整、主要作战对象不再是对方，两岸呈现出基本不会爆发战事的形势。在这种情况下，大陆将通过减少或完全撤出部署在东南方向的导弹武器，来进一步促进两岸的和平与稳定，而绝不可能在各种政治争端、军事对立依然严重存在的情况下单方做出撤导决策。

（三）有利于对“台独”势力保持军事震慑和战略压力

相信台湾当局、两岸民众的大多数都是反对“台独”势力的，都是希望两岸走向共同发展和繁荣的。“台独”势力虽然在人数比例上不高，但是对其活动能量及影响能力不可低估。只要“台独”势力不放弃分裂祖国的图谋，不停止分裂祖国的罪恶活动，我想，大陆导弹就不会彻底撤出，因为从国家安全和国家利益的全局看，必须对其保持一定规模和强度的军事震慑及战略压力，以遏制其嚣张气焰并制约其分裂国家的行径。

（四）有利于大陆导弹部队保持作战能力

大陆发展导弹武器五十多年了，迄今已形成了核常兼备、远中近程并存的战略威慑和实战力量。大陆导弹力量的发展和部署，不仅仅是针对台海，更要应对来自西方大国的军事威胁和保卫国家的领土、领海、领空不受侵犯。在当前的国际军事斗争形势下，大陆的导弹力量建设不仅不能削弱，而应随着世界、周边军事战略形势对国家安全形成的挑战及国家利益的拓展而不断得到加强。关于大陆从东南方向撤出或减少导弹的问题，必须要从国家安全需要的大局进行统筹考虑和谋划，特别是对于何时撤、撤多少、撤到哪里去等问题，都要从国家整体利益的高度、从有利于保持导弹部队作战能力的层面进行统一规划和部署。

（五）尽可能地减少由于部署调整而带来的军费开支

导弹部队作战部署的调整涉及因素多，特别在新营区的修建、阵地的建设、各种库房的构建以及交通、通信设施的保障，还有对于家属子女的安排等方面，都需要投入一定的经费、都需要提前做大量的工作。在当前大陆军费仍然紧张的情况下，需要进行精确计算和规划设计。因此，导弹部队部署的调整不是一个很简单问题，需要认真准备和科学论证。

四、大陆从台海撤导或减少导弹数量的可能时机分析

大陆在什么时机和条件下从东南方向撤出或减少导弹，笔者认为可能在以下五种情况下有可能实施。

（一）美国履行对台湾问题的承诺

美国应切实履行中美三个联合公报所确定的立场，停止向台湾当局出售先进的进攻性武器，停止官方、军方的正式往来。美国多位高官在近年的访华过程中，都多次重申将坚持一个中国的立场，强调希望两岸和平，我们希望美国能够践行这样的承诺。然而我们并不乐观地看到，美国当局在近年中多次批准对台军售，恢复了台美高层军事对话，还磋商举行美台联合政军战略推演；美国已同意向台湾实时提供有关大陆导弹部队活动的卫星预警情报，组织了美台军事情报研讨活动等。这些都是实现大陆撤导目标进程中的不和谐音符。

（二）台湾当局对两岸和平表现出可信诚意

实现两岸和平、消除敌对状态的前提，是台湾当局必须旗帜鲜明地反对“台独”理念、主张和行为。近年来，大陆为促进两岸和平，从对台战略的调整、加大经济支持惠民力度、助其拓展国际活动空间等多方面做出了许多对台湾发展有利的决策和行动，使台湾同胞切身感受到了来自大陆的关怀和血浓于水的骨肉深情。但是，台湾当局仅从当前的经济、贸易、三通、旅游观光这些方面做出努力是不够的，更需要在同属理念的确立与引导、社会状态的安定与稳定、军事战略的调整与转变、进攻性武器装备的引进与研发等这些重大问题上展示出更加鲜明的立场，并为此做出真诚可信的努力。

（三）岛内政治局势基本稳定，“台独”势力无力影响大局

要实现这个目标，台湾当局应积极发展岛内经济，充分利用大陆为其提供的多项优惠政策和措施，努力改善人民福祉，营造社会安定和稳定的环境。在已确认的“两岸同属中华民族”的“九二共识”政治理念的基础上，对台湾各界特别是绿营民众加大同属认知理念的引导力度，通过弘扬中华民族文化和悠久历史，最大限度地增强民族认同感，铲除族群对立的社会基础。对极少数“台独”分子企图分裂国家的政治图谋、对重大贪腐犯罪分子，切实查清其犯罪事实并将其公诸于众，争取广大民众的支持，并对其实施有理、有力的法律制裁，以净化社会管理机制，使其失去煽动族群对立的能力和能量。

（四）转变军事战略及军队建设指导

彻底摒弃“唯一的作战对象就是中国人民解放军”的错误

理念，把敢于侵犯国家利益的外国势力、恐怖主义和分裂势力作为作战对象。在军队建设指导上，把搞好自身“安全防卫”能力建设作为重点；在军队职能确立上，以维护好社会安定和秩序，保护百姓利益不受侵犯作为军队的根本使命任务；在军事力量建设上，放弃谋求与西方大国建立军事联盟的努力，形成独立自主的军事力量体系；在武器装备发展上，放弃从美国等西方发达国家购买先进武器装备的意图和行动，放弃对远程进攻性武器的研制和发展，因为以此来与大陆对抗纯属徒劳。

（五）停止以大陆为作战对象的各种军事演练活动

台军的军事训练科目应围绕保护其领土、领海不受外国军事势力的侵犯，围绕保护百姓的合法权益、生命财产安全，围绕实施有效的应急救援，围绕维持岛内社会安定、高效应对意外突发事件而展开，不再组织针对中国人民解放军的作战训练和军事演习，因为这是没有必要的无功作业；尽快清理台军高级军官中以往陈水扁安插的“台独”分子，消除可能引发两岸军事对立的基础和隐患。

综上所述，撤出或减少导弹的关键并不在大陆而在台湾当局。只要台湾当局在以上五个方面做出切实有效的努力，那么，距离实现胡锦涛主席在《告台湾同胞书》中提出的“在一个中国原则基础上，协商正式结束两岸敌对状态，达成和平协议，构建两岸关系和平发展框架”的目标就不远了。这样，台湾的自身安全也就有了根本保障，大陆的导弹即使还部署在东南沿海地区，也不会再对台湾构成任何威胁。

值得与国民党商榷的几个问题

魏国安*

台湾围绕2012年的领导人选举，在岛内又掀起了新一轮的竞选活动，蓝绿阵营争夺与交锋的焦点都集中在两岸关系上。国民党为谋求连任，在政治上提出了要签署两岸《和平协议》的主张，继续坚持“不统、不独、不武”的论调；在军事上不惜再次投入巨资从美国购买武器装备，竭力发展台军的军事能力；在经济上继续走投机路线，即一面从大陆得到实惠和好处，另一面坚持与大陆保持并行而并不交汇融合的路线；在民意上企图得到全民的拥戴，而在许多方面向绿营妥协甚至让步。民进党也抛出了含糊不清的两岸关系政策，以混淆视听和模棱两可的主张，继续顽固坚持“台独”主义的纲领和路线。

作为台湾的执政党，国民党当局对于两岸关系的发展和走向有着重要作用。当前，两岸关系虽然处于缓和时期，但是国民党在两岸关系上的许多模糊立场仍然值得我们关注和警觉。国民党

* 魏国安，某研究院研究员，博士生导师。国家军事运筹学会、军事系统工程学会常务理事，军事战略学会理事，享受国务院特殊津贴。多次为国家和军队机关提供专题咨询报告，先后撰写出版了《高科技的军事运用》等多部专著，发表学术论文200余篇，多次参加词典和工具文献书籍的条目编写或审修。

一再强调“希望正视‘中华民国’存在的事实，‘中华民国’不是过去式，而是现在进行时”，这种执政理念在一定程度上表明国民党对两岸关系走向更趋向于“不统”，而恰恰忽略了“两岸同属一个中国”这一根本事实，使得两岸关系无法得到实质性的发展。不久前，台湾一些媒体对台湾地区国民党领导人马英九先生执政近以来的情况进行了民调，结果表明，对他明确的支持率还不足30%，而不支持率竟超过了40%；虽然对于马英九先生执政后发展两岸经贸关系上是肯定的，但对其在改善民生、稳定物价、解决就业和住房以及发展军力等方面，多数是持质疑甚至否定的态度。这样的民调结果虽然不能完全说明下步大选的结果，但也在一定程度上反映了现实的民意。对于这种情况让人感到困惑，我们不希望再看到台湾出现不分是非、族群对立的混乱局面，不希望台湾再出现一个搞贪腐、搞“台独”和搞权术的政权，不希望两岸出现军事对立和军事对抗，更不希望看到因少数人的铤而走险、而让已经平静的海峡上空弥漫战争的硝烟。作为关心中华民族前途命运的大陆学者，在这里想与国民党执政当局隔海交流交流思想。

对于国民党执政以来作出的许多决策，如实现两岸“三通”，开放旅游，降低两岸敌对程度，构建两岸经济合作框架协议（ECFA），启用有知识、廉洁奉公人士等做法，我都真诚地赞赏，也得到了两岸民间的认可。但恕我直言，对于你们执政魄力不足、过于“不粘锅”以及有时过于固执而让人感到遗憾，也让许多曾经支持你们的党派和民众感到失望。

以下就我思考最多的执政理念、执政战略和执政策略这三个方面的问题谈谈自己的看法，供参考。

一、关于执政理念

确立公正、客观、正确的执政理念，是顺利达成执政目标的思想基础和战略指导。

（一）不要企图当所谓“全民领袖”

纵观世界，任何一个国家、任何一个地区、任何一个政党，现实中没有一个人能够得到所有“全民”的一致拥戴。就拿大陆来说，这些年来之所以能够取得举世认可的发展成就，就是因为有着和平稳定的社会环境。而这个环境的创立与营造，是实行了以中国共产党为领导、多党派实行政治协商的执政方式。而国民党在重新夺取执政权后，由于过于顾忌到蓝绿、党派、族群各自的局部利益，在其中艰难地寻找其利益交汇点，结果却导致了朝野的一片哀怨：“蓝营”认为你们放弃了本党多年追求的奋斗目标，遇事瞻前顾后、优柔寡断；“绿营”也并没有因为你们的让步而买账，认为你们是言不由衷、表里不一；民众对于你们实行的“中庸之道”也鲜明地表示了不满，认为你们是两面讨好、莫衷一是。我认为，要想实现国民党预定的执政目标和承诺，就必须以多数人的根本利益为决策的出发点，而如果过于顾忌或迁就少数人的鼓噪，就必然会失去多数人的理解和支持，就会带来因小失大的后果，更不会形成“万众一心”的局面。

（二）必须挽救台湾社会的主体价值观

陈水扁执政八年，造成了族群对立的日益严重，岛内经济几乎到了崩溃边缘，社会形态出现了只分蓝绿而不分是非的情况，出现了为谋求某些眼前利益而不惜逾越道德底线甚至不择手段的社会现象。针对这种价值观的扭曲，我认为国民党作为执政党，有责任、有义务引导社会再造应有的主体价值观。该价值观主要体现在：民族利益高于一切，社会稳定高于一切，改善民生高于一切，地区安全高于一切，而个人利益、集团利益、局部利益都应服从于主体价值。只有形成了这样的主体价值观，台湾才有可能迎来光辉灿烂的未来，才能在世人面前挺直民族的脊梁。要实现这一目标，你们除了自己要做好之外，更需要约束执政机构做好，并通过媒体宣传数千年的优秀民族文化和民族传统，以此来引导和营造这样的主体价值观。

（三）强化两岸同属“中华民族”的文化理念

两岸同属“中华民族”，这是不容否认的历史，两岸同宗、同脉、血浓于水、割舍不断，两岸同胞还共同续写着中华民族的悠久历史。对于这一理念，你们执政后予以了确认，这非常珍贵、难得，也让国人为此而备感欣慰。然而，随着两岸割裂时间的继续延长，两岸同胞、特别是年轻一代的民族感情及归属感逐渐淡薄，为“台独”势力的滋生与发展提供了温床和土壤。对此，你们应果断、积极、大胆地弘扬祖先遗留下来的孔孟先师优秀传统文化，通过弘扬历史民族英雄、重大文明创造、抵御外患战史、多次经济振兴等历史与传统，以此增强两岸共同的民族自豪感、归属感和认同感，这样做必将德铭千秋，功不可没！

（四）倡导树立“执政就是公仆、就是服务”的理念

树立政府官员的良好形象，不断提高自身修养和执政的权威性。《论语》云：其身正，不令而行；其身不正，虽令不从。作为官员，必须要有良好的执政形象和出色的人格魅力。台湾曾经有过贪污腐败的官员及政权，百姓一度失去了对执政者的信任和期待。可以说，你们对于一个百废待举的摊子进行了几年的有效治理，这不可否认，但积重必将难返，这就更加要求执政者必须从自身做起，从完善廉洁的执政机制做起，从建立和完善严格、公正、独立、透明的监督机制做起，自身也应诚心接受全民和舆论的监督，使执政机构和官员真正成为国民的公仆，这样的官员才能具有一呼百应的权威性。

二、关于执政战略

执政战略是把握社会形态及促进其建设发展的方略。执政战略的正确、客观与否，将关系到官员能否履行对全民的执政承诺，关系到能否实现预期的执政目标。

（一）抓住执政的重点与关键

结合当前台湾社会现状，我认为，你们当前应当重点关注台湾的和平、稳定、发展与和谐这四个方面的重点领域。所谓和平，就是确保台海的和平，如果说当前我们还没有能力和智慧彻底解决两岸统一问题，那至少要维持当前的和平现状，这个问题的关键是不要触动两岸和平的底线，就是不要搞“台独”，这是确保台湾社会稳定和经济发展的基础。所谓稳定，就是要进一步加速岛内的民主法制进程，使现行的民主机制、法制建设更加规范、公平和公正，使人民安居乐业，各得其所。所谓发展，就是要搞好顶层设计，宏观谋划、合理规划台湾经济发展的方向，确定操作性强、切实可行的实现途径，及时修订完善已被证明不妥善、不严密、不适合的规划计划。所谓和谐，就是通过积极有效的引导，使民众逐步树立共建台湾共同美好家园的理念，逐步消除族群对立、蓝绿对立、党派对立的现象，逐步形成与人为善、团结和睦的良好社会氛围。这四个领域，应成为执政者当前最基本的使命任务。

（二）建立客观公正的民主司法体系

据我的观察和分析，台湾相当一部分民众之所以对你们执政后的政绩表示失望，其主要原因有两个：一个是没有实现在竞选前和就任后关于岛内经济发展、提高国民生活水平、提高就业率等方面作出的承诺；另一个是在对贪腐弊案的查处问题上，你们的麻木、软弱和迁就。在这个问题上，我认为，你们应果断地抛掉“干预司法”的顾虑，以高度的责任感关注对重大司法案件的审理，这也是岛内百姓赋予你们的权力及对你们的重大期待。当前岛内民众对各种贪腐案件的审理进度及结果情况之所以不满，在一定程度上暴露出了台湾司法体系的漏洞和缺陷。对此，我认为你们应关注这些重大问题，须知怕得罪少数人必然会得罪多数人，积怨多了就会为此付出得不偿失的代价。正如《墨子》所云，“善人赏而暴人罚，则国必治”。我认为，弊案不决，贪腐不除，就必然会造成人心不定，民心不服，社会不稳。建议以对陈水扁贪腐弊案的审理为契机，全面促进台湾的司法机制更加公平、公正、民主和透明。

（三）继续促进两岸关系的深入发展

你们在执政后作出了多个有利于发展两岸关系的重要决策，这对于缓解两岸敌对状态、增进两岸友好往来、促进两岸关系发展发挥了积极作用。但同时，你们还提出希望大陆作出更多让步，要求大陆废除《反分裂国家法》和撤出导弹。对于前者，我认为，大陆制定的《反分裂国家法》不仅只针对台湾，还针对“藏独”、“东突独”等现实问题，只要台湾不搞“独立”，这个法律对台湾就不构成任何压力和威胁；对于后者，我在前不久撰写的《大陆撤导弹，时机还不成熟》和《大陆撤导弹关键在台湾当局》两篇文章中已作了详细分析和回答，这里不再赘述。我认为，继续促进两岸关系的深入发展，关键是双方都要有诚意，不作表面文章，只有确认了战略互信，才能逐步地减少敌意。在此前提下，一些具体问题，比如大陆撤出导弹的问题就具备了谈判的基础。

（四）在军事领域作出实质性的规划和决策

如应放弃“唯一的作战对象就是中国人民解放军”的军事战略目标，不再接二连三地从美国购买先进武器装备，放弃研制远程精确制导武器，停止组织针对大陆的各种军事演习，这是实现两岸关系根本好转的基础和起点。你们不能指望只做一些对台湾经济发展有好处的事情，不能指望只从大陆得到贸易顺差、多种优惠政策及实际好处，而故意忽略和不提及大陆最关注的这些军事议题。其实，台湾即使从美国买回几件先进武器，空战能力有了新的提升，即使研制了几种中程飞弹，但如果台湾一旦走上了“独立”之路，大陆一定会被迫以武力保卫国家的主权，你们的这几件所谓新式武器都是不堪一击的，都无法阻止大陆实现祖国统一的坚定决心。我还是说，你们作出的发展两岸关系的战略决策是正确的、有远见的，但是最重要的还是要以对中华民族负责的立场做有诚意的实事。

三、关于执政策略

策略是实现战略的方式、方法、步骤和手段，策略的确定与运用，对于能否顺利达成执政战略目标具有重要意义。

（一）控制并主导媒体舆论

当前台湾有一百多个政党，数百个媒体，作为一个发展中的民主社会，应该说出现这种情况是难免的。但是我认为，作为一个负责任的执政机构，应建立强大的主流媒体体系，并通过这个体系对自己的执政理念、执政战略、执政举措以及各种法规、规划进行强有力的宣传，以达到消除误解、统一认识、形成合力的社会效果。如对于前两年世界金融风暴对台湾带来的负面影响，就要加强宣传力度，使民众客观认识形势，形成同舟共济的民族合力。如果大家都各行其是、怨天尤人，就成了一盘散沙，也为少数肆意破坏社会稳定的人或党派提供了宽泛的活动及生存空间。

（二）大胆启用有德、有识、有才之士共谋大业

在你们的执政团队中，可以说大部分人清正廉洁，具备学历高、品格优、能力强的优势。但也有些人书生气、文卷气过重，缺乏从政经验。明代张居正说过，“用人必考其终，授任必求其当”。作为旁观者和局外人，我看到台湾还是有一些在民众心目中德高望重、经验丰富、威望高、能力强的优秀人才，他们没有进入政府机构参政议政或对执政提供战略层面的帮助，这是让人感到遗憾的。

（三）对政府机构和职能部门既要放手，又要关注

政府职能部门是贯彻落实执政理念和执政战略的执行机构，他们能否按照执政者的要求部署工作，除了有媒体、民众的监督之外，更要有执政者对其工作情况的查询和监督。如此，看他们是否真正贯彻了已确认的规划计划，是否做到了廉洁奉公，是否做到了恪尽职守，是否得到了社会和民众的认可与拥护。这个问题不能轻视，因为这是国民党费尽移山心力重获执政权力的基础。

（四）千方百计提高社会福祉和人民生活水平

当前，世界金融危机虽已过去，但对台湾经济冲击所带来的后果需要相当长的时间才能恢复。在需要加强向民众宣传金融危机带来的不利因素的情况下，更要想方设法带领台湾尽快迈出金融危机的泥沼。深入分析、研究并借鉴台湾当年成为“亚洲四小龙”的做法和经验，研究考察世界经济形势较好国家和地区的做法，进一步扩大与大陆的“三通”，深化两岸经贸往来，注重解决就业问题，设法拉动内需，大力发展旅游业，充分发挥台湾的经济优势，积极争取建立多个经济自由贸易区，扩大两岸货币交换机制。人民生活水平提高了，就业问题很好地解决了，社会也就稳定了，你们的支持率自然也就会随之回升。

（五）对无关琐事不要浪费过多精力

作为台湾的执政党，你们应当谋大局、做大事、成大业，对一些日常的、繁琐的、作秀的事情，不要过于热衷和投入，否则，就会增大民众的反感，造成事与愿违的结果，正如《礼记》所云：处其位而不履其事，则乱也。

（六）刚柔并济、提高果断决策的魄力

以上只是我的井底之见，但确属肺腑之言，如有不当之处，敬请海涵。我坚信，只要你们把握好执政方向，不期修古，必会得到国民的理解和拥戴，一定会顺利赢得此次大选，这也是我的衷心希望和良好期待。

用战略统筹观点看中东战争

陈　枫*

我现在看到的所有评论中东和利比亚战争问题的观点，基本有三个角度：经济、军事和政治，政治也就是国际关系，但真正从战略这个角度考虑这个问题的我基本没有看到。为什么呢，因为许多人军事和战略是不分的，其实军事和战略是分开的。我的看法是，战略思想是军事思想的结晶，战略是策略的总和，但是战略不是军事。军事是将消灭敌人保存自己作为首要，战略上调动对手争取主动，这个在本质上是不一样的，所以军事上可以客观地看问题，但是战略必须从主观上看问题。我的需要，我的利益，我的影响在什么范围内，我怎么看待这个问题而不是从别人怎么看的问题。就是围棋和象棋之分，象棋就是蹲着看，围棋就是站着看。

我给你简单讲军事和战略到底是什么关系。我认为，中国共产党实际上长期没有军事战略，直到 1947 年才出现，那以前都是政治战略，带有军事指挥。这可能是一家之言。战略是很晚才出现的，它是在军事斗争之后。军事斗争就是武装斗争，就是战

---

* 陈枫，中国发展战略学会常务理事、北京旅游学会副会长、中国“双法”学会统筹学分会常务理事。

争，战争出现一段时间才出现军事战争，军事战争再到复杂的阶段才出现战略。就是这样一个关系，战略是在战争到了复杂的时候、多层次的情况下才出现的。

所以我们在战略上看问题绝对不是平面的，不会得出是和非。或者卡扎菲死了，或者怎么样胜与败，可能还让他存在着，只要符合美国的利益美国都会让他存在。

我讲个例子，2008 年美国占领伊拉克五年的时候，大部分评论基本都是围绕这些内容，死了 4000 多人，花了 5000 亿美元，美国得不偿失。你知道美国的战略是什么呢，美国的战略就是占在那里不走了，不管死了多少人，只要占在那不走，就算胜利了。果然它就占到现在，前不久还要求伊拉克政府让他们留在那里。迫于国际压力，美国承诺说要撤走了，但是它还是非常不想走。就给伊拉克当局施加压力，企图长期驻守在那里。美国认为，它们战略胜利就是留在伊拉克，军事上是把敌人消灭光了，就剩下中立的老百姓，就像象棋一样，你把他们都杀死了，我留着。但围棋就不这样，你活着我也活着，但是我比你主动，我深深地吊着你，让你很难受，我的利益最大化，这就是战略。

我们再来看看“9·11”事件，它只是美国整个战略中的策略部分。“9·11”事件明明是个假的，是个制造出来的东西，当然这可能有争议，但是我举个例子来讲，谁大清早就能把摄像机对准那个世贸大楼等着飞机来撞呢？而且连着电视直播呢。第一架撞完了，隔 48 分钟那个摄像机还在那儿照着拍给全世界看。你怎么知道要撞呢？他就给你设了个局，他在那儿早准备好了，他早就知道要在那里撞。这个问题直到现在也没有赔偿，国会对此没谴责、没拨款，最后也没有追究军事领导人的责任，也没有什么人辞职，什么都没有，就是个策略，策略就是要为发动战争制造借口。所以有一个女记者因为报道说这个“9·11”事件是假的，被赶出了美国。所以战略问题考虑的不是消灭谁而是把他们调动到什么程度，那么美国发动利比亚战争是它全球战略一部分的话，就不是一个小的策略。它要调动谁、谁威胁它，它就调动谁。战略问题还有一个主要问题是解决主要矛盾。美国现在谁是主要矛盾，谁才是它的主要对手。美国就是希望利比亚战争继续打下去没完，消耗谁呢，消耗欧洲，因为欧洲联盟起来对它很不利。消耗非洲，非洲搞和平统一建设，对美国也不好。消耗中国，中国你表态怎么表啊，反正就要你们都难受。美国有那么多飞机，只出100架，有什么作用？战争消耗了那么多炮弹，它出了点，有什么影响，九牛一毛，对美国一点影响都没有。什么国内压力啊，是他们内部搞平衡的一种关系，我就要最大限度把全世界对我有威胁的力量都要调动起来进行消耗够，就行了。

战略是在策略背后看不见的东西。战略是策略的总和，就这么一个道理。还有第三个问题，这些人真是美国政府支持的？萨达姆、“基地”组织、利比亚总统，怎么反过来了，到底支持谁，我们老觉得这没道理，其实很简单，美国就支持对它有利的。什么是对它有利的？内部有反对派的政府我就支持，内部反对派的力量足够强大，也不能绝对大，否则对美国也不利。这个主导政府的主帅还能利用的时候，就尽量利用；后来看他有偏向了，就把他搞掉。有反对派制衡执政的政府，美国就支持；如果没有，我就把你消灭掉。至于消灭多少，在利比亚我不让卡扎菲继续执政，就支持一个反对派，在里面存在着制衡你，让你没办法，我干嘛非要把卡扎菲杀了？那萨达姆是因为执政时在他的政府里面没有制衡他的人，就先弄下去了，再找一个不听他的人，再扶持一个反对派政府上来，能听美国的招呼就行了。

美国的军事装备，每更换一次的周期是25年，那么在25年前就开始研究这些武器装备了，到25年以后才能用上。因此，美国不是今天考虑明天，今年考虑明年，哪怕考虑5年，而是必须考虑到25年甚至是30年，这么长的时间考虑着的，各种可能需要的策略，最后是个什么东西它可能掌握的。现在他们打赢了，至于死了多少人，花了多少钱那都不在乎。大家可以从这个角度想，所以美国支持谁，就支持有反对派的那个政府，中国政府里的反对派老是不出来，你不出来，美国就想办法推啊，就努力培养你学习，他们认为中国的第一代、第二代不行，就在第三代、第四代上下功夫、做文章，积极支持和扶持中国的敌对势力。1986年我就观察到一个现象，我们当时工艺美术学院培养的最优秀的学生去日本留学的非常多。而我问他们为什么，他们说不知道，只是认为在日本能够学得更好，就都要来。后来我们发现，许多学生被送出去了，背后都有日本在出钱，只不过转了八个弯你看不见。咱们中国最好的学生，毕业三五年后到国外读书，好的人家不让回，不好的全都给筛回来了。

我们不能用现在的想法去看待和理解历史。我们说美国退后了，它不一定是真的退后了。美国把不少国家或政治势力调动起来，为实现他们的战略服务。有个经济学家，咱们宏观经济学研究会的副会长王建，他讲乌克兰和俄罗斯战争，格鲁吉亚和车臣的战争，都与欧元兑换美元的比值有关。美国的核心利益不仅是石油，更重要的是美元。美元是什么，是中介交换的载体，实际上美元是资产阶级法权的载体，这就涉及到一些政治理论问题。资产主义由三个部分组成：一个是资本家、一个是资本、另一个是资产阶级法权。列宁曾经提出，帝国主义是在资产主义法权等价交换下的不等所产生的，美元的周转次数，交换搭配利益带来了不平等，所以现在只要威胁到美元地位的时候，美国肯定要跟你折腾。现在出现了中日韩要搞共同体，一搞共同体就要出现一个三者兼用什么结算的问题，与美元靠边。俄罗斯和中国又要单独结算，不用美元。伊朗和中国石油贸易，不用美元结算。欧盟那边也是，用欧元，撇开美元。那美国不急了？美国一年处理销毁全世界收回的废弃美元，那是个绝对保密的数字，连美国总统都不知道，就知道在几个人手里，有多少万吨。为什么，这是核心问题，他要弄出多少美元来，美国总统并不知道每年销毁多少美元的废币。这个影响了它的核心利益所在，它就要发动战争，最好的办法就是打仗，一会儿搞个所谓的民主革命，一会搞什么人权，反正都看不出是美国躲在后面，在操纵、在围观。

试析中东局势动荡的原因与影响

王　辉*

刚才讲到中东议题的时候，前面的专家和领导都讲得很好。下面我从全球化的视角进一步分析中东局势问题。

首先我说一下阿拉伯事件的发生，大家都在探讨原因。原因无非是第一，内部的社会根源，再有一个是外部的国际条件。从内部的社会根源角度上来说，大家探讨得已经非常充分了。首先我们称这次为“阿拉伯动荡”而不是社会革命，基本上来看，不是颜色革命，因为颜色革命的本质是在外国政府的支持下推翻本国政府。那么我们可以观察到，无论是突尼斯还是埃及，原来是美国的盟友，美国不可能鼓动民众推翻突、埃政府，因此我们可以看出这件事本质上不是颜色革命，尽管叫“茉莉花革命”，但实际上是由于内部的社会矛盾引起的。前面，一些学者对此已经进行了比较充分的探讨，主要有两个原因：第一个，从政治上来讲就是中东地区的集权政体，集权政体的结果必然就是裙带关系和腐败，这样一来，社会矛盾就奠定了社会革命的一个火种。第二个角度就是从经济层面，经济层面上中东北非国家主要的特点就是经济结构单一，也就是说没有像中国或其他新兴国家那样

* 王辉，国际关系学院国政系讲师。

有发达的制造业，主要是依赖石油出口，这样就导致与石油行业相关的人会成为经济富裕的精英，大部分与此无关的人就会陷入贫穷，甚至温饱难以解决。从而就人为形成了一个社会的鸿沟，影响了国家的政治独立，再加上2008年金融危机的影响，导致了民众最基本的生活恶化，最后导致整个内部社会矛盾的爆发。这个也是该地区深层次结构性矛盾爆发的重要根源。

第二我从外部原因即经济全球化的角度来看。我认为今天发生的很多事情都是在经济全球化催进下，原有美国主导的西方秩序瓦解的产物。当今国际社会秩序的来源都是美国战后安排的雅尔塔体系的结果。美国在战后同时追求两大战略，一个战略是以现实主义为核心的遏制加威慑战略；另外也同时采取自由主义战略。自由主义战略主要是针对西方盟友，现实主义战略主要是针对苏联。自由主义战略是要把西方连成一体，因此美国在战后为了求得平衡，与西方盟友签订了大量的安全条约和经济协定。这样两个战略连在一起使美国赢得了领导地位。冷战以后，苏联解体，美国利用超强的实力地位把原来与西方盟友签订的政治协定以及盟友关系向全球推广，再加上一些社会主义国家的转型，加入市场经济体系，由此形成了我们今天的国际秩序，我们中国学者称之为“一超多强”或者是叫“美国主导下的国际秩序”。但是这种情况经历“9·11”事件以及2008年金融危机之后开始逐渐被打破，也就是说我们现在看到的原由美国主导的秩序开始衰落，美国的霸权地位开始动摇。具体到中东，长期以来，美国为了它的战略利益，比如说保证以色列安全以及中东的石油安全，与这些集权国家、强权政治结为一种盟友，提供支持。因此，之所以这些政权能长期存在，其国际基础恰恰就是美国支持的结果。但是我们看到，金融危机以后，动摇了整个国际秩序的结构，美国维持原有秩序的能力和意愿在下降，因此中东地区与西方世界的关系开始松动。这样一来，它的内部有一些人还是追求西方的价值观，有一些人开始反对西方的价值观。在失去美国的支持之后，整个中东地区爆发的社会动乱有这么一个基础。

第二点，全球化的趋势促进了许多国家的经济发展。因为我们原有的国际关系都是建立在主权国家之间政治国际基础之上的，但是全球化质疑了社会科学的核心原则，也就是国家主权原则，这样一来，所有的事都在面对挑战，比如说美国。发达国家也面临原有的福利制度不能维持的挑战，具体的表现比如说去年美国的医改法案，在美国闹得沸沸扬扬，原因就是美国内部也有很大的贫富差距，像中国，我们也面临着同样的挑战。从另一个视角来看，阿拉伯国家的这些变革也说明它们20世纪50年代初建立的这些威权统治政府已经不适应全球化的挑战。在一些发展中国家开始出现分化，在部分新兴国家开始崛起的情况下，阿拉伯国家没有实现崛起，这是一个重要的背景。因此我们看这件事情（中东局势动荡）也可以认为这是在现有的条件下，阿拉伯国家现有的威权政治制度不能够持续，以及它们内部政治和社会共识瓦解的一个结果。

第三点，就是现代信息技术所带来的深刻变革。由于信息技术的发展，很多阿拉伯青年很容易接受到外部的信息。阿拉伯社会也通过多种途径与发达国家接触和交往，迫切期待提高自己的物质文化生活水平。当世界金融危机爆发了之后，他们的生活水平降低，阿拉伯社会、特别是青年一代也会要求自己国家的政府像发达国家政府一样对他们进行帮助。当该国政府不能像西方国家那样以比较健全的社会机制对贫困阶层实施政策扶持的时候，这些处于社会最底层的民众就有可能挑战本国政府的执政权力。

综上所述，世界经济的全球化从三个层面上为中东危机的爆发提供了外部及社会条件。

中东局势的动荡，对国际社会秩序带来了深刻和深远的影响，主要体现在以下几个方面。第一，美欧受到比较大的影响，因为大中东地区仍然是关系美国切身利益的重要地区，在美国失去埃及之后，使之没有了一个新的、稳定的代理人和盟友。第二，欧洲诸国由于地缘关系的影响也受到了比较大的伤害，重点表现在对能源的获取渠道上出现了更大的动荡和不稳定，迫使其开拓新的能源来源渠道。第三，世界的能源安全问题非常突出。我们来看一看对中国的影响，对中国的影响主要是石油涨价这方面，但是也给我们一个启示，在全球化时代，所有的制度都面临着危机。德国社会学者贝肯曾经谈到，中国三十年改革开放已经走过了西方发达国家三百年走过的路程，就像一个人吃了压缩饼干一样，短期内不会出现问题，但是会发酵。从近年来中国内部的各种社会矛盾，我们能看出这种端倪。中东危机也给了我们一个重要的启示，在中国经济快速发展的同时，一定要注重惠及广大民众，坚持共同富裕的发展道路，避免出现贝肯所预见的社会现象发生。

军队在加强生态文明建设中的地位作用研究

魏际英*

胡锦涛总书记在党的十七大报告中，提出了“建设生态文明，基本形成节约能源资源和保护生态环境的产业结构、增长方式、消费模式”以及实现“主要污染物排放得到有效控制，生态环境质量明显改善，生态文明观念在全社会牢固树立”的要求。这是我们党首次把“生态文明”这一理念写进党的纲领，是中国特色社会主义理论体系的重要组成，是党执政兴国理念的新发展，是对落实科学发展观、深化建设小康社会的必然选择，也是我党对子孙后代和国际社会的庄重承诺。

我认为，生态文明即“绿色文明”的建设是一场涉及生产方式、生活方式和价值观念的世界性革命，这是不可逆转的世界潮流，是人类社会继农业文明、工业文明后的新发展。

当前，世界北半球国家生态发展的主题是防止污染，南半球国家的发展主题是防止资源衰竭，我国当前应着重关注的是前者。军队作为维护国家安全和保障国家经济发展的坚强后盾，其

* 魏际英，第二炮兵工程大学初级指挥学院905教研室副教授。

建军的宗旨、担负的使命任务及拥有的手段能力优势，决定了这支军队应该、也能够为国家的生态文明建设做出重要贡献，这也是在新世纪新阶段我军使命任务的新的重要拓展。

一、发展国家的生态文明具有重要意义

建设发展国家的生态文明，对于我们实现小康社会的战略目标，对于为人类社会做出更大贡献，对于实现国家的可持续发展，对于国家安全和保持长期的稳定，都具有深远的历史意义和重大的现实意义。

（一）生态文明建设是促进人与自然协调发展、实现社会和谐的强大动力

生态文明的含义，从广义的角度看，是人类社会继原始文明、农业文明、工业文明后的新型文明形态。它以人与自然的协调发展作为行为准则，建立健康有序的生态机制，实现经济、社会、自然环境的良性循环、持续繁荣和全面发展。这种文明形态表现在物质、精神、政治等各个领域，体现了人类所取得的物质、精神、制度成果的总和。从狭义角度看，生态文明是与物质文明、政治文明和精神文明相并列的现实文明形式之一，着重强调人类在处理与自然关系时所达到的文明程度。人类社会只有实现了生态文明，才能使人与自然实现真正意义上的协调发展、实现现实社会的真正和谐共存。

（二）生态文明是社会主义文明体系的重要基础

社会主义的物质文明、政治文明和精神文明，离不开生态文

明的支持和支撑，没有良好的生态环境条件，人类不可能有高度的物质享受、政治享受和精神享受。没有生态安全，人类自身也将陷入不可逆转的生存危机。人类社会的发展、社会主义社会文明体系的建设，都离不开生态平衡这个最重要的环境基础。

（三）生态文明建设是实现中华民族伟大复兴的重要内容

建设生态文明，实现全面小康的社会目标，关键要在加快转变经济发展方式、完善社会主义市场经济体制方面取得重大进展。要通过加快产业结构调整，发展服务业来促进“结构性优化节能”，通过提高产业技术水平和转变经济增长方式来促进“技术节能”，通过鼓励适度消费的模式和加快资源型产品价格改革促进节约型社会的建设，通过发展循环经济促进资源的循环利用，通过提高可再生能源比重促进可持续发展。由此可见，实现生态文明是我们中华民族伟大复兴不可或缺的重要组成部分。

（四）生态文明建设是人类社会的共同美好愿望

生态文明将促进社会的全面进步和发展，在可持续发展与公平公正方面，生态文明也与当代社会主义原则保持了一致。它强调以人为本的原则，反对制造人类严重生存危机的极端人类中心主义和极端生态中心主义。生态文明认为，人是价值的中心，但不是自然的主宰，人的全面发展必须促进人与自然的和谐。可见，加强生态文明建设是人类社会特别是发展中国家人民的共同愿望。

（五）生态文明建设是实现国家安全的基本保障

进行生态文明建设，需要建立稳定的社会秩序，健全有关法律法规，对严重的破坏事件加大惩治力度；建设生态文明通过保证国家的可持续发展，使社会秩序稳定，国家治安情况良好；通过合理开发利用土地，防止耕地被非法滥用，保证农业和农民的根本利益不受侵犯；通过对工业再生能源加工和处理，减少污染，保证人民生存环境的良好。通过人人实现安居乐业，促使生态开发和利用达到相对平衡，就可以有效减少国家之间的相互敌意，这样一来，国家安全和社会稳定也就有了基础和保障。

二、实现生态文明的基本途径

实现国家的生态文明总体目标，任务艰巨，使命任重道远。必须通过全民长期的共同努力，坚持搞好规划，抓好落实，从现在做起，从自身做起。

建设生态文明应以科学发展观为指导，确立建设社会主义和谐社会包括环境友好型社会等一系列新的政治理念，与生态社会主义、世界可持续发展理念、中国优秀传统文化相互借鉴、高度融合，促成具有中国特色的社会主义生态文明，促成中华民族的伟大复兴，促成全世界可持续发展的新潮流，真正实现人类的全面发展与社会和谐。对此，我认为当前我们应重点抓好并落实四个领域的更新。

一是思想观念的更新。生态文明是对现有文明的超越，它将引领人类放弃工业文明时期形成的重功利、重物欲的享乐主义，摆脱生态与人类两败俱伤的悲剧。具体讲就是要实现思想观念上的三大转变：首先是要从传统的“向自然宣战”、“征服自然”等理念，向树立“人与自然和谐相处”的理念转变；其次是要从粗放型的以过度消耗资源、破坏环境为代价的增长模式，向增强可持续发展能力、实现经济社会又好又快发展的模式转变；再次是要从把增长简单等同于发展的观念、重物轻人的发展观念，向以人为本的全面发展为核心的发展理念转变。

二是制度措施的更新。多年来，我们都是采用行政办法和手段来保护环境生态。今后，我们必须综合运用法律、经济、技术和必要的行政手段，来有效维护和解决生态保护问题。通过法律手段来制约任何不利于生态文明建设的行为发生；通过经济手段来表彰和限制在生态文明建设中的典型个人、单位及重大事件；通过技术手段使我们的生态文明建设更加科学化、更加数量化；通过行政手段进一步规范全社会生态文明建设的行为，力争在5年内初步形成我国生态文明建设的系统规范和法规制度。

三是行为方式的更新。教育国民要关注生态文明建设大局和人类的长远发展利益，决不能因为眼前得失而丧失了可持续发展的生态平衡及发展动力。在每个系统、每个单位甚至每个人的行动和举止中，都要重视生态文明和环境保护。任何重大工程项目开工之前，都必须对该项目进行严格的环境测评，经确认不会对生态环境带来负面影响并经严格审批后方能开工建设。使我们的规划、计划、建设和发展的具体行为，都能够符合生态文明建设的需要。

四是社会监督的更新。近年来，老百姓对不少重大建设项目提出是否环保的质疑，这些都说明了人民的生态文明意识增强了，对环境保护的观念增强了。对此，政府应该给予重视、鼓励和支持。通过我们坚持不懈的继续努力，在全社会逐步形成自觉保护环境、爱惜资源、注重生态平衡的良好风气。进一步疏通社会的各种监督、制约机制，对不利于生态文明建设、只图眼前好处和短期盈利的行为，进行有力和有效地监督并制止，确保生态文明建设的顺利健康发展。

三、军队应该在国家生态文明建设中发挥重要作用

我军的宗旨是为人民服务，是保卫国家安全、维护世界和平，还要有效地保持社会稳定和保证国家经济建设的顺利发展。实现生态文明，既是国家的百年大计，也是军队的基本职能和新形势下的重要使命。

我军在建设生态文明中，应该也有能力发挥重要作用，因为军队有着独特的多种优势：如具有担负重要建设任务的机制和体制，便于大规模调动、部署和集中使用；具有实施重点工程建设的突击能力，有利于国家开展对某些重点项目的开发和改造；具有完成重要突击任务的能力和手段，所配备的先进装备、设备特别是军政素质很高的官兵拥有这样的综合能力；还有，我军具有英勇顽强的战斗和牺牲奉献精神，这是我军多年形成的光荣传统和优良作风，是世界任何一个国家的军队都无法比拟的。

军队在国家生态文明建设中可以做的事情很多，我认为当前主要可以从以下方面进行规划和部署，并做出独特的努力和贡献。

一是运用军队的影响和军事媒体的作用。军队在全国各地都有部署，与各界的接触形式多样，应充分运用多种方式方法和军事媒体力量，充分发挥军队的影响，积极促进人与自然、人与人、人与社会和谐共生、良性循环、全面发展和持续繁荣文化伦理形态的确立。同时，还要充分借鉴和使用我国传统文化中固有的生态和谐观，为实现生态文明提供深厚的哲学基础与思想源泉。

二是建立快速反应和应急处置机制。对于在生态文明建设中的重大问题和各种意外突发事件，军队应建立快速反应、应急行动和紧急救援等机制和力量，建立应急行动值班部队和分队，配备先进装备设备，平时组织有针对性的综合演练。近年来，军队在遂行雨雪灾害、汶川地震等抢险救灾任务中，围绕快速反应机制、救援能力和应急行动上也暴露出了不少薄弱环节，这些都值得我们深刻反思并尽快纠正。

三是确保核武器及核设施的绝对安全。国家核安全主要包括核信息安全、核武器系统安全、民用核设施安全及核事故应急处置等。军队在维护国家核安全中，应充分体现主体作用并做出有效的努力。主要是采用多种技术措施确保各种核信息安全，通过强化各种防范确保核武器系统及核材料安全，通过有效的警戒措施确保民用核设施的正常运作，通过建立快速反应机制、进行针对性训练，确保对各种突发核事故的迅速有效处置。

四是参与改造自然生态的重大工程建设。生态是生物之间以及生物与环境之间的相互关系与存在状态，即自然生态。通过努力，我们能够把自然生态纳入到人类可以改造的范围之内，这就形成了文明。在我国维持生态平衡的事业中，军队应发挥自身强大的突击力量优势，积极参加改造自然生态的重大工程，如在汶川地震中疏导堰塞湖隐患和打通公路铁路交通干线的工程中，军队就发挥了重要的突击作用。

五是提供先进大型装备设备。军队中特别是常年担负战备施工任务的工程部队，都装备有先进的、代表着国内外最新科技成果和水平的多种大型工程施工机械设备。在参加国家维护和建设生态文明的工程施工中，根据需要可以随时抽调这些先进装备、设备和技术骨干参加应急行动，为国家的生态文明建设提供物资和技术装备及设备的强大支撑。

六是提供强大的人才资源支持。在实施生态文明建设的工程中，军队在规划方案、土木设计、应急行动、工程技术、医疗防疫、抢救抢修等多方面，都有着一大批具有丰富实践经验的专家学者和技术骨干，这些都是国家建设生态文明不可缺少的技术力量。平时要建立储备人才库，一旦需要，就可以随时调动为国家的生态文明建设提供有效的智力支持。

后 记

对于这次论坛收到的42篇学术论文，国际战略与安全研究中心第十一届“国际战略与安全论坛”论文集编委会进行了整理和汇编，从中精选出32篇编入本书。我们在尊重作者原著基本观点不变（尽管其中一些观点和看法值得商榷）的前提下，重点对收到的文章进行了分类，补充了相关重要研究成果，复查核实了有关史料、数据，对部分内容进行了脱密处理。同时，对文章结构、文字表述的逻辑性、准确性进行了技术上的校正和补充，对一些过于口语化的表述进行了规范化处理，确保了这部论文集所反映的内容更加全面、观点更加前沿、表述更加准确。

这次论坛，得到了国家信息安全中心与第二炮兵有关专家的大力支持。参加本书编辑、整理、审修的专家和领导同志有：刘慧、陶坚、张小兰、杨承军、张杰刚、许伟、于相护、毕凤娜、杨莹、李唯佳。特在此一并表示诚挚的感谢！

编 者

2011年11月于北京

（注：本书在编辑中，有几位专家的文章因涉密不便刊登，谨表歉意。）

图书在版编目（CIP）数据

国家安全战略思考/刘慧主编．—北京：时事出版社，2012.12
ISBN 978-7-80232-561-6

Ⅰ.①国… Ⅱ.①刘… Ⅲ.①国家安全—国家战略—中国—文集
Ⅳ.①D631-53

中国版本图书馆 CIP 数据核字（2012）第 247283 号

出版发行：时事出版社
地　　址：北京市海淀区巨山村 375 号
邮　　编：100093
发行热线：（010）82546061　82546062
读者服务部：（010）61157595
传　　真：（010）82546050
电子邮箱：shishichubanshe@ sina. com
网　　址：www. shishishe. com
印　　刷：北京百善印刷厂

开本：787 × 1092　1/16　印张：23.5　字数：282 千字
2012 年 12 月第 1 版　2012 年 12 月第 1 次印刷
定价：66.00 元
（如有印装质量问题，请与本社发行部联系调换）